21世纪高等院校会计系列规划教材

第2版

中级财务会计学学习指南

崔晓钟 刘勇 夏江华 杨火青 编著

东北财经大学出版社
Dongbei University of Finance & Economics Press
大连

图书在版编目（CIP）数据

中级财务会计学学习指南 / 崔晓钟等编著 . —2 版 . —大连 ：东北财经大学出版社，2014. 2

（21 世纪高等院校会计系列规划教材 · 精编版）

ISBN 978-7-5654-1468-8

Ⅰ. 中… Ⅱ. 崔… Ⅲ. 财务会计-高等学校-教学参考资料 Ⅳ. F234. 4

中国版本图书馆 CIP 数据核字（2014）第 025776 号

东北财经大学出版社出版

（大连市黑石礁尖山街 217 号 邮政编码 116025）

教学支持：（0411）84710309

营 销 部：（0411）84710711

总 编 室：（0411）84710523

网　　址：http：//www. dufep. cn

读者信箱：dufep @ dufe. edu. cn

大连北方博信印刷包装有限公司印刷　　东北财经大学出版社发行

幅面尺寸：185mm×260mm　　字数：325 千字　　印张：14 1/4

2014 年 2 月第 2 版　　2014 年 2 月第 3 次印刷

责任编辑：王　莹　　责任校对：孙　萍

封面设计：冀贵收　　版式设计：钟福建

ISBN 978-7-5654-1468-8

定价：26. 00 元

第二版前言

潘煜双教授主编的浙江省精品课程教材《中级财务会计学》（东北财经大学出版社2010年出版，已列入浙江省“十一五”重点教材建设项目），自出版以来受到广大读者的普遍好评，应读者的要求出版相配套的学习指南。本书旨在帮助高等院校财经类专业的学生和企业财会人员更好地学习中级财务会计学这门课程，同时也能为高等院校相关课程教学提供帮助。

本书作为《中级财务会计学（第二版）》的学习指导用书，力求体现如下特点：

1. 为了方便教学和学生自我测试，本书在体系结构设计上、概念的阐述上、各章节内容的安排上，都与主教材保持一致，以便广大学生和企业财会人员结合本教材更好地理解、掌握中级财务会计学的基本理论和相关业务的会计处理。

2. 为了帮助学生更好地运用本书进行学习，本书配有配套光盘。配套光盘中包含了主教材各章主要知识点详解，特别针对一些重要的会计处理进行了归纳和总结，并以会计语言——会计分录的形式表示出来，这样能更好地帮助学习者理解和记忆。此外，配套光盘中还收录了各章习题中选择题和判断题的计算机作答及提示系统，为学习者参加无纸化考试提供些许准备。

3. 各章习题按照由浅入深、难度适中的原则设置，包括单项选择题、多项选择题、判断题、计算与会计处理题等多种题型，并且在给出答案的同时配备了详细的解析，特别适合学习者自我检测。

4. 本书也可以作为企业财会人员职称考试、注册会计师考试以及其他相关从业资格考试的参考用书。

本书第一章、第十三章和第十四章由嘉兴学院夏江华老师编写；第二章、第三章、第四章、第五章和期末综合模拟试题及答案由嘉兴学院崔晓钟老师编写；第六章、第七章、第八章和第九章由嘉兴学院杨火青老师编写；第十章、第十一章和第十二章由嘉兴学院刘勇老师编写。

本书在编写过程中得到了嘉兴学院现代会计研究所许多老师的支持和帮助，特别是潘煜双教授提出了很多指导性的宝贵建议，在此表示衷心的感谢！

由于编者水平有限，书中难免存在一些不足和疏漏之处，恳请业内专家和读者批评指正。

编者
2014年1月

目　录

第一章　总　论……………………………………………………………………………… 1
一、学习目的及要求……………………………………………………………………… 1
二、本章主要知识点……………………………………………………………………… 1
三、本章习题……………………………………………………………………………… 1
四、本章习题答案及解析………………………………………………………………… 6
第二章　货币资金……………………………………………………………………………… 9
一、学习目的及要求……………………………………………………………………… 9
二、本章主要知识点……………………………………………………………………… 9
三、本章习题……………………………………………………………………………… 9
四、本章习题答案及解析 ……………………………………………………………… 16
第三章　应收和预付款项 ……………………………………………………………………… 21
一、学习目的及要求 ……………………………………………………………………… 21
二、本章主要知识点 ……………………………………………………………………… 21
三、本章习题 ……………………………………………………………………………… 21
四、本章习题答案及解析 ………………………………………………………………… 28
第四章　存　货 ………………………………………………………………………………… 34
一、学习目的及要求 ……………………………………………………………………… 34
二、本章主要知识点 ……………………………………………………………………… 34
三、本章习题 ……………………………………………………………………………… 34
四、本章习题答案及解析 ………………………………………………………………… 44
第五章　投　资 ………………………………………………………………………………… 52
一、学习目的及要求 ……………………………………………………………………… 52
二、本章主要知识点 ……………………………………………………………………… 52
三、本章习题 ……………………………………………………………………………… 52
四、本章习题答案及解析 ………………………………………………………………… 75
第六章　固定资产 ……………………………………………………………………………… 95
一、学习目的及要求 ……………………………………………………………………… 95
二、本章主要知识点 ……………………………………………………………………… 95
三、本章习题 ……………………………………………………………………………… 95
四、本章习题答案及解析……………………………………………………………… 101
第七章　无形资产及其他资产………………………………………………………………… 107
一、学习目的及要求…………………………………………………………………… 107
二、本章主要知识点…………………………………………………………………… 107
三、本章习题…………………………………………………………………………… 107

四、本章习题答案及解析……113
第八章 资产减值……117
一、学习目的及要求……117
二、本章主要知识点……117
三、本章习题……117
四、本章习题答案及解析……124
第九章 非货币性资产交换……131
一、学习目的及要求……131
二、本章主要知识点……131
三、本章习题……131
四、本章习题答案及解析……136
第十章 负 债……141
一、学习目的及要求……141
二、本章主要知识点……141
三、本章习题……141
四、本章习题答案及解析……149
第十一章 所有者权益……158
一、学习目的及要求……158
二、本章主要知识点……158
三、本章习题……158
四、本章习题答案及解析……162
第十二章 收入、费用、利润……166
一、学习目的及要求……166
二、本章主要知识点……166
三、本章习题……166
四、本章习题答案及解析……177
第十三章 财务报告……187
一、学习目的及要求……187
二、本章主要知识点……187
三、本章习题……187
四、本章习题答案及解析……195
第十四章 会计调整……200
一、学习目的及要求……200
二、本章主要知识点……200
三、本章习题……200
四、本章习题答案及解析……207
期末综合模拟试题……212
期末综合模拟试题答案……218

第一章 总 论

一、学习目的及要求

通过本章学习，了解社会环境对财务会计的影响；重点掌握企业财务会计的基本概念框架，包括会计的基本概念，会计信息质量要求，会计基本假设和会计基础，会计确认、计量的基本原则，财务报告要素等。

二、本章主要知识点

◇会计的含义
◇会计信息质量要求
◇会计基本假设和会计基础
◇会计确认、计量的基本原则
◇财务报告要素

三、本章习题

（一）单项选择题

1. 我国中期财务报告会计准则规定，对于与理解本中期财务状况、经营成果和现金流量有关的重要交易或事项，也应当在附注中作相应披露。这一要求体现的会计信息质量要求是(　　)。

A. 相关性　　B. 谨慎性
C. 实质重于形式　　D. 重要性

2. 下列事项中体现了可比性要求的是(　　)。

A. 发出存货的计价方法一经确定，不得随意改变，确有需要改变的在财务报告中说明
B. 对赊销的商品，出于对方财务状况恶化的原因，没有确认收入
C. 对资产发生的减值相应计提减值准备
D. 对有的资产采用公允价值计量

3. 企业提供的会计信息应有助于财务会计报告使用者对企业过去、现在或者未来的情况做出评价或者预测。这体现了会计信息质量要求中的(　　)要求。

A. 相关性　　B. 可靠性

C. 可理解性　　D. 可比性

4. 甲企业于2013年5月份购入了一批原材料，会计人员在7月份才入账。该事项违背的会计信息质量要求是(　　)要求。

A. 相关性　　B. 客观性
C. 及时性　　D. 明晰性

5. 下列有关会计信息质量要求的说法中，正确的是(　　)。

A. 相关性要求企业在确认、计量和报告会计信息的过程中，充分考虑使用者的决策模式和信息需要
B. 可理解性要求企业假定会计信息使用者不具备经营和会计知识，努力提供通俗易懂的会计信息
C. 重要性的应用需要依赖职业判断，企业应当根据其所处的环境和实际情况，从项目的大小方面加以判断
D. 当可靠性与及时性两者之间发生冲突时，应当以相关性作为会计处理的判断标准

6. 将基金管理公司管理的证券投资基金作为核算主体，与基金管理公司的核算区别开来的规定，体现了(　　)。

A. 会计事项的经济实质重于法律形式
B. 重要的会计事项要单独核算和披露
C. 会计主体不同于法律主体
D. 持续经营条件下不应改变核算原则和方法

7. 下列有关会计主体的表述不正确的是(　　)。

A. 企业的经济活动应与投资者的经济活动相区分
B. 会计主体可以是独立的法人，也可以是非法人
C. 会计主体可以是营利组织，也可以是非营利组织
D. 会计主体必须要有独立的资金，并独立编制财务报告对外报送

8. 下列说法不正确的是(　　)。

A. 出现权责发生制和收付实现制的区别，其原因是会计分期假设的存在
B. 由于有了会计分期假设，进而才出现了应收、应付、摊销等会计处理方法
C. 明确持续经营假设，这样会计人员可以相应选择会计政策和估计方法
D. 对于难以用货币来计量的事项，如企业经营战略、研发能力等，企业不必在财务报告中补充披露有关财务信息

9. 关于货币计量假设，下列说法中不正确的是(　　)。

A. 货币计量假设并不表示货币是会计核算中唯一的计量单位
B. 假定货币的币值是基本稳定的
C. 存在多种货币的情况下，我国境内的企业均要求以人民币作为记账本位币
D. 货币计量假设为历史成本计量奠定了基础

10. 下列关于会计基础表述正确的是(　　)。

A. 我国事业单位和行政单位均采用收付实现制
B. 收付实现制要求企业凡不属于当期的收入和费用，即使款项在当期收付，也不应作为当期的收入或费用

C. 权责发生制要求企业凡是当期已经实现的收入和已经发生或应当负担的费用，无论款项是否收付，都应当作为当期的收入和费用

D. 权责发生制是以收到或支付现金作为确认收入和费用的依据

11. 下列不属于会计计量属性的是( )。

A. 历史成本　　B. 现值

C. 未来现金流量　　D. 公允价值

12. 当期与以前期间、以后期间的差别，权责发生制和收付实现制的区别的出现，都是基于( )的基本假设。

A. 会计主体　　B. 持续经营

C. 会计分期　　D. 货币计量

13 资产按购置资产时所付出的对价的公允价值计量，其采用的会计计量属性是( )。

A. 重置成本　　B. 历史成本

C. 公允价值　　D. 现值

14. 下列项目中，属于反映企业财务状况的会计要素是( )。

A. 利润　　B. 资产

C. 费用　　D. 收入

15. 下列说法正确的是( )。

A. 只有企业拥有所有权的资源才称为资产

B. 待处理财务损失也是企业的资产之一

C. 融资租赁固定资产是企业的资产

D. 甲公司从原材料供应商预订了一批 A 材料，A 材料也是甲公司的资产之一

16. 下列各事项中，使负债增加的是( )。

A. 分期付款方式购入固定资产　　B. 用银行存款购买公司债券

C. 发行股票　　D. 支付现金股利

17. 依据企业会计准则的规定，下列有关收入和利得的表述中，正确的是( )。

A. 收入源于日常活动，利得也可能源于日常活动

B. 收入会影响利润，利得也一定会影响利润

C. 收入源于日常活动，利得源于非日常活动

D. 收入会导致所有者权益的增加，利得不一定会导致所有者权益的增加

18. 下列各项中，不属于收入确认范围的是( )。

A. 运输劳务收入　　B. 罚没收入

C. 出租固定资产的收益　　D. 销售收入

19. 下列可以确认为费用的是( )。

A. 向股东分配的现金股利　　B. 固定资产清理净损失

C. 企业为购买材料物资发生的支出　　D. 到银行办理转账支付的手续费

20. 下列可以确认为企业资产的有( )。

A. 企业的人力资源

B. 企业发生的研究支出，可以可靠计量，但很难判断能否给企业带来相关经济利益

C. 企业赊销一批商品给某客户，与该商品有关的风险与报酬已转移给了该客户，但该客户财务状况持续恶化，企业仍然确认了一项应收账款

D. 企业经营租出一项固定资产，企业仍然照提折旧

（二）多项选择题

1. 下面的表述符合财务会计基本特征的有(　　)。

A. 主要提供一个企业的财务信息

B. 财务会计从数据处理开始

C. 在基本财务报表中，资产负债表和利润表以权责发生制为基础

D. 由于不确定性的存在和以权责发生制为基础，财务会计允许会计人员进行合理的估计和判断

2. 在有不确定因素情况下做出合理判断时，下列事项符合谨慎性会计信息质量要求的是(　　)。

A. 设置秘密准备，以防备在利润计划完成不佳的年度转回

B. 不要高估资产和预计收益

C. 合理估计可能发生的损失和费用

D. 尽可能低估负债和费用

3. 根据可靠性要求，企业会计核算应当做到(　　)。

A. 满足会计信息使用者决策的需要　　B. 以实际发生的交易事项为依据

C. 如实反映交易事项的真实情况　　D. 保证企业会计信息的完整

4. 下列对可比性要求说法正确的有(　　)。

A. 企业对于已经发生的交易或者事项，应当及时进行会计确认、计量和报告，不得提前或者延后

B. 同一企业不同时期发生的相同或者相似的交易或者事项，应当采用一致的会计政策，不得随意变更

C. 不同企业发生的相同或者相似的交易或者事项，应当采用规定的会计政策，确保会计信息口径一致、相互可比

D. 企业提供的会计信息应当清晰明了，便于财务报告使用者理解和使用

5. 下列不属于会计信息质量要求的有(　　)。

A. 及时性　　B. 相关性

C. 配比原则　　D. 划分收益性支出和资本性支出

6. 衡量一项会计信息是否有相关性，主要体现在该信息是否具有(　　)。

A. 预测价值　　B. 反馈价值

C. 谨慎性　　D. 可靠性

7. 下列各项中，不属于反映会计信息质量要求的是(　　)。

A. 会计核算方法一经确定不得变更

B. 会计核算应当注重交易或事项的实质

C. 会计核算应当以实际发生的交易或事项为依据

D. 会计核算应当以权责发生制为基础

8. 下列组织可以作为一个会计主体进行核算的有(　　)。

A. 合伙企业　　B. 分公司

C. 股份有限公司　　D. 母公司及其子公司组成的企业集团

9. 权责发生制是依据持续经营和会计分期两个基本假设来正确划分不同会计期间资产、负债、收入、费用等会计要素的归属，通常要采用特殊的会计项目包括(　　)。

A. 应收项目　　B. 应付项目

C. 摊销项目　　D. 预提项目

10. 将一项资源确认为资产时，应当符合(　　)。

A. 预期会给企业带来经济利益　　B. 应是由过去的经济事项引起的

C. 相关的经济利益可能流入企业　　D. 该资源的成本能可靠计量

11. 下列会引起所有者权益的变动的有(　　)。

A. 所有者投入的资本　　B. 利得和损失

C. 留存收益　　D. 向银行融资借入款项

12. 下列说法正确的有(　　)。

A. 企业用银行存款偿还了一笔借款，由于该行为导致经济利益流出，所以应确认为一项费用

B. 费用会导致经济利益流出企业，其流出额要能够可靠计量则确认为费用

C. 费用应当是在日常活动中发生的

D. 日常活动中产生的费用包括销售成本、生产成本、折旧费、投资损失等

13. 下列资产中，属于本企业资产范围的有(　　)。

A. 经营租赁方式租入设备　　B. 经营租赁方式租出设备

C. 融资租入设备　　D. 盘亏的存货

14. 下列项目中，不应作为负债确认的有(　　)。

A. 因购买原材料而暂欠外单位的货款

B. 向银行借入 1 年期借款

C. 因经济纠纷导致的法院尚未判决且金额无法合理估计的对外赔偿

D. 计划向银行借款 500 万元

15. 我国企业财务报告的目标是向(　　)提供与企业财务状况、经营成果和现金流量等有关的会计信息，反映企业管理层受托责任履行情况，有助于财务报告使用者做出经营决策。

A. 银行　　B. 投资者及股东

C. 债权人　　D. 管理者

(三) 判断题

1. 判断一项会计事项是否具有重要性，主要取决于会计制度的规定，而不是取决于会计人员的职业判断，所以，同一个事项在某一企业具有重要性，在另一企业也具有重要性。　　(　　)

2. 利润是企业在日常活动中取得的经营成果，因此它不应包括企业在偶发事件中产

生的利得和损失。（ ）

3. 在负债金额既定的情况下，企业本期净资产的增加额就是企业当期实现的利润数额，净资产的减少额就是企业本期亏损额。（ ）

4. 企业对其所使用的机器设备、厂房等固定资产，只有在持续经营的前提下才可以在机器设备的使用年限内，按照与资产有关的经济利益的预期实现方式，合理确定采用某一折旧方法计提折旧。（ ）

5. 无论在何种情况下，企业都应按照持续经营的基本假设选择会计核算的原则和方法。（ ）

6. 货币计量假设并不表示货币是会计核算中唯一的计量单位。（ ）

7. 配比原则包括收入和费用在因果关系上的配比，也包括收入和费用在时间意义上的配比。（ ）

8. 处置固定资产净损失会造成经济利益流出，所以它属于企业会计准则所定义的“费用”范围。（ ）

9. 财务报告的目标就是向财务报告使用者提供决策有用的信息。（ ）

10. 会计信息的价值，关键是看其与使用者的决策需要是否相关，是否有助于决策或者提高决策水平。（ ）

四、本章习题答案及解析

（一）单项选择题

1. D【解析】要求在附注中披露重要交易或事项，这样不至于使报告使用者做出错误判断，这体现了重要性的信息质量要求。

2. A【解析】选项 B 体现了实质重于形式要求；选项 C 体现了谨慎性要求；选项 D 体现了相关性要求。

3. A

4. C【解析】企业 5 月份发生的业务应在 5 月份及时入账。

5. A【解析】选项 B，可理解性要求企业应假定使用者具备相关的经营和会计知识；选项 C，重要性的判断应从项目的性质和金额大小两方面加以判断；选项 D，需要在及时性和可靠性之间做出权衡，以最好地满足财务报告使用者的经济决策需要作为会计处理的判断标准。

6. C【解析】会计主体不同于法律主体。一般来说，法律主体往往是一个会计主体，但是会计主体不一定是法律主体。基金管理公司是法律主体同时也是会计主体，证券基金只是会计主体。

7. D【解析】当某一会计主体不能独立对外时，如独立核算的销售部门等，则无需对外报送独立的财务报告。

8. D【解析】如果这些信息对于决策者也很重要的话，企业应该在财务报告中补充披露有关非财务信息。

9. C【解析】在多种货币存在的情况下，应确定一种记账本位币。我国境内的企业一般要求以人民币作为记账本位币，但也允许采用某种外币（如美元等）作为记账本位币。

10. C【解析】权责发生制是指在会计核算中，凡属于本期已经实现的收入和已经发生或应当负担的费用，无论款项是否收付，均应作为当期的收入与费用；凡不属于当期的收入和费用，即使款项在当期收付，也不应作为当期的收入或费用。与其相对的是收付实现制，收付实现制是指以实际收到或付出的款项作为确认收入或费用依据。目前，我国的行政单位采用收付实现制，事业单位除经营业务采用权责发生制外，其他业务也采用收付实现制，而企业则一律以权责发生制为基础。

11. C【解析】会计计量属性有历史成本、重置成本、可变现净值、现值、公允价值。

12. C

13. B【解析】当前环境下取得某项资产或负债的公允价值就是未来环境下该项资产或负债的历史成本。

14. B【解析】反映财务状况的会计要素包括资产、负债和所有者权益；收入、费用和利润属于反映经营成果的会计要素。

15. C【解析】企业控制的资源也可以是企业的资产，而非一定要拥有所有权；待处理财产损失不能给企业带来经济利益，不能确认为企业的资产；资产应是过去的交易或事项形成的，所以预订的A材料不应当认定为企业的资产。

16. A【解析】选项B属于资产内部的一增一减，不影响负债；选项C会导致资产和所有者权益同时增加，不会影响负债；选项D会导致资产和负债同时减少，不符合题意。

17. C【解析】选项A，利得源于非日常活动；选项B，利得不一定会影响利润，比如计入所有者权益的利得。选项D，不管是直接计入当期损益的利得还是直接计入所有者权益的利得，最终都会导致所有者权益的增加。

18. B【解析】收入是指企业在日常活动中形成的、会导致所有者权益增加的、与所有者投入资本无关的经济利益的总流入，收入不包括为第三方或客户代收的款项，也不包括处置固定资产净收益、出售无形资产所得及罚没收入等。

19. D【解析】费用应当是日常活动发生的，故选项B不对；费用导致经济利益的流出，但该流出不包括向所有者分配的利润，故选项A不对；费用最终会导致所有者权益减少，不会导致企业所有者权益减少的经济利益的流出不是费用，故选项C不对。

20. D【解析】人力资源的成本或价值往往无法可靠计量，所以不应当确认为资产；研究支出，由于很难判定是否能给企业带来经济利益，所以也不符合资产的确认条件，不应确认为资产；客户的财务状况持续恶化，这种情况下，相关的经济利益也很难认定为“很可能”流入企业，不应确认为资产

（二）多项选择题

1. ABCD

2. BC【解析】A、D两项违背了谨慎性的会计信息质量要求。

3. BCD【解析】A选项属于“相关性”要求。

4. BC【解析】选项A体现的是及时性要求；选项D体现的是可理解性要求。

5. CD【解析】配比原则、划分收益性支出与资本性支出原则是确认、计量的原则。

6. AB

7. AD【解析】满足会计信息可比性要求，并非表明企业不得变更会计政策，如果按照规定或者在会计政策变更后可以提供更可靠、更相关的会计信息，可以变更会计政策。权责发生制属于会计基础。

8. ABCD【解析】会计主体是指企业会计确认、计量和报告的空间范围，是会计信息所反映的特定单位。本题所有选项均可作为会计主体。

9. ABCD【解析】权责发生制是依据持续经营和会计分期两个基本假设来正确划分不同会计期间资产、负债、收入、费用等会计要素的归属，并运用一些诸如应收、应付、预提、待摊等项目来记录由此形成的资产和负债等会计要素。

10. ABD【解析】相关的经济利益应是很可能流入企业。

11. ABC【解析】向银行借入的款项属于负债，不属于所有者权益。

12. BC【解析】用银行存款偿还借款，这是负债的减少，不能确认为费用；日常活动中产生的费用与日常活动中的收入是相对应的。

13. BC【解析】选项A，属于出租方的资产；选项D，盘亏的存货不能再给企业带来经济利益的流入，不再符合资产的定义，不属于企业的资产。

14. CD【解析】本题的考核点是负债的定义，负债是指企业过去的交易或者事项形成的、预期会导致经济利益流出企业的现时义务。选项C，金额无法合理估计，不符合确认负债的条件，选项D属于计划中的行为，所以C、D都不应作为负债确认。

15. ABCD

（三）判断题

1. ×【解析】是否具有重要性很大程度上依赖于会计人员的职业判断，因此，一个事项在某一企业具有重要性，但在另一企业未必具有重要性。

2. ×【解析】利润包括日常活动的业绩，也包括非日常活动的业绩。

3. ×【解析】本期净资产即所有者权益的变动。除了企业盈亏以外，还有实收资本变动或资本公积变动等因素影响所有者权益。

4. √

5. ×【解析】如果企业处于破产清算阶段，不能持续经营时，则不能再按照持续经营的基本假设选择会计核算的原则和方法。

6. √【解析】会计核算主要以货币为计量单位。

7. √

8. ×【解析】费用应当是在日常活动中发生的。处置固定资产不属于日常活动。

9. ×【解析】财务报告还有一个目标是反映企业管理层受托责任的履行情况。

10. √【解析】相关性会计信息质量要求就是要求企业提供的会计信息应当与财务报告使用者的经济决策需要相关，有助于财务报告使用者对企业相关情况做出评价或预测。

第二章　货币资金

一、学习目的及要求

通过本章学习，了解库存现金、银行存款和其他货币资金的相关管理规定；了解各种结算方式的内容；掌握库存现金、银行存款和其他货币资金的相关账务处理；学会如何编制银行存款余额调节表。

二、本章主要知识点

◇现金管理
◇库存现金的核算
◇银行存款的核算
◇其他货币资金的核算

三、本章习题

（一）单项选择题

1. 没有专门设置“备用金”账户的企业，内部各部门之间周转使用的备用金，应通过(　　)账户核算。
A. “库存现金”　　B. “其他应收款”
C. “其他货币资金”　　D. “银行存款”
2. 企业资产中最活跃的组成部分是(　　)。
A. 流动资产　　B. 货币资金
C. 固定资产　　D. 专项资金
3. 按照现金管理制度的有关规定，下列支出不应使用现金支付的是(　　)。
A. 发放职工工资 7 000 元　　B. 支付商品价款 55 000 元
C. 支付职工医药费 4 000 元　　D. 购买零星办公用品支付 600 元
4. 货币资金的最大特点是(　　)强。
A. 流动性　　B. 稳定性
C. 收益性　　D. 风险性
5. 我国商业汇票的付款期限由交易双方商定，但最长不得超过(　　)。
A. 2 个月　　B. 3 个月

C. 6 个月　　D. 1 年

6. 库存现金必须每天与(　　)核对。

A. 库存现金日记账　　B. 银行存款日记账

C. 总账余额　　D. 库存商品余额

7. 我国会计上所说的现金是指(　　)。

A. 企业内部各部门的备用金　　B. 企业库存人民币和外币

C. 其他符合现金定义的票证　　D. 信用证存款

8. 企业一般不得从本单位的现金收入中直接支付现金，因特殊情况需要支付现金的，应事先报经(　　)审查批准。

A. 企业单位负责人　　B. 上级主管部门

C. 开户银行　　D. 财税部门

9. 如果有确凿证据表明存在银行或其他金融机构的款项已经部分不能收回，或者全部不能收回的，应当作为当期损失，记入(　　)账户。

A. “财务费用”　　B. “管理费用”

C. “营业外支出”　　D. “其他业务成本”

10. 企业对现金清查过程中发现的多余现金，未经批准处理之前，应借记“库存现金”账户，贷记(　　)账户。

A. “营业外收入”　　B. “其他业务收入”

C. “待处理财产损溢”　　D. “其他应付款”

11. 下列各项中，不通过“其他货币资金”科目核算的是(　　)。

A. 外埠存款　　B. 存出投资款

C. 备用金　　D. 信用卡存款

12. 除中国人民银行另有规定外，支票的提示付款期限一般为自出票日起(　　)天。

A. 7　　B. 10

C. 15　　D. 0

13. 按照《中华人民共和国银行结算办法》的规定，企业(　　)。

A. 可有偿出借账户　　B. 不准出租、出借账户

C. 可签发远期支票　　D. 可有偿出租账户

14. 对于银行已经入账而企业尚未入账的未达账项，我国企业应当(　　)。

A. 根据“银行对账单”记录的金额入账

B. 根据“银行存款余额调节表”和“银行对账单”自制原始凭证入账

C. 在编制“银行存款余额调节表”的同时入账

D. 待有关结算凭证到达后入账

15. 属于无法查明原因的现金溢余，经批准后应(　　)。

A. 计入其他业务收入　　B. 冲减管理费用

C. 计入营业外收入　　D. 冲减营业外支出

16. 企业将款项汇往外地开立专用采购账户时，应记入(　　)账户。

A. “物资采购”　　B. “在途物资”

C. “预付账款”　　D. “其他货币资金”

17. 企业的工资、奖金等现金的支取，可以通过(　　)办理。

A. 基本存款账户　　B. 一般存款账户

C. 临时存款账户　　D. 专用存款账户

18. 下列可以采用托收承付结算方式的是(　　)。

A. 代销　　B. 提供劳务

C. 赊销　　D. 寄销

19. 具有使用灵活、票随人到、兑现性强等特点，适用于先收款后发货或钱货两清的商品交易的结算方式是(　　)。

A. 银行汇票　　B. 银行本票

C. 支票　　D. 商业汇票

20. 企业发现现金短缺属于无法查明的其他原因，按照管理权限经批准处理时，应在(　　)科目核算。

A. "其他应收款"　　B. "营业外支出"

C. "管理费用"　　D. "财务费用"

21. 关于银行预留印鉴的管理，下列说法中错误的是(　　)。

A. 财务专用章应由专人保管

B. 个人名章必须由本人或其授权人员保管

C. 严禁一人保管支付款项所需的全部印章

D. 单位负责人的印章必须由其本人保管

(二) 多项选择题

1.《中华人民共和国银行结算办法》中规定了银行结算纪律，即(　　)。

A. 不准出租、出借银行账户　　B. 不准签发空头支票和远期支票

C. 不准套取银行信用　　D. 不准异地转账结算

E. 不准超过结算起点支付现金

2. 下列属于"其他货币资金"核算范围的项目有(　　)。

A. 银行本票存款　　B. 外埠存款

C. 信用卡存款　　D. 存出投资款

E. 银行汇票存款

3. 以下不符合企业会计准则的做法是(　　)。

A. 属于无法查明的其他原因导致的现金溢余，经批准处理后冲减管理费用

B. 属于无法查明的其他原因导致的现金短缺，经批准处理后计入管理费用

C. 现金短缺属于责任人赔偿的部分，计入其他应收款

D. 已经存入证券公司并购买了股票或债券的现金，计入存出投资款

E. 属于无法查明的其他原因导致的现金溢余，经批准处理后计入营业外收入

4. 货币资金的内容主要包括(　　)。

A. 库存现金　　B. 银行存款

C. 其他货币资金　　D. 流动资金

E. 银行汇票存款

5. 货币资金内部控制制度主要表现在(　　)。

A. 货币资金授权批准制度　　B. 职务分离制度

C. 凭证稽核控制　　D. 货币资金定期盘点与核对控制

E. 印鉴分管原则

6. 为加强现金管理，财务部门应该严格遵守(　　)。

A. 管账不管钱，管钱不管账，账款分开管理

B. 配备专职出纳员，负责现金的收付保管工作

C. 不能“白条抵库”

D. 库存现金的限额一般不超过单位 3～5 天的日常零星开支

E. 需设置“库存现金日记账”和“库存现金总分类账”

7. 下列事项中，必须编制付款凭证的是(　　)。

A. 现金送存银行　　B. 从银行提取现金

C. 现金购买办公用品　　D. 销售商品取得现金

E. 支付购买商品款，通过银行转账

8. 由于未达账项导致企业银行存款的余额与银行对账单的余额在同一日期不一致的情况有(　　)。

A. 银行已记作企业存款增加，而企业尚未接到收款通知，尚未记账的款项

B. 银行已记作企业存款减少，而企业尚未接到付款通知，尚未记账的款项

C. 企业已记作银行存款增加，而银行尚未记账的款项

D. 企业已记作银行存款减少，而银行尚未记账的款项

E. 因相关人员的疏忽，漏登了一笔银行存款

9. 信用卡按使用对象不同，分为(　　)。

A. 单位卡　　B. 个人卡

C. 金卡　　D. 普通卡

E. 银卡

10. 银行承兑汇票到期，如果承兑申请人无力支付票款，应由(　　)。

A. 承兑银行付款　　B. 银行对承兑申请人执行扣款

C. 由收款企业付款　　D. 承兑申请企业在 1 个月付款

E. 承兑银行对承兑申请企业计收利息

11. 下列符合企业银行存款开户的有关规定的是(　　)。

A. 一般存款账户可以办理工资、奖金等现金的支取

B. 临时存款账户可以办理转账结算，但不能办理现金收付

C. 一个企业只能选择一家银行的一个营业机构开立一个基本存款账户

D. 不得在同一家银行的几个分支机构开立一般存款账户

E. 一般存款账户可以办理转账结算和现金缴存，但不能办理现金的支取

12. 出纳人员不得兼任的工作有(　　)。

A. 稽核　　B. 会计档案保管

C. 费用账目的登记工作　　D. 债权账目的登记工作

E. 企业内部生产成本核算

13. 下列事项中，符合现金管理有关规定的有(　　)。

A. 企业对于当日送存现金有困难的，由开户银行确定送存时间

B. 因特殊情况需要坐支现金的，应当事先报经开户银行审批

C. 企业从开户银行提取现金，只要由本单位出纳人员签字盖章即可

D. 如果现金长短款是由于单据丢失或记账产生的差错，应补办手续入账或更正错误

E. 不准用银行账户代其他单位和个人存入或支取现金

14. 下列各项中，符合《中华人民共和国现金管理暂行条例》规定的可以用现金结算的有(　　)。

A. 为职工交纳社会保障费支付的款项

B. 向个人收购农副产品支付的款项

C. 向企业购买大宗材料支付的价款

D. 支付给职工个人的劳保福利费

E. 出差人员必须携带的差旅费

15. 根据中国人民银行有关支付结算办法的规定，下列结算方法说法正确的是(　　)。

A. 银行本票的付款期限为自出票日起 1 个月

B. 在银行开立存款账户的法人以及其他组织之间必须具有真实的交易关系或债权债务关系，才能使用商业汇票

C. 单位可以将销货收入的款项存入其信用卡账户，但不得从单位卡中支取现金

D. 采用托收承付结算方式时，购销双方必须签订合法的购销合同，并在合同上写明使用托收承付结算方式

E. 签发空头支票，银行除退票外，还按票面金额处以 5% 的罚款

16. 货币资金的管理和控制应当遵循的原则有(　　)。

A. 严格职责分工

B. 实行交易分开

C. 实施内部稽核

D. 实行一人一岗

E. 实施定期轮岗

17. 下列项目中，不通过“其他货币资金”科目核算的有(　　)。

A. 银行本票存款

B. 不能提前支取的定期存款

C. 信用证保证金存款

D. 外币贷款抵押存款

E. 企业存放在证券公司客户保证金账户中的余款

18. 以下不符合企业会计制度规定的做法的是(　　)。

A. 属于无法查明原因的现金溢余，经批准后冲减管理费用

B. 属于无法查明原因的现金短缺，经批准后计入管理费用

C. 企业内部周转使用备用金的，可以单独设置“备用金”科目，使用和报销有关备用金支出时都通过“备用金”科目核算

D. 因吸收存款单位已宣告破产，其破产财产不足以清偿的部分，记入“营业外支出”科目

E. 外埠存款不计利息，一律转账，不得支取现金

19. 作为应收票据核算的有(　　)。

A. 转账支票　　B. 银行承兑汇票
C. 银行汇票　　D. 商业承兑汇票
E. 银行本票

20. 现金的特征有(　　)。

A. 货币性　　B. 流动性
C. 风险性　　D. 收益性
E. 通用性

（三）判断题

1. 企业需要到外地临时或零星采购，可以将款项通过银行汇入采购地银行，这部分汇入采购地银行的资金应通过“其他应收款”账户核算。(　　)

2. 1 000 元以下的零星支出可以使用现金结算。(　　)

3. 存出投资款在“银行存款”账户核算。(　　)

4. “库存现金”账户反映企业的库存现金，包括企业内部部门周转使用、由各部门保管的定额备用金。(　　)

5. 按货币资金的内部控制规范要求，出纳人员可以兼管稽核、会计档案保管及收入、支出、费用等账目登记工作。(　　)

6. 为了减少货币资金管理和控制中产生舞弊的可能性，并及时发现有关人员的舞弊行为，对涉及货币资金管理和控制的业务人员应实行定期轮换岗位制度。(　　)

7. 职务分离控制要求一人一岗。(　　)

8. 库存现金的清查包括出纳人员每日清算核对和清查小组定期和不定期的清查。(　　)

9. 为了简化现金收支手续，企业可随时坐支现金。(　　)

10. 在银行开立存款账户的法人与其他经济组织之间须具有真实的交易关系、债权债务关系，才能使用商业汇票。(　　)

11. 银行承兑汇票简称银行汇票，通过“应收票据”科目核算。(　　)

12. 银行存款余额调节表的作用不只是为了核对账目，而且是企业调整银行存款账目余额的原始凭证。(　　)

13. 采用信用证付款方式的企业，委托银行开出的信用证，以及企业使用的各种信用卡，可在“其他货币资金”科目进行核算。(　　)

14. 银行汇票可以用于转账，也可以用于提现。(　　)

（四）计算与会计处理题

1. 嘉腾公司 2×13 年 5 月份发生的部分经济业务如下：

(1) 5 月 1 日，签发现金支票一张，从开户银行提取现金 20 000 元备用。

(2) 5 月 2 日，收到零星销售商品款 702 元，其中，价款 600 元，增值税税额 102 元。

(3) 5 月 3 日，单位办公室职工王强原出差借款 1 000 元，报销 800 元，剩余 200 元交回。

（4）5月4日，单位财务科职工李明出差预借差旅费800元。

（5）5月9日，开出现金支票，提取现金20 000元，备发工资。

（6）5月10日，以现金支付职工工资20 000元。

（7）5月12日，用现金支付报销办公用品费800元。

（8）5月12日，为企业行政管理部门报销业务招待费900元。

（9）5月12日，销售产品价款10 000元，增值税税率为17%，收到银行汇票并送存银行。

（10）5月13日，采用托收承付结算方式从E公司采购甲材料，价款50 000元，增值税税率为17%，验货付款。材料已入库，款项已付。

（11）5月15日，委托银行开出50 000元银行汇票采购丙材料。

（12）5月15日，汇出80 000元去南京设立采购专户，采购员张强同日前往南京。

（13）开出转账支票100万元，转入证券公司账户用于购买相关证券。

（14）5月25日，采购的丙材料入库，货款42 000元，增值税税率为17%，余款退回。

（15）5月25日，张强完成采购任务，相关材料货款60 000元，增值税税率为17%，余款已转回。

（16）进行现金清查时发现现金短缺3 500元。

（17）经查发现现金短缺的3 500元中1 000元系出纳人员造成的，且已无法追回；剩余的2 500元无法查明原因。

要求：编制相关会计分录。

2. 嘉伟公司在中国工商银行开设基本存款账户，2×13年12月31日收到银行的对账单显示银行存款余额为693 835元，但公司银行存款日记账余额为783 856元。经查发现如下事项：

（1）2×13年11月公司开出的转账支票中，11月29日开给海腾公司的30 000元的转账支票未包含在11月30日的银行对账单中，而是包含在12月31日的银行对账单中，11月份开出的其他的转账支票均已出现在11月30日的银行对账单中。

（2）公司12月份开给伟达公司的转账支票32 000元没有出现在银行对账单中。

（3）公司收到腾飞公司的转账支票73 000元，送存银行，并已记账，但并未出现在银行对账单中。

（4）公司委托银行向万得公司收取的12 000元已收到，但这笔款项没有包含在公司银行存款日记账中。

（5）银行从嘉伟公司的账户中代扣水电费63 456元，但这笔款项在公司银行存款日记账中没有反映。

（6）银行对账单显示公司赚取利息2 600元，扣除相关税费及服务费165元。

要求：根据上述资料编制该公司2×13年12月31日的银行存款余额调节表（结果填入表2-1中）。

表 2-1 银行存款余额调节表

2×13 年 12 月 31 日 单位：元

项目	金额	项目	金额
银行对账单余额		公司银行存款日记账余额	
调整后的余额		调整后的余额	

四、本章习题答案及解析

（一）单项选择题

1. B【解析】没有单独设置“备用金”账户的企业，相关备用金应通过“其他应收款”账户核算。

2. B【解析】企业资产中最活跃的资产就是货币资金，专项资金由于其用途受到限制，其流动性不如一般的货币资金。

3. B【解析】按照现金管理制度的有关规定，购买商品价格在 1 000 元以上的款项支付必须采用转账方式。

4. A【解析】货币资金与其他资产相比最大的特点就是“流动性”强。

5. C【解析】我国商业汇票的付款期限由交易双方商定，但最长不得超过 6 个月。

6. A【解析】库存现金必须每天与库存现金日记账核对。

7. B【解析】我国会计上所说的现金是狭义的现金，就是指企业库存人民币和外币。

8. C【解析】按照《中华人民共和国现金管理暂行条例》的规定，企业一般不得从本单位的现金收入中直接支付现金，因特殊情况需要支付现金的，应事先报经开户银行审查批准。

9. C【解析】如果有确凿证据表明存在银行或其他金融机构的款项已经部分不能收回，或者全部不能收回的，不属于日常活动，应将其记入“营业外支出”账户。

10. C【解析】企业对现金清查过程中发现的多余现金，未经批准处理之前，应借记“库存现金”账户，贷记“待处理财产损溢”账户。

11. C【解析】其他货币资金包括外埠存款、银行汇票存款、银行本票存款、信用证保证金存款、信用卡存款和存出投资款等。备用金不通过“其他货币资金”科目核算。

12. B【解析】除中国人民银行另有规定外，支票的提示付款期限一般为自出票日起 10 天。

13. B【解析】按照《中华人民共和国银行结算办法》的规定，企业不得出租、出借账户，不得签发远期支票。

14. D【解析】通过“银行存款余额调节表”和“银行对账单”，企业可以正确掌握企业银行存款的实有数及其与企业银行存款日记账余额的一致性，不能将其作为记账和调账的依据；未达账项必须等到结算凭证到达后入账。

15. C【解析】属于无法查明原因的现金溢余，经批准后，借记“待处理财产损溢

——待处理流动资产损溢”，贷记“营业外收入——现金溢余”科目。

16. D【解析】企业将款项汇往外地开立专用采购账户时，应记入“其他货币资金——外埠存款”账户。

17. A【解析】基本存款账户是企业办理日常结算和现金收付的账户，企业的工资、奖金等现金的支取，只能通过基本存款账户办理。

18. B【解析】办理托收承付结算的款项，必须是商品交易，以及因商品交易产生的劳务供应的款项，代销、寄销和赊销商品的款项，不得办理托收承付结算。

19. A【解析】银行汇票具有使用灵活、票随人到、兑现性强等特点，适用于先收款后发货或钱货两清的商品交易。

20. C【解析】属于无法查明的原因，根据管理权限经批准处理后，借记“管理费用”科目，贷记“待处理财产损溢——待处理流动资产损溢”科目。

21. D【解析】单位负责人的印章可以由其授权人员保管。

（二）多项选择题

1. ABCE【解析】转账结算是企事业单位之间主要结算方式，无论是异地还是同城。

2. ABCDE【解析】其他货币资金的核算范围包括：外埠存款、银行汇票存款、银行本票存款、信用卡存款、信用证保证金存款和存出投资款。

3. AD【解析】属于无法查明的其他原因导致的现金溢余，经批准处理后计入营业外收入，短缺则计入管理费用，已经存入证券公司但尚未购买股票或债券的现金，计入存出投资款。

4. ABCE【解析】货币资金主要包括：库存现金、银行存款和其他货币资金。银行汇票存款属于其他货币资金。

5. ABCDE【解析】参见教材。

6. ABCDE【解析】参见教材。

7. ABCE【解析】A选项和C选项应编制现金付款凭证，B选项和E选项应编制银行存款付款凭证，D选项应编制现金收款凭证。

8. ABCD【解析】E选项不属于未达账项。

9. AB【解析】信用卡按使用对象不同，分为单位卡和个人卡；按信誉等级不同，分为金卡和普通卡。

10. AE【解析】银行承兑汇票到期，如果承兑申请人无力支付票款，应由承兑银行付款，同时承兑银行对承兑申请企业计收利息。

11. CDE【解析】企业的工资、奖金等现金的支取，只能通过基本存款账户办理。一般存款账户不能办理现金的支取；临时存款账户可以办理转账结算，也可以根据国家现金管理的规定办理现金收付。

12. ABCD【解析】出纳人员不得兼任稽核、会计档案保管和收入、费用、债权、债务账目的登记工作。

13. ABDE【解析】企业从开户银行提取现金，应当写明用途，由本单位财会部门负责人签字盖章，经开户银行审核后，予以支付现金。

14. BDE【解析】参见《中华人民共和国现金管理暂行条例》的规定。

15. BD【解析】选项 A，银行本票的付款期限为自出票日起不超过 2 个月；选项 C，单位卡账户的资金一律从其基本存款账户转入，不得交存现金，不得将销货收入的款项存入该账户，也不得支取现金；选项 E，签发空头支票要按票面金额处以 5% 但不低于 1 000 元的罚款。

16. ABCE【解析】一般来说，货币资金的管理和控制应当遵循如下原则：严格职责分工、实行交易分开、实施内部稽核和实施定期轮岗制度。

17. BD【解析】其他货币资金包括：外埠存款、银行汇票存款、银行本票存款、信用证存款、信用卡存款和存出投资款等。E 选项属于存出投资款。

18. ACE【解析】属于无法查明原因的现金溢余，经批准后计入营业外收入；企业内部周转使用备用金的，可以单独设置“备用金”科目，除了增加或减少拨入的备用金外，使用或报销有关备用金支出时不再通过“备用金”科目核算，外埠存款不计利息，除采购员差旅费可以支取少量现金外，一律转账。

19. BD【解析】商业汇票通过“应收票据”账户核算。商业汇票包括商业承兑汇票和银行承兑汇票。

20. ABE【解析】参见教材。

（三）判断题

1. ×【解析】企业需要到外地临时或零星采购，可以将款项通过银行汇入采购地银行，这部分汇入采购地银行的资金应通过“其他货币资金——外埠存款”账户核算。

2. √

3. ×【解析】存出投资款在“其他货币资金”账户核算。

4. ×【解析】“备用金”通过“备用金”或“其他应收款”账户核算。

5. ×【解析】按货币资金的内部控制规范要求，出纳人员不得兼管稽核、会计档案保管及收入、支出、费用等账目登记工作。

6. √

7. ×【解析】职务分离控制要求不相容职务要分开。

8. √

9. ×【解析】按照《中华人民共和国现金管理暂行条例》及其实施细则的规定，开户单位支付现金，可以从本单位的现金库存中支付或者从开户银行提取，不得从本单位的现金收入中直接支出（即坐支）。

10. √

11. ×【解析】银行承兑汇票通过“应收票据”账户核算，是企业的应收债权，银行汇票通过“其他货币资金”账户核算，是企业的货币资金。

12. ×【解析】银行存款余额调节表的作用只是为了核对账目，不能作为企业调整银行存款账目余额的原始凭证。

13. √

14. ×【解析】银行汇票一般用于转账，只有填明“现金”字样并且汇票的申请人和收款人均为个人的银行汇票才可以用于提现。

（四）计算与会计处理题

1. 编制的会计分录如下：

（1）借：库存现金 20 000
　　贷：银行存款 20 000

（2）借：库存现金 702
　　贷：主营业务收入 600
　　　　应交税费——应交增值税（销项税额） 102

（3）借：库存现金 200
　　　　管理费用 800
　　贷：其他应收款 1 000

（4）借：其他应收款 800
　　贷：库存现金 800

（5）借：库存现金 20 000
　　贷：银行存款 20 000

（6）借：应付职工薪酬 20 000
　　贷：库存现金 20 000

（7）借：管理费用 800
　　贷：库存现金 800

（8）借：管理费用 900
　　贷：库存现金 900

（9）借：银行存款 11 700
　　贷：主营业务收入 10 000
　　　　应交税费——应交增值税（销项税额） 1 700

（10）借：原材料 50 000
　　　　应交税费——应交增值税（进项税额） 8 500
　　贷：银行存款 58 500

（11）借：其他货币资金——银行汇票存款 50 000
　　贷：银行存款 50 000

（12）借：其他货币资金——外埠存款 80 000
　　贷：银行存款 80 000

（13）借：其他货币资金——存出投资款 1 000 000
　　贷：银行存款 1 000 000

（14）借：原材料 42 000
　　　　应交税费——应交增值税（进项税额） 7 140
　　　　银行存款 860
　　贷：其他货币资金——银行汇票存款 50 000

（15）借：原材料 60 000
　　　　应交税费——应交增值税（进项税额） 10 200

借：银行存款　　9 800

　　贷：其他货币资金——外埠存款　　80 000

（16）借：待处理财产损溢——待处理流动资产损溢　　3 500

　　贷：库存现金　　3 500

（17）借：其他应收款　　1 000

　　管理费用　　2 500

　　贷：待处理财产损溢——待处理流动资产损溢　　3 500

2. 编制的2×13 年 12 月 31 日的银行存款余额调节表见表 2–2。

表 2–2

银行存款余额调节表

2×13 年 12 月 31 日

单位：元

项目	金额	项目	金额
银行对账单余额	693 835	公司银行存款日记账余额	783 856
加：公司已收银行未收		加：银行已收公司未收	
腾飞公司的转账支票	73 000	向万得公司收取的款项	12 000
		利息收入	2 600
减：公司已付银行未付		减：银行已付公司未付	
开给伟达公司的转账支票	32 000	水电费	63 456
		相关税费及服务费	165
调整后的余额	734 835	调整后的余额	734 835

第三章　应收和预付款项

一、学习目的及要求

通过本章学习，了解应收账款、应收票据、预付账款、其他应收款和长期应收款的相关概念；掌握应收账款、应收票据、预付账款、其他应收款、坏账准备的相关会计处理；重点掌握坏账准备、商业折扣和现金折扣的账务处理；一般了解应收债权出售和融资以及长期应收款的相关会计处理。

二、本章主要知识点

◇应收账款
◇应收票据
◇预付账款和其他应收账款
◇长期应收款
◇应收债权出售和融资

三、本章习题

（一）单项选择题

1. 企业收到的商业承兑汇票到期，如承兑人无力付款，则应将其转入(　　)账户。

A. “应收账款”　　B. “应付账款”

C. “其他应收款”　　D. “预付账款”

2. 下列项目中不通过“其他应收款”账户核算的是(　　)。

A. 为职工代垫的水电费　　B. 租入包装物交纳的押金

C. 应向保险公司收取的赔偿款　　D. 为客户代垫的运杂费

3. 下列票据中应通过“应收票据”账户核算的是(　　)。

A. 转账支票　　B. 银行汇票

C. 银行本票　　D. 商业汇票

4. 某企业于2×13年6月10日持当年5月15日由外埠付款方开户银行签字承兑的3个月期的商业汇票到银行申请贴现，其贴现天数为(　　)。

A. 66天　　B. 67天

C. 68天　　D. 69天

5. 对于已核销又收回的应收账款，应当(　　)。

A. 直接调整资产减值损失

B. 先转回到应收账款，再作收回处理或直接调整坏账准备

C. 只在备查账中记录

D. 由企业自行确定处理方法

6. 对于预付账款不多的企业，可以不设置“预付账款”账户，实际发生预付账款时，记入(　　)。

A. “应收账款”账户的借方　　B. “应付账款”账户的贷方

C. “应收账款”账户的贷方　　D. “应付账款”账户的借方

7. 我国企业会计准则规定，存在现金折扣的情况下，应收账款入账价值应采用(　　)。

A. 净价法　　B. 直接法

C. 转销法　　D. 总价法

8. 带息商业汇票，期末计提利息时，应编制的会计分录为(　　)。

A. 借：财务费用
　　贷：应收票据

B. 借：应收票据
　　贷：财务费用

C. 借：应收账款
　　贷：财务费用

D. 借：应收账款
　　贷：管理费用

9. 下列项目中，不通过“长期应收款”账户核算的是(　　)。

A. 融资租赁中出租人应向承租人收取的融资租赁款

B. 采用递延方式分期收款，实质上具有融资性质的销售商品产生的应收款项

C. 企业正常销售商品的应收款项

D. 采用递延方式分期收款，实质上具有融资性质的提供劳务产生的应收款项

10. 企业销售商品时代垫的运杂费应记入(　　)账户。

A. “应收账款”　　B. “预付账款”

C. “其他应收款”　　D. “应付账款”

11. 企业在采用总价法核算的情况下，发生的现金折扣应当作为(　　)处理。

A. 营业收入减少　　B. 销售费用增加

C. 财务费用增加　　D. 管理费用增加

12. 某公司2013年5月1日销售商品，并于当日收到面值10万元、年利率6%、期限3个月的银行承兑汇票一张。6月30日，该应收票据的账面价值为(　　)万元。

A. 10　　B. 10.05

C. 10.1　　D. 10.15

13. 下列各项中，按照现行企业会计准则的规定，销售企业应当作为财务费用处理的是(　　)。

A. 购货方获得的现金折扣　　B. 购货方获得的商业折扣

C. 购货方获得的销售折扣　　D. 购货方放弃的现金折扣

14. 2014年1月5日，某企业将一张带息银行承兑汇票到银行贴现。该票据面值为1 000 000元，2013年12月31日已计提利息700元，尚未计提利息900元，银行贴现息为

500 元。该应收票据贴现时计入财务费用的金额为(　　)元。

A. −200　　B. −400

C. 400　　D. 500

15. 某企业采用账龄分析法核算坏账。该企业 2011 年 12 月 31 日“坏账准备”科目贷方余额为 5 万元；2012 年发生坏账 8 万元，发生坏账回收 2 万元。2013 年 12 月 31 日应收账款余额为 120 万元（其中，未到期应收账款为 40 万元，估计损失 1%；过期 1 个月应收账款为 30 万元，估计损失 2%；过期 2 个月的应收账款为 20 万元，估计损失 4%；过期 3 个月应收账款为 20 万元，估计损失 6%；过期 3 个月以上应收账款为 10 万元，估计损失 10%)。企业 2013 年应提取的坏账准备为(　　)万元。

A. 5　　B. 4

C. 3　　D. −5

16. 2013 年 4 月 5 日，A 公司销售一批商品给 B 公司，开出的增值税专用发票上注明的销售价款为 400 000 元，增值税销项税额为 68 000 元，款项尚未收到。双方协商，B 公司应于 2013 年 10 月 31 日付款。2013 年 7 月 6 日，经与中国银行协商后约定：A 公司将应收 B 公司的货款出售给中国工商银行，价款为 413 520 元；在应收 B 公司的货款到期无法收回时，中国工商银行不能向 A 公司追偿。A 公司根据以往经验，预计该批商品将发生销售退回的金额为 35 100 元，其中，增值税销项税额 5 100 元，成本 25 000 元，实际发生的销售退回由 A 公司承担。A 公司出售该笔应收账款发生的出售损益为(　　)元。

A. 54 480　　B. 19 380

C. 24 480　　D. 49 380

17. 某企业采用应收账款余额百分比法核算坏账，坏账准备的计提比例为 1%。该企业 2012 年 12 月 31 日“坏账准备”科目有贷方余额 40 万元。2013 年该企业发生坏账 6 万元，已核销的坏账又收回 12 万元。2013 年 12 月 31 日应收账款总账借方余额为 3 000 万元，其中，应收账款明细科目借方余额合计数为 5 000 万元，应收账款明细科目贷方余额合计数为 2 000 万元；预收账款总账贷方余额为 200 万元，其中，预收账款明细科目借方余额合计数为 100 万元，预收账款明细科目贷方余额合计数为 300 万元。该企业 2013 年应提取的坏账准备为(　　)万元。

A. 5　　B. −14

C. −8　　D. 4

18. 企业对不附追索权的应收债权出售发生的损益应计入(　　)。

A. 管理费用　　B. 营业外收入

C. 营业外支出　　D. 其他业务成本

19. 嘉海公司为增值税一般纳税企业，适用的增值税税率为 17%。2013 年 8 月 1 日，嘉海公司向甲公司销售一批商品，价目表上标明的价格总额为 20 000 元。因属批量销售，嘉海公司同意给甲公司 10% 的商业折扣；同时，为鼓励甲公司及早付清货款，嘉海公司规定的现金折扣条件为：5/10，2/20，n/30。假定嘉海公司 8 月 8 日收到该笔销售的价款（含增值税税额），则实际收到的价款为(　　)元。

A. 20 160　　B. 21 060

C. 23 400　　D. 20 007

20. 甲公司于2013年8月1日收到乙公司开具的商业承兑汇票一张，面值为234 000元，年利率为4%，期限为6个月，则2013年12月31日的资产负债表中列示的“应收票据”项目金额应是(　　)元。

A. 200 000　　B. 234 000

C. 237 900　　D. 236 340

21. 在按应收账款年末余额百分比法计提坏账准备的情况下，已确认的坏账又收回时，应借记(　　)科目。

A. “应收账款”或“银行存款”　　B. “资产减值损失”

C. “坏账准备”　　D. “营业外收入”

22. 甲公司1月20日收到带息商业承兑汇票一张，期限6个月，面值100 000元，票面利率6%，贴现利率8%，4月1日到银行办理了贴现，由于承兑人到期没有能力支付该笔款项，银行将贴现票据退回甲公司并将该票据款项划回。截至本年12月31日，承兑人仍然没有付款，甲公司应将该笔业务登记为(　　)。

A. 应收票据100 253元

B. 应收票据100 000元和应收账款253元

C. 应收账款103 000元和相应的坏账准备

D. 应收账款105 500元和相应的坏账准备

(二) 多项选择题

1. 应收账款的核算范围包括(　　)。

A. 应收销售商品的货款　　B. 应收提供劳务的账款

C. 应收保险公司赔款　　D. 存出保证金

E. 为购货单位代垫的运杂费

2. 下列各项中，不能全额提取坏账准备的有(　　)。

A. 逾期3年以上且有充分证据表明其收回的可能性极小

B. 计划对应收款项进行债务重组

C. 与关联方发生的应收款项

D. 债务单位因遇自然灾害长期停产而长期无法偿还的应收款项

E. 债务人逾期未履行偿债义务

3. 12月20日，某企业持有一张10月8日取得的6个月期限、面值为100万元的不带息商业承兑汇票，该业务会导致本年末的资产负债表中(　　)。

A. 货币资金项目增加数低于100万元

B. 货币资金项目增加数等于100万元

C. 应收票据项目减少

D. 短期借款增加

E. 附注“已贴现的商业承兑汇票”增加100万元

4. 按照现行企业会计准则，以下表述正确的有(　　)。

A. 企业收到应收票据时按票据的面值入账

B. 企业收到应收票据时按票据的到期值入账

C. 企业应于期末对带息票据计提利息，增加应收票据的账面价值
D. 企业收到带息票据，在到期或贴现前账面价值保持不变
E. 应收票据到期，承兑人无力付款，应将应收票据转入应收账款，继续计提利息
5. “坏账准备”账户的借方登记(　　)。
A. 发生坏账损失　　B. 计提的坏账准备
C. 转销坏账损失　　D. 已核销又收回的坏账
E. 冲销多计提的坏账准备
6. 下列说法中，正确的有(　　)。
A. 坏账损失核算的直接转销法不符合权责发生制原则和配比原则
B. 用备抵法核算坏账损失能更好地贯彻权责发生制原则和配比原则
C. 坏账损失采用备抵法核算体现谨慎性信息质量特征
D. 坏账损失采用备抵法核算更能体现重要性信息质量特征
E. 坏账损失采用备抵法核算更能体现相关性信息质量特征
7. 根据现行企业会计准则的有关规定，下列项目中应计提坏账准备的有(　　)。
A. 应收票据　　B. 应收账款
C. 预付账款　　D. 其他应收款
E. 预收账款
8. 下列各项中，会引起应收账款账面价值发生变化的有(　　)。
A. 结转到期不能收回的应收票据
B. 计提应收账款坏账准备
C. 将应收账款出售给银行（附追索权）
D. 收回已转销的坏账
E. 发生坏账予以核销，核销数小于坏账准备的贷方余额
9. 采用备抵法计提坏账准备，估计坏账损失的方法有(　　)。
A. 账龄分析法　　B. 销货百分比法
C. 年数总和法　　D. 应收账款余额百分比法
E. 个别认定法
10. 我国会计上作为应收票据处理的票据有(　　)。
A. 银行汇票　　B. 银行本票
C. 商业承兑汇票　　D. 银行承兑汇票
E. 转账支票
11. 坏账损失核算采用备抵法的优点有(　　)。
A. 符合谨慎性原则
B. 使报表使用者了解企业真实的财务状况
C. 消除虚列的应收账款
D. 避免虚增利润
E. 符合可靠性信息质量特征的要求
12. 下列关于现金折扣和商业折扣的说法，正确的有(　　)。
A. 商业折扣是指为促进销售在商品标价上给予的扣除

B. 现金折扣是债权人为鼓励债务人早日付款而向债务人提供的债务扣除

C. 存在商业折扣的情况下，企业应收账款入账金额应按扣除商业折扣后的实际售价和相关的税费确认

D. 我国会计实务中采用总价法核算存在现金折扣的交易

E. 总价法是将未扣除现金折扣前的金额作为应收账款的入账价值

13. 企业采用应收账款余额百分比法计提坏账准备时，以下项目应记入“坏账准备”科目贷方的有(　　)。

A. 发生的坏账损失

B. 已经作为坏账核销的应收账款又收回

C. 本期应收账款余额与计提比例的乘积

D. 年末应收账款余额与计提比例的乘积大于坏账准备余额的部分

E. 年末应收账款余额与计提比例的乘积小于坏账准备余额的部分

14. 2013 年 4 月 5 日收到带息商业承兑汇票一张，面值为 100 000 元，票面利率 6%，期限为 6 个月，该票据在 2013 年 8 月 8 日贴现，贴现率 8%，假设该企业与承兑企业在同一票据交换区，则下列表述正确的是(　　)。

A. 商业承兑汇票的入账价值为 100 000 元

B. 票据的到期值为 103 000 元

C. 贴现天数为 58 天

D. 票据到期日为 2013 年 10 月 5 日

E. 贴现息为 1 327. 56 元

(三) 判断题

1. 我国现行企业会计准则规定，企业计提坏账准备的方法应采用备抵法，但估计坏账损失的方法可以自行确定。 (　　)

2. 企业已确认并转销的坏账损失，如果以后又收回，应及时按照收回的金额借记“银行存款”科目，贷记“坏账准备”科目。 (　　)

3. 企业支付的包装物押金和收取的包装物押金均应通过“其他应付款”账户核算。 (　　)

4. 我国企业会计准则规定，应收账款按照扣除商业折扣但是包含现金折扣的金额加以确认。 (　　)

5. 已确认为坏账的应收账款，并不意味着企业放弃了其追索权，一旦重新收回，应及时入账。 (　　)

6. 由于企业应收及预付款项均属于债权，因此，都存在发生坏账损失的风险，按现行制度规定都应提取一定比例的坏账准备。 (　　)

7. 由于企业的应收账款和预收账款均属于债权，因此，都存在发生坏账损失的风险，按现行制度规定都应提取一定比例的坏账准备。 (　　)

8. 按规定，预付账款业务不多的企业，可以不设置“预付账款”科目，预付的货款在“应付账款”科目的借方核算。 (　　)

9. 在我国会计实务中，带息应收票据（银行承兑汇票）贴现时，应将其贴现利息直

接计入当期损益。 ( )

10. 应收账款采用总价法核算情况下购货方享受的现金折扣与采用净价法核算情况下购货方放弃的现金折扣，均通过财务费用核算。 ( )

11. 预收账款明细科目如有借方余额，应将其数额列示在资产负债表“预付款项”项目中。 ( )

12. 贴现是银行对企业进行短期贷款的一种形式。 ( )

13. 企业内部各部门、各单位从财会部门领走的供周转使用的现金不属于企业的“库存现金”，因此，不应在“库存现金”科目核算。 ( )

14. 无论企业取得的是带息票据还是不带息票据，均按到期值入账。 ( )

15. “坏账准备”账户在期末结账前如为贷方金额，反映的内容是已确认的坏账损失超出坏账准备的余额。 ( )

16. 企业采用应收账款余额百分比法计提坏账准备，期末坏账准备的余额一定等于应收账款余额的一定百分比计算的坏账准备金额。 ( )

17. 我国企业会计准则规定，应收账款按照扣除现金折扣但包含商业折扣的金额加以确认。 ( )

18. 期末计提应收票据的利息，冲减财务费用，但应保持应收票据的账面价值不变。 ( )

（四）计算与会计处理题

1. 甲公司在2×13年7月1日向乙公司销售一批商品，开出的增值税专用发票上注明的销售价款为40 000元，增值税税额为6 800元。为及早收回货款，甲公司和乙公司约定的现金折扣条件为：2/10，1/20，n/30。假定计算现金折扣时不考虑增值税。

要求：编制甲公司销售商品的会计分录以及分别在7月9日、7月18日和7月底收到货款的会计分录。

2. A公司2×12年发生的有关经济业务如下：

(1) A公司前欠甲公司货款500 000元，经协商同意用商业承兑汇票抵付，6月8日，甲公司收到A公司签字承兑的3个月期的商业承兑汇票一张。

(2) 7月10日，甲公司向A公司提示付款，A公司当即签发转账支票一张计500 000元。

(3) 11月21日，A公司销售产品一批计价款400 000元，增值税税额68 000元，商品自提，收到乙公司签字承兑的3个月期的带息商业承兑汇票一张，利率为6%。

(4) 12月31日，计提上述商业承兑汇票利息入账。

(5) 2×13年2月20日，乙公司承兑的商业汇票到期，经付款提示，乙公司无力付款。

要求：根据上述资料进行必要的计算，并编制A公司相关业务的会计分录。

3. 嘉伟公司2×11年采用应收账款余额百分比法计提坏账准备，2×11年年末应收账款余额为5 000 000元，公司确定计提坏账准备的比例为3%。假定该公司当期首次采用备抵法核算坏账损失。2×12年6月25日确认坏账损失为90 000元，经批准予以核销，2×12年12月31日应收账款余额为12 000 000元。2×13年9月5日上年核销的应收账款又收回 70 000 元，2×13 年 12 月 31 日应收账款余额为 13 000 000 元。

要求：根据上述资料编制相关的会计分录。

4. 甲公司 2×12 年 10 月 30 日销售商品一批给 A 公司，价款 600 万元，增值税税率 17%，产品已经发出，次日收到 A 公司签发的带息商业汇票，期限 6 个月，面值 702 万元，甲公司于 2×13 年 2 月 7 日将票据贴现，该商业汇票票面年利率 6%，贴现率 9%。

要求：

（1）编制销售商品和年末计息的会计分录（单位：万元）。

（2）假定该汇票是商业承兑汇票，分别编制贴现时以及到期 A 公司按时承兑和无力付款的会计分录（单位：万元）。

（3）假定该汇票是银行承兑汇票，编制贴现时的会计分录（单位：万元）。

5. 嘉海公司于 2×13 年 6 月 1 日将一笔账面价值为 585 万元的应收账款，按无追索权的约定（扣除可能发生的 10% 后）93 折出售给当地的商业银行，若发生销售退货仍由嘉海公司承担。嘉海公司预计该批货物中被退回的商品价款为 50 万元，其中产品成本占 80%，增值税销项税额为 85 000 元。

要求：

（1）编制出售该笔应收账款的会计分录；

（2）假设发生销售退回的商品价款为 60 万元，编制相关会计分录；

（3）假设发生销售退回的商品价款为 50 万元，编制相关会计分录；

（4）假设发生销售退回的商品价款为 40 万元，编制相关会计分录。

四、本章习题答案及解析

（一）单项选择题

1. A【解析】商业汇票到期，承兑人无力付款，则应将其金额从“应收票据”账户转入“应收账款”账户。

2. D【解析】为客户代垫的运杂费应记入“应收账款”科目。

3. D【解析】转账支票通过“银行存款”核算，银行汇票和银行本票通过“其他货币资金”账户核算。

4. D【解析】21+31+14+3=69（天），贴现天数计算中，头和尾只算一天，即算头不算尾或算尾不算头，承兑人在外埠的则要多加 3 天。

5. B【解析】对于已核销又收回的应收账款，应当先转回到应收账款，再作收回处理或直接调整坏账准备。

6. D【解析】对于不设置“预付账款”账户的企业，实际发生预付账款时记入“应付账款”账户的借方。

7. D【解析】存在现金折扣的应收账款入账价值确认方法有净价法和总价法，我国规定采用总价法。

8. B【解析】带息票据期末计提利息时，一方面增加应收票据的账面价值，另一方面冲减财务费用。

9. C【解析】企业正常销售商品的应收款项通过“应收账款”科目核算。

10. A【解析】企业销售商品时代垫的运杂费应记入“应收账款”账户。

11. C【解析】企业在采用总价法核算的情况下，发生的现金折扣作为一种理财费用，计入财务费用。

12. C【解析】10+10×6%÷12×2=10.1（万元）。

13. A【解析】商业折扣按净价处理，销售折扣冲减营业收入。

14. B【解析】票据到期值=1 000 000+700+900=1 001 600（元），应收票据的账面价值=1 000 000+700=1 000 700（元），贴现额=1 001 600−500=1 001 100（元），应计入财务费用的金额=1 000 700−1001 100=−400（元）。

15. A【解析】企业2013年应提取的坏账准备=40×1%+30×2%+20×4%+20×6%+10×10%−（5−8+2）=5（万元）。

16. B【解析】468 000−413 520−35 100=19 380（元）。

17. A【解析】坏账准备的提取应以应收账款科目明细账借方余额和预收账款明细账科目借方余额之和为基础计提。(5 000+100)×1%−(40+12−6)=5（万元）。

18. C【解析】不附追索权的应收债权出售发生的损益应计入营业外支出。

19. A【解析】一般情况下，增值税部分没有现金折扣。20 000×（1−10%）×（1−5%）+20 000×（1−10%）×17%=20 160（元）。

20. C【解析】234 000+234 000×4%÷12×5=237 900（元）。

21. A【解析】已确认的坏账又收回时，应先恢复应收账款的价值或直接调整坏账准备。

22. C【解析】对于附追索权票据贴现视同抵押获取短期借款，票据到期承兑人无力付款，应将“应收票据”的金额转入“应收账款”，以后不再计提利息。100 000×6%÷12×6+100 000=103 000（元）。

（二）多项选择题

1. ABE【解析】C选项和D选项通过“其他应收款”账户核算。

2. BCE【解析】A选项和D选项必须全额计提坏账准备。

3. ADE【解析】由于商业承兑汇票的贴现附有追索权，视同抵押获取短期借款，所以不影响应收票据项目，但增加了短期借款，所以C选项错误，D选项正确。由于贴现息的存在，导致贴现额低于100万元，所以A选项正确。

4. AC【解析】应收票据到期，承兑人无力付款，应将应收票据转入应收账款，依据谨慎性原则不能继续计提利息。

5. ACE【解析】计提的坏账准备和已核销又收回的坏账记入“坏账准备”账户的贷方。

6. ACE【解析】直接转销法下，确认应收账款时同时确认了相应的收益和费用，但在以后期间确认坏账损失，不符合权责发生制原则和配比原则。备抵法还体现了谨慎性和相关性的信息质量特征。

7. ABCD【解析】根据现行企业会计准则的规定，应收票据、应收账款、预付账款和其他应收款都可以计提坏账准备，预收账款是负债，不能计提坏账准备。

8. AB【解析】C 选项视同抵押借款不影响应收账款的账面价值；D 选项和 E 选项都不影响应收账款的账面价值。

9. ABDE【解析】参见教材。

10. CD【解析】A 选项和 B 选项通过“其他货币资金”核算，转账支票通过“银行存款”核算。

11. ABCD【解析】坏账准备的提取，主要依赖估计，一定程度上会影响可靠性，但可以提高相关性。

12. ABCDE【解析】参见教材。

13. BD【解析】发生坏账损失记入“坏账准备”科目借方，E 选项记入“坏账准备”科目借方。

14. ABCDE【解析】应收票据按面值入账，票据到期值 = 100 000 + 100 000 × 6% ÷ 12 × 6 = 103 000（元）；贴现天数 = 24 + 30 + 4 = 58（天）；票据到期日：10 月 5 日；票据贴现息 = 103 000 × 8% ÷ 360 × 58 = 1 327.56（元）。

（三）判断题

1. √

2. √

3. ×【解析】支付的包装物押金通过“其他应收款”账户核算。

4. √

5. √

6. √

7. ×【解析】预收账款属于债务。

8. √

9. ×【解析】在我国会计实务中，带息应收票据（银行承兑汇票）贴现时，将应收票据的账面价值与贴现额之间的差额计入当期损益。

10. √

11. ×【解析】预收账款明细科目如有借方余额，应将其数额列示在资产负债表应收账款中。

12. √

13. √

14. ×【解析】无论企业取得的是带息票据还是不带息票据，均按面值入账。

15. ×【解析】“坏账准备”账户在期末结账前如为借方金额，反映的内容是已确认的坏账损失超出坏账准备的余额。

16. √

17. ×【解析】我国企业会计准则规定，应收账款按照扣除商业折扣但是包含现金折扣的金额加以确认。

18. ×【解析】期末计提应收票据的利息，冲减财务费用，同时增加应收票据的账面价值。

（四）计算与会计处理题

1. 7月1日销售实现时，按销售总价确认收入：

借：应收账款	46 800	
贷：主营业务收入		40 000
应交税费——应交增值税（销项税额）		6 800

如果乙公司在7月9日付清货款，则按销售总价40 000元的2%享受现金折扣800元，甲公司实际收款46 000元：

借：银行存款	46 000	
财务费用	800	
贷：应收账款		46 800

如果乙公司在7月18日付清货款，则按销售总价40 000元的1%享受现金折扣400元，甲公司实际收款46 400元：

借：银行存款	46 400	
财务费用	400	
贷：应收账款		46 800

如果乙公司在7月底才付清货款，则甲公司按全额收款：

借：银行存款	46 800	
贷：应收账款		46 800

2. 编制的会计分录如下：

（1）借：应付账款	500 000	
贷：应付票据		500 000
（2）借：应付票据	500 000	
贷：银行存款		500 000
（3）借：应收票据	468 000	
贷：主营业务收入		400 000
应交税费——应交增值税（销项税额）		68 000

（4）应计提的利息 = 468 000×6% ÷360×（9+31）= 3 120（元）

借：应收票据	3 120	
贷：财务费用		3 120
（5）借：应收账款	475 020	
贷：应收票据（468 000+3 120）		471 120
财务费用		3 900

3. 2×11年12月31日计提坏账准备：

借：资产减值损失	150 000	
贷：坏账准备		150 000

2×12年6月25日核销坏账：

借：坏账准备	90 000	
贷：应收账款		90 000

2×12 年 12 月 31 日，未计提坏账准备前，坏账准备的余额为 60 000 元（150 000－90 000），所以：

应计提的坏账准备＝12 000 000×3%－60 000＝300 000（元）

借：资产减值损失　300 000

　贷：坏账准备　300 000

2×13 年 9 月 5 日收回已核销的应收账款：

借：应收账款　70 000

　贷：坏账准备　70 000

2×13 年 12 月 31 日，未计提坏账准备前，坏账准备的余额为 430 000 元（360 000＋70 000），所以：

应计提的坏账准备＝13 000 000×3%－430 000＝－40 000（元）

借：坏账准备　40 000

　贷：资产减值损失　40 000

4.（1）销售商品：

借：应收票据　702

　贷：主营业务收入　600

　　应交税费——应交增值税（销项税额）　102

年末计息：

借：应收票据（702×6%÷360×62）　7.254

　贷：财务费用　7.254

（2）票据到期值＝702＋702×6%÷12×6＝723.06（万元）

贴现期＝22＋31＋29＝82（天）

贴现息＝723.06×9%÷360×82＝14.823（万元）

贴现额＝723.06－14.823＝708.237（万元）

借：银行存款　708.237

　贷：短期借款　708.237

如果到期承兑人按时承兑，则：

借：短期借款　708.237

　　财务费用　1.017

　贷：应收票据　709.254

如果到期承兑人无力付款，则：

借：短期借款　708.237

　　财务费用　14.823

　贷：银行存款　723.06

借：应收账款　723.06

　贷：应收票据　709.254

　　财务费用　13.806

（3）借：银行存款　708.237

　　　财务费用　1.017

贷：应收票据		709.254
5.（1）借：银行存款	4 896 450	
营业外支出	368 550	
其他应收款	585 000	
贷：应收账款		5 850 000
（2）借：主营业务收入	600 000	
应交税费——应交增值税（销项税额）	102 000	
贷：其他应收款		585 000
银行存款		117 000
借：库存商品	480 000	
贷：主营业务成本		480 000
（3）借：主营业务收入	500 000	
应交税费——应交增值税（销项税额）	85 000	
贷：其他应收款		585 000
借：库存商品	400 000	
贷：主营业务成本		400 000
（4）借：主营业务收入	400 000	
应交税费——应交增值税（销项税额）	68 000	
银行存款	117 000	
贷：其他应收款		585 000
借：库存商品	320 000	
贷：主营业务成本		320 000

第四章　存　货

一、学习目的及要求

通过本章学习，了解存货的概念及分类；了解存货的估价方法和存货清查方法；掌握不同取得方式的存货的初始计量的会计处理；掌握发出存货的计价方法，重点掌握先进先出法和月末一次加权平均法；掌握计划成本法的程序和账务处理；掌握计提存货跌价准备的方法及会计处理。

二、本章主要知识点

◇存货的概念与特征
◇存货的初始计量
◇发出存货的计价
◇计划成本法与存货估价法
◇存货的期末计量
◇存货清查

三、本章习题

（一）单项选择题

1. 下列各项支出中，不计入存货成本的是(　　)。

A. 可以抵扣的增值税进项税额　　B. 入库前的挑选整理费

C. 购买存货而发生的运输费　　D. 运输途中的合理损耗

2. 购进存货运输途中发生的合理损耗应(　　)。

A. 计入存货的采购成本　　B. 由运输单位赔偿

C. 计入销售费用　　D. 由保险公司赔偿

3. 在物价持续上涨期间，能使企业当期利润最大的存货计价方法为(　　)。

A. 移动加权平均法　　B. 先进先出法

C. 加权平均法　　D. 个别计价法

4. 某企业月初库存 A 产品 180 件，每件 2 520 元；月中又购进两批 A 产品，其中一次是 540 件，每件 2 880 元，另一次是 180 件，每件 2 700 元。则月末 A 产品的加权平均单价为(　　)元/件。

A. 2 772　　B. 2 952

C. 2 775　　D. 3 211

5. 企业发生的原材料盘亏或毁损损失中，不应作为管理费用列支的是(　　)。

A. 收发计量造成的盘亏损失　　B. 管理不善造成的盘亏损失

C. 自然灾害造成的毁损净损失　　D. 保管中发生的定额内自然损耗

6. 出借包装物采用一次摊销的情况下，出借包装物报废时收回的残料价值应冲减(　　)。

A. 主营业务成本　　B. 管理费用

C. 包装物成本　　D. 销售费用

7. 按照规定，在成本与可变现净值孰低法下，对成本与可变现净值进行比较，以确定当期存货跌价准备金额时，一般应当(　　)。

A. 按存货类别进行比较　　B. 由企业根据实际情况做出选择

C. 按全部存货进行比较　　D. 按单个存货项目进行比较

8. 商品流通企业对于存货的附带成本（如运输费、装卸费等）一般应计入(　　)。

A. 营业外支出　　B. 管理费用

C. 销售成本　　D. 存货成本

9. 期末对存货采用成本与可变现净值孰低法计价时，其可变现净值的含义是(　　)。

A. 预计存货的售价

B. 现时重置成本

C. 公允价值

D. 预计售价减去进一步加工成本和销售所必需的预计税金及费用

10. A 公司为增值税一般纳税企业，增值税税率为 17%，因销售商品出租给 B 公司包装物一批，收取押金 4 680 元。因 B 公司逾期未退还租用的包装物，按协议规定，A 公司没收全部押金 4 680 元。在该业务中，甲企业记入“其他业务收入”账户的金额为(　　)元。

A. 4 680　　B. 4 200

C. 4 000　　D. 680

11. 某企业为增值税一般纳税企业。本月购进原材料 300 千克，单价 30 元/千克，增值税税额为 1 530 元；发生的保险费为 550 元，入库前的挑选整理费用为 170 元；验收入库时发现数量短缺 10%，经查属于运输途中合理损耗。该企业该批原材料实际单位成本为每千克(　　)元。

A. 32.4　　B. 33.33

C. 35.28　　D. 36

12. 下列各项企业自行生产存货过程中发生的成本，不计入存货成本的是(　　)。

A. 生产设备发生的修理费　　B. 生产工人的工资

C. 车间管理人员工资　　D. 投入的原材料

13. 企业取得货物时发生的下列相关税费或支出中，不应计入货物取得成本的是(　　)。

A. 存货采购过程中发生的合理损耗

B. 存货购入后发生的仓储费

C. 材料入库发生的挑选费

D. 随同加工费支付的不可抵扣的增值税

14. 甲企业采用先进先出法计算发出材料的成本。2013 年 4 月 1 日结存 A 材料 200 千克，每千克实际成本为 300 元；4 月 4 日和 4 月 17 日分别购进 A 材料 300 千克和 400 千克，每千克实际成本分别为 280 元和 320 元；4 月 10 日和 4 月 27 日分别发出 A 材料 400 千克和 350 千克。A 材料月末账面余额为(　　)元。

A. 45 000　　B. 42 000

C. 48 000　　D. 50 000

15. 甲公司采用成本与可变现净值孰低法计量期末存货，按单项存货计提存货跌价准备。2013 年 12 月 31 日，甲公司库存自制半成品成本为 70 万元，用于加工 A 产品 40 件，预计加工完成该产品尚需发生加工费用 32 万元，预计 A 成品不含增值税的销售价格为每件 2.5 万元，销售费用为 6 万元。A 产品有 20 件已签订了销售合同，每件 2.4 万元，假定该库存自制半成品未计提存货跌价准备，不考虑其他因素。2013 年 12 月 31 日，甲公司该库存自制半成品应计提的存货跌价准备为(　　)万元。

A. 4　　B. 10

C. 18　　D. 30

16. 2013 年 12 月 31 日，甲公司 A 材料的账面金额为 100 000 元，由于市场价格下跌，预计可变现净值为 80 000 元。2013 年 12 月 31 日，A 材料的账面金额为 110 000 元，由于市场价格有所上升，使得 A 材料的预计可变现净值为 105 000 元。则甲公司 2013 年 12 月 31 日应确认存货跌价准备(　　)万元。

A. 15 000（借方）　　B. 15 000（贷方）

C. 5 000（贷方）　　D. 35 000（贷方）

17. 某零售企业年初库存商品成本 50 万元，售价 72 万元。当年购入商品实际成本 120 万元，售价总额 200 万元，当年销售收入为当年购入商品售价总额的 80%。在采用零售价法的情况下，该商店年末库存商品成本为(　　)万元。

A. 67.2　　B. 70

C. 60　　D. 80

18. 在有购货折扣的情况下，计入存货历史成本的购货价格是指(　　)。

A. 供货单位的报价减去商业折扣

B. 供货单位的报价

C. 供货单位的报价加上运输成本

D. 供货单位的报价减去最大的现金折扣

19. 按照规定，存货在资产负债表上列示的价值应该是(　　)。

A. 账面余额　　B. 可变现净值

C. 成本与可变现净值孰低者　　D. 公允价值

20. 企业在存货清查中发现，存货实存数大于账面数，对此差额会计上在调整存货账面价值的同时，应作(　　)处理。

A. 冲减制造费用

B. 其他业务收入

C. 待处理财产损溢——待处理流动资产损溢

D. 营业外收入

21. 某商品流通企业 2014 年 1 月 1 日 A 类商品库存为 2 000 元，本月购进 3 600 元，本月销售收入 4 000 元。上月 A 类商品的毛利率为 30%，则按毛利率法计算的本月已销商品的成本为(　　)元。

A. 540　　B. 800

C. 2 800　　D. 3 600

22. 某一般纳税企业本期购入一批商品，进货价格为 80 万元，增值税进项税额为 13.60 万元。所购商品到达后验收发现商品短缺 40%，其中 5% 为合理损耗，另 35% 的短缺尚待查明原因。该商品应计入存货的实际成本为(　　)万元。

A. 48　　B. 76

C. 80　　D. 52

23. 某工业企业为增值税一般纳税人，购入乙种原材料 50 吨，收到的增值税专用发票上注明的售价为每吨 1 200 元，增值税税额为 10 200 元。另发生运输费用 600 元（不考虑运输费用的增值税），装卸费用 200 元，途中保险费用 180 元。原材料运抵企业后，验收入库原材料为 49.6 吨，运输途中发生合理损耗 0.4 吨。该原材料的实际单位成本为(　　)元/吨。

A. 1 200　　B. 1 219.6

C. 1 216　　D. 1 229.44

24. 随同商品出售单独计价的包装物，其成本应计入(　　)。

A. 销售费用　　B. 其他业务成本

C. 管理费用　　D. 制造费用

25. 随同商品出售不单独计价的包装物，其成本应计入(　　)。

A. 销售费用　　B. 其他业务成本

C. 管理费用　　D. 制造费用

26. 企业摊销的出借周转材料成本，应计入(　　)。

A. 销售费用　　B. 其他业务成本

C. 营业外支出　　D. 制造费用

27. 企业摊销的出租周转材料成本，应计入(　　)。

A. 销售费用　　B. 其他业务成本

C. 管理费用　　D. 制造费用

28. 某企业月初库存原材料的计划成本为 8 000 元，材料成本差异为借方余额 100 元，本月购进的原材料计划成本为 24 000 元，实际成本为 23 100 元，该企业本月材料成本差异率为(　　)。

A. 3.1%　　B. −3.1%

C. 2.5%　　D. −2.5%

29. 某企业本月材料成本差异率为 −2%，本月生产直接领用原材料的计划成本为 30 000元，计入生产成本的金额为(　　)元。

A. 29 400　　B. 30 600

C. 30 000　　D. 31 000

30. 某企业“原材料”账户余额350 000元，“材料成本差异”账户余额3 000元（贷方），“存货跌价准备”账户余额7 000元（贷方），假设不考虑其他存货，期末反映在资产负债表上“存货”的金额为(　　)元。

A. 340 000　　B. 354 000

C. 346 000　　D. 350 000

31. 某工业企业期末“原材料”科目余额为20万元，“生产成本”科目余额为40万元，“在产品”科目余额为25万元，“材料成本差异”科目贷方余额为6万元，“库存商品”科目余额为40万元，“工程物资”科目余额为30万元，“存货跌价准备”科目余额为5万元，则该工业企业期末资产负债表中“存货”项目的金额为(　　)万元。

A. 144　　B. 74

C. 114　　D. 120

(二) 多项选择题

1. 下列项目中，应计入材料采购成本的有(　　)。

A. 制造费用　　B. 进口关税

C. 运输途中的合理损耗　　D. 一般纳税人购入材料支付的增值税

E. 采购价格

2. 对存货实行实地盘存制的企业确定当期耗用或销售存货成本时，主要依据(　　)等因素。

A. 期初结存存货　　B. 本期购入存货

C. 本期发出存货　　D. 期末结存存货

E. 本期购入存货发生的进项增值税

3. 在我国的会计实务中，下列项目中构成企业存货实际成本的有(　　)。

A. 支付的买价　　B. 入库后的挑选整理费

C. 运输途中的合理损耗　　D. 一般纳税人购货时的增值税进项税额

E. 入库前的挑选整理费用

4. 一般纳税人企业委托外单位加工用于直接对外销售的存货，其实际成本应包括(　　)。

A. 加工中实际耗用有关存货的实际成本　　B. 加工费用

C. 受托加工单位代收代缴的消费税　　D. 加工存货的往返运杂费

E. 加工中支付的增值税

5. 企业对于下列的存货盘亏或毁损事项进行处理时，应当计入管理费用的有(　　)。

A. 因收发计量原因造成的存货盘亏净损失

B. 因核算差错造成的存货盘亏净损失

C. 因定额内损耗造成的存货盘亏净损失

D. 因管理不善造成的存货盘亏净损失

E. 因自然灾害造成的存货毁损净损失

6. 企业购进材料一批，已验收入库，但结算凭证未到，货款尚未支付，应作处理为(　　)。

A. 材料验收入库即入账　　B. 材料验收入库时暂不入账

C. 月末按暂估价入账　　D. 下月初用红字冲回

E. 月末估计入账，下月相关凭证到达，再进行补充登记

7. “材料成本差异”账户贷方的核算内容有(　　)。

A. 入库材料成本超支差异　　B. 入库材料成本节约差异

C. 结转发出材料应负担的超支差异　　D. 结转发出材料应负担的节约差异

E. 库存材料节约差异

8. 下列各项中，属于本单位存货的有(　　)。

A. 持有以备出售的产成品　　B. 处在生产过程中的在产品

C. 在生产过程中耗用的材料和物料　　D. 在提供劳务过程中耗用的材料和物料

E. 收到订货款但尚未完工的产品

9. 下列应计入销售费用的业务有(　　)。

A. 领用随产品出售单独计价的包装物　　B. 领用随产品出售不单独计价的包装物

C. 摊销出租包装物的成本　　D. 摊销出借包装物的成本

E. 生产车间生产产品领用的包装物

10. 期末通过比较发现存货的账面价值低于可变现净值，则可能(　　)。

A. 按差额首次计提存货跌价准备　　B. 按差额补提存货跌价准备

C. 按差额转回存货跌价准备　　D. 不进行账务处理

E. 按差额以已提取的存货跌价准备为限转回存货跌价准备

11. 企业每期都应当重新确定存货的可变现净值，企业在定期检查时，如果发现了(　　)，应当考虑计提存货跌价准备。

A. 市价持续下跌，并且在可预见的未来无回升的希望

B. 使用该原材料生产的产品成本大于产品的售价

C. 因产品更新换代，原有库存原材料已不适应新产品的需要，而该材料的市价又低于其账面成本

D. 因企业所提供的商品或劳务过时或消费者偏好改变而使市场需求变化，导致市价下跌

E. 存货的账面价值低于可变现净值

12. 下列各项存货中，属于周转材料的是(　　)。

A. 委托加工物资　　B. 包装物

C. 低值易耗品　　D. 委托代销商品

E. 受托代销商品

13. 企业期末存货成本如果计价过高，可能会引起(　　)。

A. 当期销售收入增加　　B. 当期销售成本增加

C. 当期利润增加　　D. 当期所得税增加

E. 当期销售成本减少

14. 用于生产的材料、在产品或自制半成品等需要经过加工的存货，在计算其可变现

净值时，应从估计售价中扣除的项目有(　　)。

A. 存货的账面成本
B. 存货估计完工成本
C. 存货的储存费用
D. 估计销售所必须发生的费用
E. 销售存货发生的销项增值税

15. 下列有关存货的会计处理方法中，正确的有(　　)。

A. 确定存货实际成本的买价是指购货价格扣除商业折扣和现金折扣以后的金额
B. 存货的加工成本是指加工过程中实际发生的人工成本等，不包含按照一定方法分配的制造费用
C. 对于盘亏的存货，属于自然灾害或者非正常原因造成的存货毁损，应将其净损失计入营业外支出
D. 通过提供劳务取得的存货，其成本按从事劳务提供人员的直接人工和其他直接费用以及可归属于该存货的间接费用确定
E. 发出原材料采用计划成本核算的应于资产负债表日调整为实际成本

16. 下列有关存货可变现净值的表述中，正确的有(　　)。

A. 用于出售的材料，其可变现净值通常应当以市场销售价格为基础确定
B. 持有存货的数量多于销售合同订购数量，超出部分的存货可变现净值应当以产成品或商品的合同价格为基础确定
C. 没有销售合同的存货，其可变现净值应当以产成品或商品市场销售价格为基础确定
D. 为执行销售合同而持有的存货，通常应当以产成品或商品合同价格为基础确定其可变现净值
E. 如果亏损合同存在存货标的，并且企业选择执行合同，则要对其标的物存货计提跌价准备

17. 企业资产负债表的“存货”项目中，应当包括的项目有(　　)。

A. 原材料
B. 生产成本
C. 工程物资
D. 委托代销商品
E. 受托代销商品

18. 下列各项业务中，可以引起期末资产负债表上“存货”项目发生增减变动的有(　　)。

A. 企业购入的原材料已到达企业但相关凭证尚未收到
B. 计提存货跌价准备
C. 已收到发票账单并支付货款但尚未收到材料
D. 盘盈的存货
E. 已确认销售收入但尚未发出的商品

19. 根据企业会计准则的规定，发出存货的计价应当采用(　　)。

A. 移动加权平均法
B. 月末一次加权平均法
C. 先进先出法
D. 后进先出法
E. 个别计价法

20. 企业发出的下列原材料中，相关增值税进项税额不予抵扣的有(　　)。

A. 建造生产经营用固定资产（设备）领用的原材料
B. 建造厂房领用的原材料
C. 投资转出的原材料
D. 福利部门领用的原材料
E. 抵债转出的原材料

（三）判断题

1. 存货发出必须遵循成本流转与实物流转相一致的原则。（ ）

2. 每期期末都应当重新确定存货的可变现净值，如果以前减记存货价值的影响因素已经消失，则减记的金额应当予以恢复，并在原已计提的存货跌价准备的金额内转回。（ ）

3. 因收发计量差错造成的存货盘亏，应计入产品生产成本。（ ）

4. 企业为建造固定资产而购买的材料，期末如果尚未领用，应在资产负债表的“存货”项目中列示。（ ）

5. 某化工厂所生产的某化工产品，在储存1个月之后才符合产品质量标准，该储存期间所发生的储存费用应计入当期管理费用。（ ）

6. 企业接受的投资者投入的存货，只能按照合同价或协议价入账。（ ）

7. 会计期末仍有未经批准处理的待处理财产损溢，在财务报表中单列项目反映。（ ）

8. 企业采购的物资，在途中发生非正常短缺与损耗，报经批准后，直接计入存货的成本或相关损益。（ ）

9. 企业对存货采用计划成本法核算，期末在资产负债表上反映应调整成实际成本。（ ）

10. 发出存货的计价方法，企业在各期可以任意选择。（ ）

11. 商品流通企业采购存货过程中发生的运输费、装卸费、包装费、保险费以及入库前的挑选整理费等都应计入当期损益。（ ）

12. 对于材料已到并已验收入库，但发票账单等结算凭证未到且没有支付货款的，企业应在月末对该材料暂估入账，下月初用红字冲回。（ ）

13. 发出材料应负担的成本差异，通常按月分摊或者在季末甚至年末一次分摊。（ ）

14. 企业采购存货所支付的增值税不得计入存货成本。（ ）

15. 存货区别于其他资产的最基本特征是企业持有存货的最终目的是为了出售。（ ）

16. 采用实地盘存制核算，平时发出存货的成本是倒挤出来的，由于非正常原因导致的存货短缺、毁损全部挤进了发出存货的成本，削弱了对存货的日常控制。（ ）

17. 某企业购入一批存货50吨，每吨100元，入库时发现少了0.5吨，经查系途中合理损耗，于是材料明细账中仍记录50吨，每吨100元。（ ）

18. 企业购入存货入库后的挑选整理费用应计入存货的成本。（ ）

19. 没收的出借包装物的押金，应作为营业外收入。（ ）

20. 随同商品出售但不单独计价的包装物，应于包装物发出时作为包装费用，计入所包装商品的成本。（ ）

（四）计算与会计处理题

1. 某企业为一般纳税人企业，存货按实际成本计价，2013 年 7 月发生下列经济业务：

（1）购入 A 材料，增值税发票上注明购买价款 50 000 元，增值税税额 8 500 元，货款已通过银行转账支付，材料未到。

（2）购入 B 材料，增值税发票上注明购买价款 100 000 元，增值税税额 17 000 元，上月已预付了 50 000 元，以转账支票支付运杂费 3 000 元。材料已验收入库，剩余款项尚未支付。

（3）生产领用 A 材料，实际成本为 60 000 元。

（4）领用随同商品出售但不单独计价的包装物 1 000 个，每个 2.5 元。

（5）销售 D 商品及随同 D 商品出售单独计价的包装物 6 000 个，D 商品成本 20 元/个、售价 30 元/个，包装物成本 2 元/个、售价 3 元/个，增值税税额 33 660 元，款项已收。

（6）购入 C 材料，已验收入库，但发票账单尚未到达。

（7）月末上述 C 材料的发票账单尚未到达，C 材料的估计成本为 40 000 元。

要求：根据上述资料，编制相关的会计分录。

2.（1）万泰公司从外地购入 A 材料 1 000 千克，每千克 2 元，计 2 000 元，增值税税额 340 元，支付外地运杂费 205 元（不考虑运杂费中的增值税）、采购人员差旅费 205 元；材料验收入库时，短少 20 千克属定额内损耗。

（2）万泰公司 3 月份 A 材料资料如下：

期初结存 300 千克，每千克 22 元；2 日购进 300 千克，每千克 21 元；7 日发出 400 千克；12 日购进 500 千克，每千克 20 元；17 日发出 300 千克；22 日购进 100 千克，每千克 22 元；27 日发出存货 250 千克。

要求：

（1）根据资料（1），计算购入 A 材料的采购总成本和单位成本；

（2）根据资料（2），在永续盘存法下，分别按先进先出法和加权平均法计算本月发出 A 材料的存货成本和期末结存的 A 材料成本。

3. 新华有限责任公司为一般纳税企业，对材料采用计划成本计价，2×13 年 10 月份有关材料业务如下：

（1）10 月 1 日，红字冲回上月末按暂估价入账的 20 000 元的“原材料——B 材料”。

（2）10 月 3 日，上月购进 B 材料的结算单据到达，增值税专用发票上注明的买价为 18 000 元，增值税税率为 17%，另由供货方代垫运杂费 1 400 元，货款及运杂费均以银行存款支付，材料的计划成本为 20 000 元。

（3）10 月 15 日，从宏达工厂购入材料一批，货款 30 000 元，增值税税额 5 100 元，运杂费 1 100 元；材料已验收入库，计划成本为 28 500 元，发票等结算凭证已收到，企业因资金不足而尚未付款。

（4）10 月 23 日，以银行存款偿还宏达工厂本月 15 日的材料货款。

(5) 10月25日，购入A材料一批，增值税专用发票上注明买价81 800元、增值税税额13 906元；计划成本为80 000元，材料已验收入库，签发2个月期的商业承兑汇票。

(6) 10月31日，本月发出材料汇总表见表4-1。

表4-1 **发料凭证汇总表**

2×13年10月

单位：元

领用部门及用途	A材料	B材料	合计
基本生产车间——甲产品	70 000	50 000	120 000
辅助生产车间——供电车间	10 000	12 000	22 000
基本生产车间——一车间	4 000	3 000	7 000
一般耗用			
管理部门	5 000	2 000	7 000
销售部门		1 000	1 000
合计	89 000	68 000	157 000

其中，A材料的材料成本差异率为2%，B材料的材料成本差异率为-1%。

要求：结转发出材料的计划成本和本月发出材料应分配的成本差异额，并编制会计分录。

4. 嘉海公司生产部门1月1日领用一批低值易耗品，成本60 000元。该低值易耗品使用6次后报废，每月可使用一次，报废后残料入库，可作价1 000元。该公司1—6月份材料成本差异分别为1%、2%、3%、-1%、-2%、-2.5%。

要求：分别编制采用一次转销法和五五摊销法结转该低值易耗品的成本的相关会计分录。

5. 嘉威公司是一家生产家电产品的上市公司，为增值税一般纳税企业，2×12年12月31日，嘉威公司期末存货的有关资料见表4-2。

表4-2 **嘉威公司期末存货有关资料**

存货品种	数量	单位成本（万元）	账面余额（万元）	备注
甲产品（台）	300	10	3 000	
乙产品（台）	400	2.5	1 000	
丙产品（台）	1 200	1.5	1 800	
合计			5 800	

(1) 2×12年12月31日，甲产品市场销售价格为每台13万元，预计销售费用及税金为每台0.5万元。

(2) 2×12年12月31日，乙产品市场销售价格为每台2.4万元。嘉威公司已经与某企业签订一份不可撤销的销售合同，约定在2×13年2月10日向该企业销售乙产品150台，合同价格为每台3万元。乙产品预计销售费用及税金为每台0.2万元。

（3）2×12年12月31日，丙产品市场销售价格为每台1.7万元，预计销售费用及税金为每台0.1万元，丙产品的存货跌价准备余额为250万元，2×12年销售丙产品结转存货跌价准备100万元。

（4）2×13年12月31日，丁配件的市场销售价格为每件1.2万元。现有丁配件可用于生产400台丙产品，丁配件每加工一台丙产品需要的加工成本为0.5万元。2×12年年末丁配件400件，单位成本1.3万元/件，账面余额520万元。

嘉威公司按单项存货、按年计提跌价准备，除了丙产品外，对其他存货未计提存货跌价准备。

要求：计算嘉威公司2×12年12月31日和2×13年12月31日应计提或转回的存货跌价准备，并编制相关的会计分录（单位：万元）。

四、本章习题答案及解析

（一）单项选择题

1. A【解析】由于增值税进项税额可以抵扣，因而不能计入存货成本。

2. A【解析】购进存货运输途中的合理损耗应计入存货的采购成本。

3. B【解析】由于先进先出法下，先购入存货的成本在后购入存货的成本之前转出，能够提高当期利润。

4. A【解析】（180×2 520+540×2 880+180×2 700）÷（180+540+180）＝2 772（元/件）。

5. C【解析】A、B和D选项应计入管理费用。

6. D【解析】由于出借包装物摊销时计入了销售费用，所以报废时的残料价值应冲减销售费用。

7. D【解析】根据企业会计准则，计提存货跌价准备时应按单个存货项目进行比较。

8. D【解析】根据企业会计准则，商品流通企业对于存货的附带成本应计入存货成本。

9. D【解析】企业会计准则规定，可变现净值等于预计售价减去进一步加工成本和销售所必需的预计税金及费用。

10. C【解析】没收的押金视同销售，4 680元包含了增值税，应确认的收入＝4 680÷（1+17%）＝4 000（元）。

11. D【解析】（300×30+550+170）÷［300×（1−10%）］＝36（元/千克）。

12. A【解析】设备的修理费计入管理费用。

13. B【解析】存货入库后的仓储费应计入管理费用。

14. C【解析】4月10日发出材料成本＝200×300+200×280＝116 000（元）；4月27日发出材料成本＝100×280+250×320＝108 000（元），月末A材料余额＝150×320＝48 000（元）。

15. B【解析】该自制半成品的可变现净值＝20×2.5−6+20×2.4−32＝60（万元），低于半成品成本，应计提的跌价准备=70-60=10（万元）。

16. A【解析】2013 年 A 材料发生减值 5 000 元，已有跌价准备 20 000 元，应转回 15 000元。

17. B【解析】成本占零售价的比率=（50+120）÷（72+200）×100%=62.5%；月末存货成本=［200×（1-80%）+72］×62.5%=70（万元）。

18. A【解析】存货历史成本的购货价格是指供货单位的报价减去商业折扣。

19. C【解析】企业会计准则规定，期末存货在资产负债表上应按成本与可变现净值孰低法反映其价值。

20. C【解析】企业发现存货盘盈，应调整存货账面价值，同时应作“待处理财产损溢”处理，报经批准后计入管理费用。

21. C【解析】已销商品的毛利=4 000×30%=1 200（元），已销商品的成本=4 000-1 200=2 800（元）。

22. D【解析】合理损耗已计入存货的成本，35%的非合理损耗不应计入存货成本，80×（1-35%）=52（万元）。

23. D【解析】合理损耗计入存货成本，存货的入账价值=1 200×50+600+200+180=60 980（元）；入库重量应按实际重量记录，单位成本=60 980÷49.6=1 229.44（元/吨）。

24. B【解析】随同商品出售单独计价的包装物，出售的收入计入其他业务收入，相应的成本摊销计入其他业务成本。

25. A【解析】随同商品出售不单独计价的包装物，是为了出售而发生的，相应的成本摊销计入销售费用。

26. A【解析】企业出借的周转材料是为了销售而出借的，相应的摊销成本计入销售费用。

27. B【解析】出租周转材料有相应的收入，即其他业务收入，根据配比原则，相应的摊销成本应计入其他业务成本。

28. D【解析】成本差异=23 100-24 000+100=-800（元），差异率=-800÷（24 000+8 000）×100%=-2.5%。

29. A【解析】领用原材料的实际成本=30 000×（1-2%）=29 400（元）。

30. A【解析】350 000-7 000-3 000=340 000（元）。

31. C【解析】“存货”项目的金额=20+40+25-6+40-5=114（万元）。

（二）多项选择题

1. BCE【解析】制造费用是指应由产品生产成本负担的，是加工成本而非采购成本，不能直接计入各产品成本的有关费用；进口关税和运输途中的合理损耗应计入存货成本；一般纳税人购入材料支付的增值税应作为进项税额抵扣，不计入存货成本。

2. ABD【解析】实地盘存制是对各项财产物资，平时在账簿中只登记增加数，不登记减少数，月末根据实地盘存的结存数来倒推当月财产物资的减少数，再据以登记有关账簿的一种方法，即本期发出数=账面期初余额+本期收入数-期末实际结存数。所以选项 C 和选项 E 不正确。

3. ACE【解析】存货的成本主要包括入库前的购买价款、运输费、装卸费以及挑选整理费用等，入库后的挑选整理费用不应计入存货成本。

4. ABCD【解析】一般纳税人加工中支付的增值税可以抵扣，不应计入委托加工物资的成本。委托外单位加工用于直接对外销售的存货，支付的消费税计入存货的成本，委托外单位加工用于继续生产应税消费品的存货，支付消费税不计入委托加工物资的成本。

5. ABCD【解析】因自然灾害造成的存货毁损净损失计入营业外支出。

6. BCD【解析】购进的材料已验收入库，但结算凭证未到，货款尚未支付，等到凭证到达再登记入账，月末若还未到达，则按暂估价入账，下月初用红字冲回，等到凭证到达再登记入账。

7. BCE【解析】入库材料的超支差异、结转发出材料应负担的节约差异通过“材料成本差异”账户的借方核算。入库材料成本的节约差异、结转发出材料应负担的超支差异、库存材料节约差异通过“材料成本差异”账户的贷方核算。

8. ABCDE【解析】存货是指企业在日常活动中持有以备出售的产成品或商品、处在生产过程中的在产品、在生产过程或提供劳务过程中耗用的材料和物料等。

9. BD【解析】选项 A 和选项 C 计入其他业务成本，选项 E 计入生产成本或制造费用。

10. DE【解析】期末存货的账面价值低于可变现净值，如前期没有提取过存货跌价准备，则无需进行账务处理，如前期已提取存货跌价准备，则按差额以已提取的存货跌价准备为限转回存货跌价准备。

11. ABCD【解析】存货的账面价值低于可变现净值，无需提取存货跌价准备。

12. BC【解析】根据企业会计准则，周转材料包括低值易耗品、包装物以及建筑所需的脚手架、木模板等。

13. CDE【解析】期末存货成本计价过高，导致当期销售成本偏低，利润增加，所得税增加。

14. BD【解析】在计算其可变现净值时，应从估计售价中扣除销售所必须发生的各项税费以及存货的估计完工成本。

15. CDE【解析】存货实际成本的买价是指购货价格扣除商业折扣的金额（包含现金折扣）；现金折扣是企业提前付款获取的收益，是一种理财收益。存货的加工成本是指加工过程中实际发生的人工成本以及按照一定方法分配的制造费用等。

16. ACDE【解析】持有存货的数量多于销售合同订购数量，超出部分的存货可变现净值应当以市场销售价格作为基础确定，选项 B 不符合题意。

17. ABDE【解析】生产成本是处于生产过程中的存货，虽然受托代销商品不是受托代销单位的存货，但是我国企业会计准则规定，为了加强代销单位对代销商品的管理，仍将受托代销存货纳入代销企业的存货核算之中，并同时确认一笔“受托代销商品款”（负债）。

18. ABCD【解析】A 选项应暂估入账，B 选项必然影响存货的账面价值，C 选项作为在途物资（实际成本法）或材料采购（计划成本法）入账，D 选项按重置成本确定盘盈存货的价值并调整存货的账面价值，E 选项，应确认销售收入但尚未发出的商品，该商品的相关风险和报酬已经转移，不能再作为企业的存货。

19. ABCE【解析】“后进先出法”在新企业会计准则中已经不再使用。

20. BD【解析】按照新的税法规定，为构建和购买生产经营用固定资产（设备）的相关进项增值税可以抵扣，厂房不属于设备，所以B选项正确，福利部门领用的原材料的增值税进项税额不予抵扣。

（三）判断题

1. ×【解析】存货发出的计价方法中只有个别成本法遵循了成本流转与实物流转相一致的原则。

2. √

3. ×【解析】因收发计量差错造成的存货盘亏，应计入管理费用。

4. ×【解析】企业为建造固定资产而购买的材料，期末如果尚未领用，应在资产负债表的“工程物资”项目中列示

5. ×【解析】本题中发生的仓储费用是生产该化工产品所必需的，所以相应的仓储费应计入该化工产品的成本。

6. ×【解析】企业接受的投资者投入的存货，按照合同价或协议价入账，但合同价或协议价不公允的除外。

7. ×【解析】企业会计准则规定，企业的财产损溢应查明原因，在期末结账前处理完毕，处理后，“待处理财产损溢”科目应无余额。对于年中各期末的“待处理财产损溢”科目余额，可以根据该财产的流动性分别列示于资产负债表中的“其他流动资产”或“其他非流动资产”项目下。

8. ×【解析】企业采购的物资，在途中发生非正常短缺与损耗，应先记入“待处理财产损溢”科目，然后再报经批准进行相关处理。

9. √

10. ×【解析】发出存货的计价方法一旦选定，不得随意改变。

11. ×【解析】根据企业会计准则，无论是工业企业还是商品流通企业，采购存货过程中发生的运输费、装卸费、包装费、保险费以及入库前的挑选整理费等都应计入存货成本。

12. √

13. ×【解析】发出材料应负担的成本差异通常应在月末通过成本差异的分摊，将发出存货与结存存货调整为实际成本。

14. ×【解析】一般纳税人企业采购存货所支付的增值税不应计入存货的成本，但小规模纳税人企业采购存货所支付的增值税应计入存货的成本。

15. √

16. √

17. ×【解析】本题中重量应记录49.5吨。

18. ×【解析】企业购入存货入库后的挑选整理费用应计入当期损益。

19. ×【解析】没收的出借包装物的押金，应冲减销售费用。

20. ×【解析】随同商品出售但不单独计价的包装物，应采用一次转销法或五五摊销法计入销售费用。

（四）计算与会计处理题

1. 编制的会计分录如下：

（1）借：在途物资	50 000	
应交税费——应交增值税（进项税额）	8 500	
贷：银行存款		58 500
（2）借：原材料	103 000	
应交税费——应交增值税（进项税额）	17 000	
贷：预付账款		117 000
银行存款		3 000
（3）借：生产成本	60 000	
贷：原材料		60 000
（4）借：销售费用	2 500	
贷：周转材料		2 500
（5）借：银行存款	231 660	
贷：主营业务收入——D 商品		180 000
其他业务收入——包装物销售		18 000
应交税费——应交增值税（销项税额）		33 660
借：主营业务成本	120 000	
其他业务成本	12 000	
贷：库存商品——D 商品		120 000
周转材料——包装物		12 000
（6）暂不做账务处理。		
（7）借：原材料	40 000	
贷：应付账款——暂估应付账款		40 000

下月初用红字冲回。

2. 相关处理过程如下：

（1）A 材料的采购成本＝2 000+205＝2 205（元）

A 材料的单位成本＝2 205÷（1 000−20）＝2.25（元/千克）

（2）先进先出法下：

7 日发出 A 材料的成本＝300×22+100×21＝8 700（元）

17 日发出 A 材料的成本＝200×21+100×20＝6 200（元）

27 日发出 A 材料的成本＝250×20＝5 000（元）

本月发出 A 材料的总成本＝8 700+6 200+5 000＝19 900（元）

期末结存 A 材料的成本＝150×20+100×22＝5 200（元）

加权平均法下：

A 材料的加权平均单位成本＝（300×22+300×21+500×20+100×22）÷（300+300+500+100）＝20.92（元/千克）

月末结存 A 材料的成本＝250×20.92＝5 230（元）

本月发出 A 材料的总成本＝25 100−5 230＝19 870（元）

3. 相关处理过程如下：

（1）借：原材料——B 材料	20 000	
贷：应付账款		20 000
（2）借：材料采购——B 材料	19 400	
应交税费——应交增值税（进项税额）	3 060	
贷：银行存款		22 460
借：原材料——B 材料	20 000	
贷：材料采购		19 400
材料成本差异		600
（3）借：材料采购	31 100	
应交税费——应交增值税（进项税额）	5 100	
贷：应付账款		36 200
借：原材料	28 500	
材料成本差异	2 600	
贷：材料采购		31 100
（4）借：应付账款	36 200	
贷：银行存款		36 200
（5）借：材料采购	81 800	
应交税费——应交增值税（进项税额）	13 906	
贷：应付票据		95 706
借：原材料	80 000	
材料成本差异	1 800	
贷：材料采购		81 800

（6）A 材料应结转的材料成本差异为：89 000×2% = 1 780（元）

其中应计入生产成本——基本生产成本：70 000×2% = 1 400（元）

其中应计入生产成本——辅助生产成本：10 000×2% = 200（元）

其中应计入制造费用：4 000×2% = 80（元）

其中应计入管理费用：5 000×2% = 100（元）

B 材料应结转的材料成本差异为：68 000×（-1%）= -680（元）

其中应计入生产成本——基本生产成本：50 000×（-1%）= -500（元）

其中应计入生产成本——辅助生产成本：12 000×（-1%）= -120（元）

其中应计入制造费用：3 000×（-1%）= -30（元）

其中应计入管理费用：2 000×（-1%）= -20（元）

其中应计入销售费用：1 000×（-1%）= -10（元）

会计分录如下：

发出 A、B 材料：

借：生产成本——基本生产成本	70 000	
——辅助生产成本	10 000	

借：制造费用　　4 000
　　管理费用　　5 000
　贷：原材料——A 材料　　89 000
借：生产成本——基本生产成本　　50 000
　　　　　　——辅助生产成本　　12 000
　　制造费用　　3 000
　　管理费用　　2 000
　　销售费用　　1 000
　贷：原材料——B 材料　　68 000
结转 A、B 材料的材料成本差异：
借：生产成本——基本生产成本　　1 400
　　　　　　——辅助生产成本　　200
　　制造费用　　80
　　管理费用　　100
　贷：材料成本差异——A 材料　　1 780
借：生产成本——基本生产成本　　500
　　　　　　——辅助生产成本　　120
　　制造费用　　30
　　管理费用　　20
　　销售费用　　10
　贷：材料成本差异——B 材料　　680

4. 编制的会计分录如下：
（1）一次转销法下，在领用当月编制如下分录：
借：制造费用　　60 000
　贷：周转材料　　60 000
借：制造费用　　600
　贷：材料成本差异　　600
6 月份报废时：
借：原材料　　1 000
　贷：制造费用　　1 000
（2）五五摊销法下，领用当月编制如下分录：
借：周转材料——在用　　60 000
　贷：周转材料——在库　　60 000
借：制造费用　　30 000
　贷：周转材料——摊销　　30 000
借：制造费用　　300
　贷：材料成本差异　　300

6 月份第二次摊销，该低值易耗品报废：

借：制造费用 30 000

贷：周转材料——摊销 30 000

借：周转材料——摊销 60 000

贷：周转材料——在用 60 000

借：制造费用 750

贷：材料成本差异 750

借：原材料 1 000

贷：制造费用 1 000

5. 相关处理过程如下：

（1）甲产品的可变现净值=300×（13-0.5）=3 750（万元），大于成本 3 000 万元，则甲产品不用计提存货跌价准备。

（2）乙产品有合同部分的可变现净值=150×（3-0.2）=420（万元），其成本=150×2.5=375（万元），则有合同部分不用计提存货跌价准备；无合同部分的可变现净值=250×（2.4-0.2）=550（万元），其成本=250×2.5=625（万元），应计提跌价准备=625-550=75（万元）。

借：资产减值损失 75

贷：存货跌价准备 75

（3）丙产品的可变现净值=1 200×（1.7-0.1）=1 920（万元），高于成本 120 万元（1 920-1 800），则 2×12 年 12 月 31 日丙产品不用计提跌价准备，同时要把原计提的存货跌价准备余额 150 万元（250-100）转回 120 万元。

借：存货跌价准备 120

贷：资产减值损失 120

（4）丁配件对应的丙产品的成本=520+400×0.5=720（万元），可变现净值=400×（1.7-0.1）=640（万元），丙产品发生了减值，低于其账面价值 520 万元，其差额 80 万元计提存货跌价准备，则 2×13 年 12 月 31 日丁配件对应的丙产品需要计提存货跌价准备 50 万元（520-440-30）。

借：资产减值损失 50

贷：存货跌价准备 50

第五章　投　资

一、学习目的及要求

通过本章学习，了解金融资产的概念及分类，掌握交易性金融资产和指定为以公允价值计量且其变动计入当期损益的金融资产、持有至到期投资、可供出售金融资产以及长期股权投资的初始计量和处置的基本要求和会计处理；熟练掌握交易性金融资产和可供出售金融资产的公允价值变动的会计处理；掌握持有至到期投资利息收入确认的会计处理；掌握权益法和成本法下长期股权投资持有期间的收益的确认；掌握简单的成本法和权益法相互转换的会计处理；掌握金融资产发生减值的会计处理。

二、本章主要知识点

◇交易性金融资产的分类及核算
◇持有至到期投资的核算
◇可供出售金融资产的核算
◇长期股权投资的成本法和权益法
◇长期股权投资的成本法和权益法的转换

三、本章习题

（一）单项选择题

1. 不属于交易性金融资产的是(　　)。
A. 取得该金融资产的目的主要是为了近期内出售、回购或赎回
B. 属于进行集中管理的可辨认金融工具组合的一部分，且有客观证据企业近期采用短期获利方式对该组合进行管理
C. 属于衍生工具，主要指国债期货、远期合同、股指期货等
D. 取得该金融资产的目的主要是为了进行战略性投资

2. 关于交易性金融资产，下列说法错误的是(　　)。
A. 以公允价值计量且其变动计入当期损益的金融资产包含交易性金融资产
B. 以公允价值计量且其变动计入当期损益的金融资产和交易性金融资产是同一概念
C. 以公允价值计量且其变动计入当期损益的金融资产包含交易性金融资产和直接指定为以公允价值计量且其变动计入当期损益的金融资产

D. 交易性金融资产主要是指为了在近期内出售而持有的金融资产

3. 关于交易性金融资产的计量，下列说法中正确的是（ ）。

A. 应按取得交易性金融资产的公允价值和相关交易税费之和作为初始确认金额

B. 应当按照取得该交易性金融资产的公允价值作为初始入账金额，相关的交易税费作为投资收益的借项

C. 资产负债表日，应将交易性金融资产的公允价值变动计入投资收益

D. 处置该金融资产时，其公允价值与初始入账金额之间的差额应确认为投资收益，不调整公允价值变动损益

4. 企业在发生交易性金融资产的下列有关业务中，不应贷记“投资收益”的是（ ）。

A. 收到持有期间获得的现金股利

B. 收到持有期间获得的债券利息

C. 资产负债表日，持有的股票市价大于其账面价值

D. 企业转让交易性金融资产收到的价款大于其账面价值的差额

5. 企业发生交易性金融资产的下列有关业务，不影响“投资收益”科目的是（ ）。

A. 购入交易性金融资产支付的交易费用

B. 资产负债表日，交易性金融资产的公允价值发生变动

C. 处置交易性金融资产时，“交易性金融资产——公允价值变动”科目有余额

D. 确认持有期间获得的债券利息

6. 关于持有至到期投资的计量，下列说法中不正确的是（ ）。

A. 应当按取得该金融资产的公允价值和相关交易费用之和作为初始确认金额

B. 应当按取得该金融资产的公允价值作为初始确认金额，相关交易费用在发生时计入当期损益

C. 采用摊余成本进行后续计量

D. 其摊余成本等于其账面价值

7. 交易性金融资产与可供出售金融资产的最根本区别是（ ）。

A. 持有时间不同 B. 被投资对象不同 C. 投资目的不同 D. 投资性质不同

8. 企业购入股票作为交易性金融资产，构成该项资产的初始投资成本的是（ ）。

A. 股票的面值

B. 实际支付的价款

C. 股票的公允价值

D. 股票的公允价值和支付的交易费用之和

9. 2014 年 1 月 1 日，甲公司购入乙公司 2013 年 1 月 1 日发行的面值为 50 万元、期限 6 年、票面利率 6%、每年 12 月 31 日付息的债券，并将其划分为交易性金融资产，实际支付价款 55 万元，其中包含债券利息 3 万元，交易费用 1 000 元。甲公司债券的初始确认金额为（ ）。

A. 55 万元 B. 52 万元 C. 51.9 万元 D. 54.9 万元

10. 企业持有的交易性金融资产获得现金股利，应当（ ）。

A. 计入投资收益 B. 计入资本公积

C. 冲减财务费用　　D. 冲减初始确认金额

11. 企业持有的交易性金融资产发生公允价值变动，应当计入(　　)。

A. 公允价值变动损益　　B. 投资收益

C. 资本公积　　D. 营业外收入

12. 资产负债表日，企业持有的交易性金融资产应按(　　)计量。

A. 公允价值　　B. 账面价值

C. 可变现净值　　D. 成本与市价孰低法

13. 企业持有的下列投资中，投资对象可以是债券而不能是股票的是(　　)。

A. 交易性金融资产　　B. 持有至到期投资

C. 可供出售金融资产　　D. 长期股权投资

14. 甲公司将持有的交易性金融资产（股票）出售，该股票的初始投资成本为50 000元，出售时该股票的账面价值为60 000元，已宣告但尚未发放的现金股利为1 000元，实际出售的价款为80 000元。处置该交易性金融资产时确认的投资收益为(　　)。

A. 30 000元　　B. 20 000元　　C. 29 000元　　D. 31 000元

15. 2012年5月1日，甲公司购入乙公司股票并将其划分为交易性金融资产，支付价款206万元，其中包含已宣告但尚未发放的现金股利6万元，另支付手续费8 000元；2012年6月30日，收到该股票价款中包含的现金股利；2012年12月31日，该股票的公允价值为240万元；2013年3月20日甲公司将该股票出售，实际收到价款380万元。甲公司通过该股票获得的投资净收益为(　　)。

A. 180万元　　B. 174万元　　C. 179.2万元　　D. 140万元

16. 同上，2012年12月31日，乙公司股票在甲公司资产负债表上列示的金额为(　　)。

A. 206万元　　B. 200万元　　C. 240万元　　D. 380万元

17. 企业购入债券作为持有至到期投资，债券的初始确认金额为(　　)。

A. 债券的面值　　B. 债券的公允价值

C. 债券的面值加相关交易费用　　D. 债券的公允价值加相关交易费用

18. 企业购入债券作为持有至到期投资，其利息调整是由于(　　)引起的。

A. 债券的溢折价和相关交易税费　　B. 债券的溢折价

C. 购入债券的相关交易税费　　D. 已到付息期但尚未领取的利息

19. 企业购入债券作为持有至到期投资，初始确认金额与面值之间的差额作为(　　)。

A. 投资收益　　B. 利息调整　　C. 财务费用　　D. 应计利息

20. 债券溢价主要是因为(　　)。

A. 市场利率高于票面利率　　B. 票面利率高于市场利率

C. 实际利率高于市场利率　　D. 实际利率低于市场利率

21. 甲公司于2012年1月2日从证券市场上购入乙公司于2011年1月1日发行的债券，该债券为3年期，票面年利率为5%，每年1月5日支付上年度的利息，到期日为2014年1月1日，到期日一次归还本金和最后一次利息。甲公司购入债券的面值为1 000万元，实际支付价款为1 011.67万元，另支付相关费用20万元。甲公司购入后将其划分为持有至到期投资。购入债券的实际利率为6%。

要求：根据上述资料，不考虑其他因素，回答下列第（1）题和第（2）题。（计算过程中结果保留两位小数）

(1) 2012年1月2日，甲公司该持有至到期投资的初始投资成本为(　　)万元。

A. 1 011. 67　　B. 1 000　　C. 981. 67　　D. 1 031. 67

(2) 2012年12月31日，甲公司应确认的投资收益为(　　)万元。

A. 58. 90　　B. 50　　C. 49. 08　　D. 60. 70

22. 债券的折价主要是因为(　　)。

A. 市场利率高于票面利率　　B. 票面利率高于市场利率

C. 实际利率高于市场利率　　D. 实际利率低于市场利率

23. 甲公司于2012年1月1日购入某公司发行的5年期、到期（2016年12月31日）一次还本分期付息的公司债券，划分为持有至到期投资，次年1月3日支付利息。票面年利率为6%，面值总额为3 000万元，公允价值总额为3 120万元；另支付交易费用2. 27万元。假定该公司每年年末采用实际利率法摊销债券溢折价，实际利率为5%。2013年12月31日，该持有至到期投资的摊余成本为(　　)万元。

A. 3 073. 30　　B. 3 081. 86　　C. 3 107. 56　　D. 3 080. 08

24. 持有至到期投资每年计入投资收益的金额为(　　)。

A. 持有至到期投资摊余成本×实际利率　　B. 持有至到期投资账面价值×票面利率

C. 持有至到期投资账面余额×实际利率　　D. 持有至到期投资账面余额×票面利率

25. 持有至到期投资的摊余成本等于(　　)。

A. 持有至到期投资的账面余额

B. 持有至到期投资的账面价值

C. 初始确认金额-已偿还的本金-借方利息调整的摊销数

D. 持有至到期投资的初始投资成本

26. 溢价购入未发生减值的、一次还本分次付息的债券作为持有至到期投资，期末投资收益与应收利息的大小关系是(　　)。

A. 应收利息等于投资收益　　B. 应收利息小于投资收益

C. 应收利息大于投资收益　　D. 无法确定

27. 企业持有的作为持有至到期投资的一次还本付息的债券，确认利息收入时应借记(　　)科目。

A. “应收利息”　　B. “持有至到期投资——应计利息”

C. “投资收益”　　D. “其他应收款”

28. 可供出售金融资产在持有期内公允价值上升，则(　　)。

A. 计入资本公积

B. 计入投资收益

C. 作为公允价值变动损益计入当期利润

D. 不作任何处理

29 下列有关可供出售金融资产后续计量的表述中，正确的是(　　)。

A. 按照公允价值进行计量，变动损益计入当期投资收益

B. 按照摊余成本进行后续计量

C. 按照公允价值进行后续计量，变动损益计入资本公积（减值除外）

D. 按照公允价值进行后续计量，变动损益计入当期公允价值变动损益

30. 资产负债表日，可供出售金融资产（债券）的公允价值高于其摊余成本的差额，其会计处理为借记“可供出售金融资产”科目，贷记(　　)科目。

A. “资本公积——其他资本公积”　　B. “投资收益”

C. “资产减值损失”　　D. “可供出售金融资产减值准备”

31. 可供出售金融资产在发生减值时，不可能涉及的会计科目是(　　)。

A. “资产减值损失”

B. “资本公积——其他资本公积”

C. “可供出售金融资产——公允价值变动”

D. “公允价值变动损益”

32. 根据企业会计准则的要求，企业购入债券作为可供出售金融资产，其利息调整的摊销应当采用(　　)。

A. 直线法　　B. 实际利率法

C. 直线法或实际利率法　　D. 实际利率法或年数总和法

33. 企业在持有可供出售金融资产期间获得的现金股利应当(　　)。

A. 计入投资收益　　B. 计入公允价值变动损益

C. 冲减财务费用　　D. 计入其他业务收入

34. 可供出售金融资产提取减值准备，已计入资本公积的公允价值变动累计损失，应当转入(　　)。

A. 公允价值变动损益　　B. 投资收益

C. 营业外支出　　D. 资产减值损失

35. 2013 年 5 月 7 日，A 公司支付 800 万元取得一项股权投资作为可供出售金融资产，支付的价款中包含已宣告尚未领取的现金股利 30 万元，另支付交易费用 5 万元，A 公司该项可供出售金融资产的入账价值为(　　)万元。

A. 805　　B. 770　　C. 765　　D. 775

36. 2013 年 1 月 1 日，甲公司自证券市场购入面值总额为 1 000 万元的债券。购入时实际支付价款 990 万元，另外支付交易费用 10 万元。该债券发行日为 2013 年 1 月 1 日，分期付息、到期还本，期限为 5 年，票面年利率为 5%，甲公司计算确定的实际年利率也为 5%，每年 12 月 31 日支付当年利息。甲公司将该债券作为可供出售金融资产核算。2013 年年末该项债券投资的公允价值下降为 700 万元，甲公司预计该项债券投资的公允价值还会下降。不考虑其他因素，则下列说法正确的是(　　)。

A. 甲公司应于 2013 年年末借记资本公积 300 万元

B. 甲公司应于 2013 年年末确认资产减值损失 300 万元

C. 2013 年年初该项可供出售金融资产的账面价值为 700 万元

D. 2013 年年末该项可供出售金融资产应确认的投资收益为 35 万元

37. 甲公司 2010 年 3 月 2 日自证券市场购入乙公司发行的股票 100 万股，共支付价款 1 500 万元（包含已宣告但尚未发放的现金股利 20 万元），另支付交易费用 5 万元。甲公

司将其划分为可供出售金融资产核算。2010 年 12 月 31 日，该股票的公允价值为 1 600 万元。2011 年 12 月 31 日，该股票的公允价值为 1 300 万元。甲公司预计该股票价格的下跌是暂时的。因受到外界不利因素的影响，2012 年 12 月 31 日，该股票的公允价值下降为 600 万元；随着各方面情况的好转，2013 年 12 月 31 日该股票的公允价值上升到 1 000 万元。要求：根据上述资料，不考虑其他因素，回答下列问题：

（1）2010 年 3 月 2 日，可供出售金融资产的初始入账金额为(　　)万元。

A. 1 505　　B. 1 485　　C. 1 480　　D. 1 500

（2）2011 年 12 月 31 日，甲公司累计确认的资本公积为(　　)万元。

A. 115　　B. –185　　C. –300　　D. 0

（3）2012 年 12 月 31 日，甲公司的下列会计处理（单位：万元）正确的是(　　)。

A. 借：资本公积——其他资本公积　　700
　　贷：可供出售金融资产——公允价值变动　　700

B. 借：资产减值损失　　700
　　贷：可供出售金融资产——公允价值变动　　700

C. 借：资产减值损失　　1 000
　　贷：资本公积——其他资本公积　　300
　　　　可供出售金融资产——公允价值变动　　700

D. 借：资产减值损失　　885
　　贷：资本公积——其他资本公积　　185
　　　　可供出售金融资产——公允价值变动　　700

38. 2010 年 5 月 1 日，A 公司从股票二级市场以每股 5 元的价格购入 B 公司发行的股票 20 万股，划分为可供出售金融资产。2010 年 12 月 31 日，该股票的市场价格为每股 5.5 元。2011 年 12 月 31 日，该股票的市场价格为每股 4.75 元，A 公司预计该股票的价格下跌是暂时的。2012 年 12 月 31 日，该股票的市场价格为每股 4.5 元，A 公司预计该股票的价格下跌仍然是暂时的。2013 年，B 公司因违反相关证券法规，受到证券监管部门查处。受此影响，B 公司股票的价格发生下跌，预计短期内价格没有回升的可能性。至 2013 年 12 月 31 日，该股票的市场价格下跌到每股 3.5 元。根据上述资料，回答下列问题：

（1）2011 年 12 月 31 日，累计确认的资本公积为(　　)万元。

A. 10　　B. –15　　C. –5　　D. 0

（2）2012 年 12 月 31 日，正确的会计处理是(　　)。

A. 确认“资本公积——其他资本公积” –5 万元，累计确认的资本公积为–10 万元

B. 确认“资产减值损失” 5 万元，累计确认的资本公积为–5 万元

C. 确认“资本公积——其他资本公积” –5 万元，累计确认的资本公积为–20 万元

D. 确认“资产减值损失” 10 万元，累计确认的资本公积为 0

（3）2013 年 12 月 31 日，下列会计处理中不正确的是(　　)。

A. 贷记“资本公积” 10 万元

B. 确认“资产减值损失” 20 万元

C. 贷记“可供出售金融资产——公允价值变动” 20 万元

D. 确认“资产减值损失”30 万元

39. 公司拥有的持有至到期投资期末的科目余额 10 万元，该企业持有至到期投资减值准备 1 万元，将于 1 年内到期的债券（未发生减值）3 万元。在本年末资产负债表上，持有至到期投资应列示的金额为(　　)万元。

A. 10　　B. 9　　C. 6　　D. 7

40. 债券重分类为可供出售金融资产，可供出售金融资产的入账价值为(　　)。

A. 债券的初始成本　　B. 债券的摊余成本

C. 债券的公允价值　　D. 债券的面值

41. 持有至到期投资提取了减值准备，如果以后价值恢复，应当(　　)。

A. 计入资本公积　　B. 不得转回

C. 恢复投资的账面价值　　D. 计入投资收益

42. 企业计提的金融资产减值准备中，不能通过损益转回的是(　　)。

A. 坏账准备　　B. 持有至到期投资减值准备

C. 可供出售债务工具减值准备　　D. 可供出售权益工具减值准备

43. 持有至到期投资发生减值时，应当将该金融资产的账面价值减记至(　　)，减记的金额确认为资产减值损失，计入当期损益。

A. 可变现净值　　B. 预计未来现金流量现值

C. 公允价值　　D. 可收回金额

44. 持有至到期投资重分类为可供出售金融资产，该项投资的公允价值与账面价值的差额应当计入(　　)。

A. 投资收益　　B. 资本公积

C. 公允价值变动损益　　D. 营业外收入

45. 持有至到期投资的减值金额是指该投资的摊余成本与其(　　)。

A. 面值之间的差额

B. 预计可回收金额之间的差额

C. 可变现净值之间的差额

D. 预计未来现金流量现值之间的差额

46. 采用公允价值对金融资产进行后续计量体现的会计信息质量特征是(　　)。

A. 可靠性　　B. 相关性　　C. 及时性　　D. 实质重于形式

47. 下列金融资产中不计提资产减值准备的是(　　)。

A. 交易性金融资产　　B. 可供出售金融资产

C. 持有至到期投资　　D. 长期股权投资

48. 同一控制下的企业合并形成的长期股权投资，其投资成本是指(　　)。

A. 该项长期股权投资的公允价值

B. 应享有的被投资单位的净资产的账面价值的份额

C. 支付合并对价的公允价值

D. 支付合并对价的账面价值

49. 同一控制下的企业合并形成的长期股权投资，应在合并日按取得被合并方所有者权益账面价值的份额，借记“长期股权投资——成本”科目，按支付的合并对价的账面价值，贷记或借记有关资产、负债科目，如为借方差额，依次借记的会计科目是(　　)。

A. “资本公积——资本溢价或股本溢价”、“盈余公积”、“利润分配——未分配利润”

B. “利润分配——未分配利润”、“盈余公积”、“资本公积——资本溢价或股本溢价”

C. “股本”、“资本公积——资本溢价或股本溢价”、“盈余公积”、“利润分配——未分配利润”

D. “资本公积——资本溢价或股本溢价”、“盈余公积”、“利润分配——未分配利润”、“股本”

50. 下列投资中，不应作为长期股权投资核算的是(　　)。

A. 对子公司的投资

B. 对联营企业和合营企业的投资

C. 在活跃市场中没有报价、公允价值无法可靠计量的没有重大影响的权益性投资

D. 在活跃市场中有报价、公允价值能可靠计量的没有重大影响的权益性投资

51. 非企业合并，且以支付现金形式取得的长期股权投资，应当按照(　　)作为初始投资成本。

A. 实际支付的购买价款（扣除已宣告但尚未发放的现金股利）

B. 被投资企业所有者权益账面价值的份额

C. 被投资企业所有者权益公允价值的份额

D. 被投资企业所有者权益

52. 非企业合并，且以发行权益性证券取得的长期股权投资，应当按照发行权益性证券的(　　)作为初始投资成本。

A. 账面价值　　B. 公允价值

C. 支付的相关税费　　D. 市场价格

53. 投资者投入的长期股权投资，如果合同或协议约定价值是公允的，应当按照(　　)作为初始投资成本。

A. 投资合同或协议约定的价值　　B. 账面价值

C. 公允价值　　D. 市场价值

54. 甲公司出资600万元，取得了乙公司60%的控股权，甲公司对该项长期股权投资应采用(　　)核算。

A. 权益法　　B. 成本法

C. 市价法　　D. 成本与市价孰低法

55. 根据《企业会计准则第2号——长期股权投资》的规定，长期股权投资采用权益法核算时，初始投资成本大于应享有被投资单位可辨认净资产公允价值份额之间的差额，正确的会计处理是(　　)。

A. 计入投资收益　　B. 冲减资本公积

C. 计入营业外支出　　D. 不调整初始投资成本

56. 长期股权投资采用权益法核算时，下列各项不会引起长期股权投资账面价值减少的是(　　)。

A. 被投资单位对外捐赠　　B. 被投资单位发生净亏损

C. 被投资单位计提盈余公积　　D. 被投资单位宣告发放现金股利

57. A 公司 2011 年年初按投资份额出资 180 万元对 B 公司进行长期股权投资，占 B 公司股权的 40%。当年 B 公司亏损 100 万元；2012 年 B 公司亏损 400 万元；2013 年 B 公司实现净利润 30 万元。2013 年 A 公司计入投资收益的金额为(　　)万元。

A. 12　　B. 10　　C. 8　　D. 0

58. A 公司以 2 200 万元取得 B 公司 30% 的股权，取得投资时 B 公司可辨认净资产的公允价值为 8 000 万元。如 A 公司能够对 B 公司施加重大影响，则 A 公司计入长期股权投资的金额为(　　)万元。

A. 2 200　　B. 2 400　　C. 8 000　　D. 5 800

59. 投资企业因减少投资等原因对长期股权投资由权益法改为成本法时，下列各项中可作为成本法下长期股权投资的初始投资成本的是(　　)。

A. 股权投资的公允价值　　B. 原权益法下股权投资的账面价值

C. 在被投资单位所有者权益中所占份额　　D. 被投资方的所有者权益

60. 甲公司 2013 年 6 月 1 日购入乙公司股票进行长期投资，取得乙公司 30% 的股权，2013 年 12 月 31 日，该长期股权投资的账面价值为 850 万元，其明细科目的情况如下：成本为 600 万元，损益调整（借方余额）为 200 万元，其他权益变动为 50 万元。假设 2013 年 12 月 31 日，该股权投资的可收回金额为 820 万元，下面有关 2013 年 12 月 31 日计提该项长期股权投资减值准备的账务处理（单位：万元）正确的是(　　)。

A. 借：投资收益　　30

　　贷：长期股权投资减值准备　　30

B. 借：资产减值损失　　30

　　贷：长期投资减值准备　　30

C. 借：长期股权投资减值准备　　30

　　贷：投资收益　　30

D. 借：资产减值损失　　30

　　贷：长期股权投资减值准备　　30

61. 2012 年年初甲公司购入乙公司 30% 的股权，成本为 60 万元，2012 年年末该长期股权投资的可收回金额为 50 万元，故计提了长期股权投资减值准备 10 万元，2013 年年末该项长期股权投资的可收回金额为 70 万元，则 2013 年年末甲公司应恢复长期股权投资减值准备(　　)万元。

A. 10　　B. 20　　C. 30　　D. 0

62. 甲公司 2011 年年初对 B 公司投资，获得 B 公司 15% 的表决权资本（B 公司为非上市公司）并准备长期持有，对 B 公司无重大影响。当年 5 月 4 日，B 公司宣告发放 2010 年现金股利 40 000 元。2011 年 B 公司实现净利润 50 000 元；2012 年 5 月 10 日 B 公司宣告发放 2011 年现金股利 30 000 元，当年 B 公司实现净利润 20 000 元；2013 年 5 月 6 日 B 公司宣告发放 2012 年现金股利 35 000 元，当年 B 公司实现净利润 60 000 元，则 A 公司 2013 年应确认投资收益的数额为(　　)元。

A. 5 250　　B. 3 750　　C. 3 000　　D. 5 000

63. 长期股权投资发生下列事项时，不能确认为当期损益的是(　　)。

A. 权益法下，被投资单位实现净利润时投资方确认应享有的份额

B. 成本法下，被投资单位实现净利润后分配的现金股利

C. 收到分派的股票股利

D. 处置长期股权投资时，处置收入大于长期股权投资账面价值的差额

64. A、B 两家公司属于非同一控制下的独立公司。A 公司于 2013 年 7 月 1 日以本企业的固定资产对 B 公司投资，取得 B 公司 60% 的股权。该固定资产原值 1 500 万元，已计提折旧 400 万元，已提取减值准备 50 万元，公允价值为 1 250 万元。B 公司 2013 年 7 月 1 日的所有者权益为 2 000 万元。A 公司由于该项投资计入当期损益的金额为(　　)万元。

A. 250　　B. 50　　C. 200　　D. 500

65. 2013 年 1 月 1 日 A 公司将一项专利权转让给 B 公司，作为转让 B 公司持有的 C 公司 80% 的股权的合并对价。该无形资产原值为 300 万元，已累计摊销 120 万元，未计提减值准备；其公允价值为 210 万元。另发生评估费、律师咨询费等 2 万元，已用银行存款支付。股权购买日 C 公司可辨认资产的公允价值为 450 万元，负债的公允价值为 200 万元，可辨认净资产的公允价值为 250 万元。假定 A 公司、B 公司、C 公司不存在关联方关系。则 A 公司的合并成本为(　　)万元。

A. 360　　B. 210　　C. 202　　D. 200

66. 长期股权投资采用权益法核算时，在持股比例不变的情况下，被投资单位除净损益以外所有者权益的增加，企业按持股比例计算应享有的份额，借记的科目是(　　)。

A. “长期股权投资——股权投资准备”　　B. “资本公积——其他资本公积”

C. “长期股权投资——损益调整”　　D. “长期股权投资——其他权益变动”

67. 出售采用权益法核算的长期股权投资时，按处置长期股权投资的投资成本比例结转原计入资本公积的金额，转入的会计科目是(　　)。

A. “资本公积”　　B. “长期股权投资——投资成本”

C. “投资收益”　　D. “资本公积——其他资本公积”

68. 对被投资单位不具有控制、共同控制或重大影响，且在活跃市场中没有报价、公允价值不能可靠计量的权益性投资，应作为(　　)核算。

A. 长期股权投资　　B. 交易性金融资产

C. 可供出售金融资产　　D. 持有至到期投资

(二) 多项选择题

1. 以公允价值计量且其变动计入当期损益的金融资产包括(　　)。

A. 交易性金融资产

B. 直接指定为以公允价值计量且其变动计入当期损益的金融资产

C. 可供出售金融资产

D. 持有至到期投资

E. 贷款和应收款项

2. 通过“交易性金融资产”科目核算的金融资产有(　　)。

A. 交易性金融资产
B. 直接指定为以公允价值计量且其变动计入当期损益的金融资产
C. 可供出售金融资产
D. 持有至到期投资
E. 贷款和应收款项

3. 企业取得下列金融资产时，应将交易费用计入初始确认金额的有( )。

A. 交易性金融资产　　　　B. 持有至到期投资
C. 应收款项　　　　　　　D. 可供出售金融资产
E. 贷款

4. 以公允价值计量且其变动计入当期损益的金融资产，正确的会计处理方法有( )。

A. 企业划分为以公允价值计量且其变动计入当期损益的金融资产的股票、债券、基金，应当按照取得时的公允价值和相关的交易费用作为初始确认金额
B. 支付的价款中包含已宣告发放的现金股利或债券利息，应当单独确认为应收项目
C. 企业在持有以公允价值计量且其变动计入当期损益的金融资产期间取得的利息和现金股利，应当确认为投资收益
D. 资产负债表日，企业应将以公允价值计量且其变动计入当期损益的金融资产的公允价值变动计入当期损益
E. 资产负债表日，企业应将以公允价值计量且其变动计入当期损益的金融资产的公允价值变动计入资本公积

5. 下列项目中，属于金融资产的有( )。

A. 银行存款　　B. 持有至到期投资　　C. 应收账款　　D. 应付账款
E. 贷款

6. 划分为“持有至到期投资”的非衍生金融资产必须具备的特征有( )。

A. 企业准备近期内出售　　　　　　B. 企业有能力将它持有至到期
C. 企业有明确的意图将它持有至到期　　D. 企业以短期获利为目的
E. 根据合同约定，具有固定的到期日以及固定的或可确定的金额

7. 下列有关金融资产重分类的表述中，正确的有( )。

A. 金融资产初始分类为持有至到期投资后不能重分类为可供出售金融资产
B. 金融资产初始分类为可供出售金融资产后不能重分类为交易性金融资产
C. 金融资产初始分类为交易性金融资产后不能重分类为贷款和应收款项
D. 金融资产初始分类为贷款和应收款项后不能重分类为持有至到期投资
E. 持有至到期投资和可供出售金融资产在一定条件下可以重分类

8. 下列有关可供出售债券投资业务的会计处理中，正确的有( )。

A. 可供出售债券投资应当按取得时的公允价值作为初始确认金额，相关交易费用计入当期投资损益
B. 购买可供出售债券投资支付的价款中包含的已到付息期但尚未领取的利息，单独确认为应收利息
C. 可供出售债券投资持有期间取得的利息，计入当期投资收益

D. 可供出售债券投资在资产负债表日的公允价值高于其账面余额的差额，计入资本公积

E. 已确认减值损失的可供出售债券投资在随后的会计期间公允价值上升的，应在原已计提的减值准备金额内转回，并冲减资产减值损失

9. 下列各项中，影响持有至到期投资摊余成本因素的有(　　)。

A. 确认的减值准备

B. 分期收回的本金

C. 利息调整的累计摊销额

D. 对到期一次付息债券确认的票面利息

E. 租赁内含利率

10. 关于金融资产的后续计量，下列说法中正确的有(　　)。

A. 资产负债表日，企业应将以公允价值计量且其变动计入当期损益的金融资产的公允价值变动计入当期损益

B. 持有至到期投资在持有期间应当按照摊余成本和实际利率计算确认利息收入，计入投资收益

C. 资产负债表日，可供出售金融资产应以公允价值计量，且公允价值变动计入资本公积

D. 资产负债表日，可供出售金融资产应以公允价值计量，且公允价值变动计入当期损益

E. 持有至到期投资在持有期间应当按照摊余成本和实际利率计算确认利息收入，计入资本公积

11. 下列各项中，应确认为投资收益的有(　　)。

A. 持有交易性金融资产期间，被投资单位宣告发放现金股利

B. 持有至到期投资在持有期间按摊余成本和实际利率计算的利息收入

C. 可供出售金融资产在资产负债表日确认的公允价值与其账面价值的差额

D. 交易性金融资产出售时取得的收入大于其账面价值的差额

E. 处置交易性金融资产，公允价值变动损益结转

12. 对于交易性金融资产的会计处理，下列说法正确的是(　　)。

A. 购入时按实际支付的价款（不含交易费用）扣除已到付息期但尚未领取的利息或已宣告但尚未支付的现金股利，作为初始成本

B. 持有期间被投资单位宣告发放现金股利，应确认为投资收益

C. 购入时按公允价值与支付的相关交易税费之和确认初始成本

D. 资产负债表日以公允价值计量，其变动计入当期损益

E. 出售时，将收入金额与其账面价值之间的差额确认为投资收益，同时，将原计入“公允价值变动损益”账户的金额转入“投资收益”账户

13. 关于金融资产减值，下列说法不正确的是(　　)。

A. 以公允价值计量的金融资产不计提减值准备

B. 以公允价值计量且其变动计入当期损益的金融资产不计提减值准备

C. 持有至到期投资按摊余成本计量不计提减值准备

D. 可供出售金融资产权益工具投资转回的减值损失金额应计入所有者权益

E. 可供出售金融资产债务工具提取的减值准备，符合一定条件的可以转回

14. 关于可供出售金融资产的计量，下列说法中正确的有(　　)。

A. 支付的价款中包含的已到付息期但尚未领取的债券利息或已宣告但尚未发放的现金股利，应单独确认为应收项目

B. 资产负债表日，可供出售金融资产应当以公允价值计量，且公允价值变动（未发生减值）计入资本公积

C. 处置可供出售金融资产时，应将取得的价款与该金融资产账面价值之间的差额，计入投资损益；同时，将原直接计入所有者权益的公允价值变动累计额对应处置部分的金额转出，计入投资损益

D. 处置可供出售金融资产时，应将取得的价款与该金融资产账面价值之间的差额，计入投资损益，不考虑原计入所有者权益的公允价值变动累计额的转出

E. 资产负债表日，可供出售金融资产应当以公允价值计量，且公允价值变动计入当期损益

15. 关于以公允价值计量且其变动计入当期损益的金融资产，正确的会计处理方法有(　　)。

A. 企业划分为以公允价值计量且其变动计入当期损益的金融资产的股票、债券、基金，以及不作为有效套期工具的衍生工具，应当按照取得时的公允价值和相关的交易费用作为初始确认金额

B. 支付的价款中包含已宣告发放的现金股利或债券利息，应当单独确认为应收项目

C. 企业在持有以公允价值计量且其变动计入当期损益的金融资产期间取得的利息或现金股利，应当确认为投资收益

D. 资产负债表日，企业应将以公允价值计量且其变动计入当期损益的金融资产的公允价值变动计入当期损益

E. 处置该金融资产时，该金融资产的公允价值与初始入账金额之间的差额应确认为投资收益，不再调整公允价值变动损益

16. 下列关于可供出售金融资产的会计处理的表述中，正确的有(　　)。

A. 可供出售金融资产发生的减值损失应计入当期损益

B. 取得可供出售金融资产发生的交易费用应计入资产成本

C. 可供出售金融资产期末应按摊余成本计量

D. 可供出售金融资产持有期间取得的现金股利应冲减资产成本

E. 可供出售金融资产持有期间公允价值上升计入资本公积

17. 关于金融资产的处置，下列说法中正确的有(　　)。

A. 处置交易性金融资产时，其公允价值与初始入账金额之间的差额应确认为投资收益

B. 处置持有至到期投资时，应将所取得价款与该投资账面价值之间的差额计入投资收益

C. 企业收回应收款项时，应将取得的价款与该应收款项账面价值之间的差额计入当期损益

D. 处置可供出售金融资产时，应将取得的价款与该金融资产账面价值之间的差额，计入投资损益；同时，将原直接计入所有者权益的公允价值变动累计额对应处置部分的金额转出，计入投资损益

E. 处置金融资产时，应将取得的价款与该金融资产账面价值之间的差额，计入资本公积

18. 交易性金融资产从取得到处置，会涉及“投资收益”科目的是(　　)。

A. 取得时支付的交易费用

B. 持有期间被投资单位宣布发放现金股利

C. 持有期间获得的股票股利

D. 持有期间获得的债券利息

E. 持有期间公允价值发生变动

19. “持有至到期投资”科目下应设置的明细科目有(　　)。

A. “成本”　B. “公允价值变动”　C. “利息调整”　D. “应计利息”

E. “损益调整”

20. 持有至到期投资的取得成本低于面值，用实际利率法确认的各期利息收入（投资收益）金额(　　)。

A. 不等　B. 递增　C. 递减　D. 先递增后递减

E. 相等

21. 甲公司采用成本法核算对乙公司的长期股权投资，甲公司对乙公司投资的账面余额只有在发生(　　)的情况下，才应作相应的调整。

A. 收回投资　B. 追加投资

C. 对该股权投资计提减值准备　D. 将应分得的现金股利转为投资

E. 被投资单位接受现金资产捐赠

22. 采用权益法核算时，下列各项中，不会引起长期股权投资账面价值发生变动的有(　　)。

A. 收到被投资单位分派的股票股利　B. 被投资单位实现净利润

C. 被投资单位提取盈余公积　D. 被投资单位以资本公积转增资本

E. 计提长期股权投资减值准备

23. “可供出售金融资产”科目下应设置的明细科目有(　　)。

A. “成本”　B. “公允价值变动”　C. “利息调整”　D. “应计利息”

E. “损益调整”

24. A 公司于 2012 年 1 月 1 日从证券市场上购入 B 公司于 2011 年 1 月 1 日发行的债券作为可供出售金融资产，该债券 5 年期，票面利率为 5%，每年 1 月 5 日支付上年度的利息，到期日为 2016 年 1 月 1 日，到期一次归还本金和最后一次利息。购入债券时的实际利率为 4%。A 公司购入债券的面值为 1 000 万元，实际支付价款 1 076. 30 万元，另支付相关费用 10 万元。假定按年计提利息。2012 年 12 月 31 日，该债券的公允价值为 1 030 万元。2013 年 12 月 31 日，该债券的预计未来现金流量现值为 1 020 万元。2014 年 1 月 20 日，A 公司将该债券全部出售，收到款项 1 015. 5 万元存入银行。

要求：根据上述资料，不考虑其他因素，回答下列第（1）至（4）题。(计算过程中

结果保留两位小数）

（1）2012 年 1 月 1 日，A 公司下列会计处理中正确的有（　　）。

A. 可供出售金融资产的入账价值为 1 086. 30 万元

B. 可供出售金融资产的入账价值为 1 036. 30 万元

C. 可供出售金融资产的入账价值为 1 000 万元

D. 应确认应收利息 50 万元

E. 应确认投资收益 10 万元

（2）2012 年 12 月 31 日，A 公司的下列会计处理中正确的有（　　）。

A. 应确认投资收益 41. 45 万元

B. 应确认投资收益 50 万元

C. 可供出售金融资产期末按公允价值调整后的账面价值为 1 030 万元

D. 可供出售金融资产期末按公允价值调整后的账面价值为 1 027. 75 万元

E. 应确认“资本公积——其他资本公积”2. 25 万元

（3）2013 年 12 月 31 日，A 公司的下列会计处理中正确的有（　　）。

A. 应确认投资收益 41. 11 万元

B. 应确认投资收益 41. 2 万元

C. 应确认投资收益 50 万元

D. 可供出售金融资产期末按公允价值调整后的账面价值为 1 021. 11 万元

E. 应确认“资本公积——其他资本公积”-1. 11 万元

（4）2014 年 1 月 20 日，A 公司的下列会计处理中正确的有（　　）。

A. 应确认投资收益-4. 5 万元

B. 应确认投资收益-3. 36 万元

C. 应确认投资收益 1. 14 万元

D. 应冲减“资本公积——其他资本公积”1. 14 万元

E. 应冲减“资本公积——其他资本公积”2. 25 万元

25. 合并方以发行权益性证券作为合并对价取得长期股权投资，下列表述中正确的有（　　）。

A. 如果是同一控制下的企业合并，按照合并日享有被合并方所有者权益账面价值的份额作为长期股权投资的入账价值

B. 如果是同一控制下的企业合并，按照发行权益性证券的账面价值作为长期股权投资的入账价值

C. 如果是非同一控制下的企业合并，按照购买日享有被合并方所有者权益公允价值的份额和发生的相关费用之和作为长期股权投资的入账价值

D. 如果是非同一控制下的企业合并，按照购买日发行权益性证券的公允价值作为长期股权投资的入账价值

E. 为发行权益性证券支付给有关证券承销机构等的手续费、佣金等与权益性证券发行直接相关的费用，应自权益性证券的溢价发行收入中扣除，不构成长期股权投资的成本

26. 关于非同一控制下企业合并形成的长期股权投资，下列会计处理中正确的

有(   )。

A. 非同一控制下的控股合并中，购买方应当按照确定的企业合并成本作为长期股权投资的初始投资成本

B. 企业合并成本为购买方支付合并对价的公允价值与直接相关费用之和

C. 如果支付的合并对价为固定资产或无形资产，那么，固定资产或无形资产公允价值与账面价值的差额计入营业外收支

D. 如果支付的合并对价为交易性金融资产等金融资产，那么，金融资产公允价值与账面价值的差额计入营业外收支

E. 通过多次交换交易分步实现的企业合并，合并成本为每一单项交换交易的成本之和

27. 以企业合并以外的其他方式取得的长期股权投资，下列会计处理中正确的有(   )。

A. 以支付现金取得的长期股权投资，应当按照实际支付的购买价款和手续费之和作为长期股权投资的初始投资成本

B. 所支付价款中包含的被投资单位已宣告但尚未发放的现金股利应计入取得长期股权投资的初始投资成本，等到实际收到时再冲减长期股权投资的成本

C. 投资者投入的长期股权投资，应当按照投资合同或协议约定的价值作为初始投资成本，但合同或协议约定的价值不公允的除外

D. 如果取得的长期股权投资以成本法进行后续计量，那么，取得长期股权投资的初始投资成本等于其入账价值

E. 如果取得的长期股权投资以权益法进行后续计量，那么，取得长期股权投资的入账价值即为初始投资成本经过权益法调整之后的金额

28. 在采用权益法核算长期股权投资时，下列表述中正确的有(   )。

A. 长期股权投资的初始投资成本小于投资时应享有被投资单位可辨认净资产公允价值份额的部分，计入当期营业外收入

B. 投资企业在确认应享有被投资单位净收益的份额时，应按被投资单位的净利润和持股比例计算

C. 投资企业按持股比例确认的被投资单位的净亏损超过该项长期股权投资账面价值的部分，可以用其他实质上构成对被投资单位净投资的长期权益的账面价值冲减

D. 处置长期股权投资时，可以不将原来因被投资单位除净损益以外其他所有者权益的变动而计入本企业所有者权益的部分按相应比例转入当期损益

E. 处置长期股权投资时，应同时结转已计提的长期股权投资减值准备

29. 采用成本法核算长期股权投资，下列各项中会导致长期股权投资账面价值发生增减变动的有(   )。

A. 长期股权投资发生减值损失

B. 持有长期股权投资期间被投资企业实现净利润

C. 被投资企业宣告分派属于投资企业投资前实现的净利润

D. 被投资企业宣告分派属于投资企业投资后实现的净利润

E. 处置其中一定比例的长期股权投资

30. 下列各项中，投资方应确认投资收益的事项有(　　)。

A. 采用权益法核算的长期股权投资，被投资方实现净利润

B. 采用权益法核算的长期股权投资，被投资方实现净亏损

C. 采用权益法核算的长期股权投资，被投资方宣告分派现金股利

D. 采用权益法核算的长期股权投资，初始投资成本大于投资时应享有被投资单位可辨认净资产公允价值的份额

E. 采用成本法核算的长期股权投资，被投资方宣告分派现金股利

31. 下列项目中，应计入当期损益的有(　　)。

A. 同一控制下企业合并发生的直接相关费用

B. 采用权益法核算的长期股权投资，初始投资成本小于取得的被投资单位可辨认净资产公允价值的份额的差额

C. 非同一控制下的企业合并发生的直接相关费用

D. 非同一控制下的企业合并初始投资成本大于取得的被投资单位可辨认净资产公允价值份额的差额

E. 采用权益法核算的长期股权投资，被投资单位发放股票股利

32. 下列事项中，投资企业不应确认为投资收益的有(　　)。

A. 采用成本法核算的长期股权投资，投资企业按被投资企业宣告发放的现金股利中属于本企业的部分

B. 采用权益法核算的长期股权投资，初始投资成本小于享有被投资单位可辨认净资产公允价值份额的差额

C. 采用权益法核算的长期股权投资，被投资企业宣告发放现金股利

D. 出售长期股权投资时，实际收到的金额与其账面价值的差额

E. 出售采用权益法核算的长期股权投资时，结转原记入“资本公积——其他资本公积”科目的金额

33. 在同一控制下的企业合并中，合并方取得的净资产账面价值与支付的合并对价账面价值（或发行股份面值总额）的差额，可能调整(　　)。

A. 盈余公积　　B. 资本公积　　C. 营业外收入　　D. 未分配利润

E. 投资收益

34. 长期股权投资的成本法的适用范围是(　　)。

A. 投资企业能够对被投资企业实施控制的长期股权投资

B. 投资企业对被投资企业不具有控制、共同控制或重大影响，并且在活跃市场中没有报价、公允价值不能可靠计量的长期股权投资

C. 投资企业对被投资企业具有共同控制的长期股权投资

D. 投资企业对被投资企业具有重大影响的长期股权投资

E. 投资企业对被投资企业不具有控制、共同控制或重大影响，公允价值能可靠计量的长期股权投资

35. 长期股权投资的权益法的适用范围是(　　)。

A. 投资企业能够对被投资企业实施控制的长期股权投资

B. 投资企业对被投资企业不具有共同控制或重大影响，并且在活跃市场中没有报价、

公允价值不能可靠计量的长期股权投资

C. 投资企业对被投资企业具有共同控制的长期股权投资

D. 投资企业对被投资企业具有重大影响的长期股权投资

E. 投资企业对被投资企业不具有控制、共同控制或重大影响，公允价值能可靠计量的长期股权投资

36. 企业处置长期股权投资时，正确的处理方法有(　　)。

A. 处置长期股权投资，其账面价值与实际取得价款的差额，应当计入投资收益

B. 处置长期股权投资，其账面价值与实际取得价款的差额，应当计入营业外收入

C. 采用权益法核算的长期股权投资，因被投资单位除净损益以外所有者权益的其他变动而计入所有者权益的，处置该项投资时应当将原计入所有者权益的部分按相应比例转入投资收益

D. 采用权益法核算的长期股权投资，因被投资单位除净损益以外所有者权益的其他变动而计入所有者权益的，处置该项投资时应当将原计入所有者权益的部分按相应比例转入营业外收入

E. 处置长期股权投资，其账面价值大于实际取得价款的差额，应当计入营业外支出

37. 采用权益法核算时，下列事项会引起投资企业长期股权投资账面余额发生变动的有(　　)。

A. 被投资企业实现净利润或发生亏损

B. 被投资企业提取盈余公积

C. 被投资企业宣告发放股票股利

D. 投资企业计提长期股权投资减值准备

E. 被投资方持有的可供出售金融资产公允价值变动

38. 可确认投资企业对被投资单位具有重大影响的条件有(　　)。

A. 在被投资单位的董事会或类似的权力机构中派有代表

B. 参与被投资单位的政策制定过程

C. 向被投资单位派出管理人员

D. 直接持有被投资单位20%或以上至50%的表决权资本

E. 直接持有被投资单位50%的表决权资本

39. 下列情形中，属于控制的是(　　)。

A. 投资单位直接拥有被投资单位50%以上的表决权资本

B. 投资单位直接拥有被投资单位50%的表决权资本

C. 投资单位直接拥有被投资单位30%的表决权资本，投资单位与其他投资者达成协议，代表其他投资者在被投资单位的权益

D. 投资单位直接拥有被投资单位40%的表决权资本，双方签订的投资协议规定，该投资单位可决定被投资单位的生产经营决策

E. 投资单位有权任免被投资单位董事会等类似机构的多数成员

40. 长期股权投资采用权益法核算时，以下业务的发生投资企业不需要进行会计处理(　　)。

A. 因被投资单位重大会计差错、会计政策变更而调整前期留存收益

B. 被投资单位提取法定盈余公积

C. 因被投资单位增加其他资本公积

D. 因被投资单位以盈余公积转增资本、盈余公积弥补亏损

E. 被投资单位以税前利润补亏

41. 甲公司是一般增值税纳税企业，发生如下业务：

（1）2×13 年 1 月 2 日，甲公司对乙公司投资，持有乙公司 20% 的股权，取得成本为 5 800 万元，乙公司可辨认净资产公允价值总额为 30 000 万元（假定公允价值与账面价值相同）。乙公司股权在公开市场中没有报价，甲公司对乙公司不具有共同控制或重大影响。

（2）2×13 年 2 月 2 日，乙公司宣告并派发 2×12 年现金股利 500 万元，2×13 年乙公司实现净利润 3 000 万元，因可供出售金融资产变动增加资本公积净额 150 万元。

（3）2×14 年 1 月 2 日，甲公司再次以银行存款 7 100 万元购得乙公司 20% 的股权，另支付相关税费 100 万元，至此甲公司持有乙公司 40% 的股权，对乙公司的生产经营决策具有重大影响。2×14 年 1 月 2 日，乙公司可辨认净资产公允价值总额为 34 000 万元。

假定不考虑其他因素。

要求：根据上述资料，回答下列第（1）至第（3）题：

（1）关于甲公司对该项长期股权投资的核算方法，下列说法中正确的有（　　）。

A. 2×13 年甲公司对长期股权投资采用成本法进行核算

B. 2×13 年甲公司对长期股权投资采用权益法进行核算

C. 2×14 年甲公司对长期股权投资采用成本法进行核算

D. 2×13 年、2×14 年甲公司对长期股权投资都采用权益法进行核算

E. 2×14 年甲公司对长期股权投资的核算方法由成本法变为权益法

（2）2×14 年 1 月 2 日，关于甲公司对长期股权投资投资成本的处理，下列说法中正确的有（　　）。

A. 长期股权投资投资成本为 13 000 万元

B. 长期股权投资投资成本为 19 600 万元

C. 长期股权投资投资成本为 20 000 万元

D. 原投资成本应调增 200 万元，第二次投资投资成本调增 400 万元

E. 综合考虑两次投资，投资成本调整额为 0

（3）2×14 年 1 月 2 日，关于甲公司对长期股权投资原账面价值的调整处理，下列说法中正确的有（　　）。

A. 对于 2×13 年分配的现金股利 500 万元，不需调整原账面价值

B. 一方面调减留存收益 500 万元，一方面调减长期股权投资账面价值 500 万元

C. 一方面调增留存收益 500 万元，一方面调增长期股权投资账面价值 500 万元

D. 一方面调增资本公积 300 万元，一方面调增长期股权投资账面价值 300 万元

E. 一方面调增资本公积 30 万元，一方面调整长期股权投资账面价值 30 万元

（三）判断题

1. 以公允价值计量且其变动计入当期损益的金融资产就是指交易性金融资产。 （ ）

2. 根据企业会计准则，直接指定为以公允价值计量且其变动计入当期损益的金融资产不属于交易性金融资产，但通过“交易性金融资产”科目进行核算。 （ ）

3. 企业取得交易性金融资产所支付的手续费应计入当期损益。 （ ）

4. 企业持有的可供出售金融资产，在资产负债表日，公允价值发生变动应直接计入资本公积。 （ ）

5. 企业取得持有至到期投资和可供出售金融资产所支付的交易费用，直接计入初始投资成本。 （ ）

6. 企业购入债券，“持有至到期投资——成本”科目表示的就是该债券的面值。 （ ）

7. 持有至到期投资（债券）的摊余成本就是其账面价值，可供出售金融资产（债券）的摊余成本也是其账面价值。 （ ）

8. 企业初始确认时将某金融资产划分为交易性金融资产后，不能重分类为其他类金融资产，其他类金融资产也不能重分类为交易性金融资产。 （ ）

9. 持有至到期投资确认利息收入时以摊余成本与实际利率的乘积计入当期损益。 （ ）

10. 交易性金融资产处置时除了将交易性金融资产账面价值与取得价款的差额计入投资收益外，还应将持有期间的公允价值变动损益转入投资收益。 （ ）

11. 持有至到期投资和可供出售金融资产都可以计提减值准备，在价值回升时都可以转回。 （ ）

12. 长期股权投资采用成本法进行核算时，被投资单位宣告发放现金股利时，可能确认投资收益，也有可能冲减投资成本。 （ ）

13. 采用权益法核算的长期股权投资，应于被投资企业宣告发放现金股利时确认投资收益。 （ ）

14. 同一控制下企业合并形成的长期股权投资，初始投资成本取决于被投资单位可辨认净资产的公允价值和投资企业的持股比例。 （ ）

15. 非同一控制下企业合并形成的长期股权投资，作为企业合并对价付出的非货币性资产的账面价值与公允价值的差额计入营业外收支。 （ ）

16. 因减少投资导致长期股权投资的核算方法由权益法改为成本法时，剩余股份应按长期股权投资的公允价值作为成本法下的初始投资成本。 （ ）

17. 按权益法核算的长期股权投资，初始投资成本大于应享有被投资单位可辨认净资产公允价值份额的差额，应计入营业外收入，同时调整长期股权投资的初始投资成本。 （ ）

18. 长期股权投资的账面价值就是其账面余额减去相应的减值准备。 （ ）

19. 已计提了减值准备的长期股权投资，如果其价值后来又得以恢复，应恢复长期股权投资的账面价值。 （ ）

20. 企业溢价购入某债券，将其划分为持有至到期投资，以后各期确认的利息收入（投资收益）的金额逐年递增。 （ ）

（四）计算与会计处理题

1. 2012 年 3 月 20 日，嘉海公司按每股 3. 8 元的价格购入每股面值 1 元的 B 公司股票 50 000 股作为交易性金融资产，股票购买价格中包含每股 0. 2 元已宣告但尚未发放的现金股利，并支付相关税费 1 200 元。2012 年 4 月 10 日 B 公司发放现金股利。2012 年 6 月 30 日该股票每股市价 3. 2 元。2012 年 12 月 31 日该股票每股市价 4. 5 元。2013 年 2 月 1 日嘉海公司以每股 4. 8 元的价格出售该股票。

要求：编制嘉海公司自购买到出售该股票的相关会计分录。

2. 某股份有限公司 2012 年有关交易性金融资产的资料如下：

（1）3 月 1 日以银行存款购入 A 公司股票 50 000 股，并准备随时变现，每股买价 16 元，同时支付相关税费 4 000 元。

（2）4 月 20 日 A 公司宣告发放的现金股利每股 0. 4 元。

（3）4 月 21 日又购入 A 公司股票 50 000 股，并准备随时变现，每股买价 18. 4 元（其中包含已宣告发放但尚未支取的股利每股 0. 4 元），同时支付相关税费 6 000 元。

（4）4 月 25 日收到 A 公司发放的现金股利 40 000 元。

（5）6 月 30 日 A 公司股票市价为每股 16. 4 元。

（6）7 月 18 日该公司以每股 17. 5 元的价格转让 A 公司股票 60 000 股，扣除相关税费 6 000 元，实得金额为 1 044 000 元。

（7）12 月 31 日 A 公司股票市价为每股 18 元。

要求：根据上述经济业务编制相关会计分录。

3. 甲公司于 2011 年 1 月 1 日，支付价款 1 130. 44 万元从二级市场购买面值为 1 000 万元的债券，另支付手续费 3 万元。该债券于 2010 年 1 月 1 日发行，4 年期，票面利率为 8%，每年 1 月 5 日支付上年度的利息。甲公司将该债券划分为持有至到期投资。

要求：经计算实际利率为 6%，试分别写出自购买日起直至到期的相关会计处理（单位：万元）。

4. 2010 年 1 月 1 日，甲企业从二级市场支付价款 1 020 000 元（含已到付息期但尚未领取的利息 20 000 元）购入某公司发行的债券，另发生交易费用 20 000 元。该债券面值 1 000 000 元，剩余期限为 2 年，票面年利率为 4%，每半年付息一次，甲企业将其划分为交易性金融资产。其他资料如下：

（1）2010 年 1 月 5 日，收到该债券 2009 年下半年利息 20 000 元；

（2）2010 年 6 月 30 日，该债券的公允价值为 1 150 000 元（不含利息）；

（3）2010 年 7 月 5 日，收到该债券 2010 年上半年利息；

（4）2010 年 12 月 31 日，该债券的公允价值为 1 100 000 元（不含利息）；

（5）2011 年 1 月 5 日，收到该债券 2010 年下半年利息；

（6）2011 年 3 月 31 日，甲企业将该债券出售，取得价款 1 180 000 元（含 1 季度利息 10 000 元）。假定不考虑其他因素。

要求：根据上述经济业务编制相关会计分录。

5. 嘉海公司于2011年1月2日从证券市场上购入嘉云公司于2011年1月1日发行的债券，该债券3年期，票面年利率为4%，到期日为2014年1月1日，到期一次归还本金和利息。嘉海公司购入债券的面值为1 000万元，实际支付价款为947.50万元，另支付相关费用20万元。嘉海公司购入后将其划分为持有至到期投资。购入债券的实际年利率为5%。假定按年计提利息。

要求：编制嘉海公司上述业务从2011年1月1日至2014年1月1日的相关会计分录（单位：万元）。

6. A公司发生的有关业务如下：

（1）2011年1月1日，A公司从股票二级市场以每股14元的价格购入B公司发行的股票200 000股，占B公司有表决权股份的5%，对B公司无重大影响，划分为可供出售金融资产。

（2）2011年5月10日，A公司收到B公司发放的上年现金股利40 000元。

（3）2011年12月31日，该股票的市场价格为每股13元。A公司预计该股票的价格下跌是暂时的。

（4）2012年，B公司因违反相关证券法规，受到证券监管部门查处。受此影响，B公司股票的价格发生下跌。至2012年12月31日，该股票的市场价格下跌到每股8元。

（5）2013年，B公司整改完成，加之市场宏观面好转，股票价格有所回升，至12月31日，该股票的市场价格上升到每股11元。

要求：对A公司进行相关的账务处理。（假定2012年和2013年均未分派现金股利，不考虑其他因素）。

7. 2013年1月1日，嘉腾公司购买了一项公司债券，剩余年限5年，债券的面值为1 200万元，公允价值为1 050万元，交易费用为10万元，次年1月5日按票面利率的3%支付利息。该债券在第五年兑付（不能提前兑付）本金及最后一期利息，实际利率为6%。2013年年末，该债券的公允价值为1 100万元。

要求：

（1）假定嘉腾公司将该债券划分为交易性金融资产，编制相关会计分录（单位：万元）。

（2）假定嘉腾公司将该债券划分为持有至到期投资，编制相关会计分录（单位：万元）。

（3）假定嘉腾公司将该债券划分为可供出售金融资产，编制相关会计分录（单位：万元）。

8. A公司和B公司为同一母公司控制的两个子公司，A公司和B公司达成协议，约定A公司以银行存款2 000万元和发行A公司的股票4 000万股作为合并对价，取得B公司75%的股权。A公司发行股票的面值为1元，A公司“资本公积——股本溢价”科目余额为500万元，“盈余公积”科目余额为800万元，“利润分配——未分配利润”科目余额为2 000万元。

要求：

（1）假定B公司所有者权益的账面价值为9 000万元，编制相关会计分录（单位：万元）。

（2）假定B公司所有者权益的账面价值为8 000万元，编制相关会计分录（单位：万元）。

（3）假定B公司所有者权益的账面价值为7 600万元，编制相关会计分录（单位：万元）。

（4）假定B公司所有者权益的账面价值为6 800万元，编制相关会计分录（单位：万元）。

（5）假定B公司所有者权益的账面价值为6 000万元，编制相关会计分录（单位：万元）。

9. A公司和B公司为两个互不关联的独立公司，合并之前不存在任何投资关系，A公司和B公司达成合并协议，约定A公司以库存商品、发行股票和银行存款作为合并对价，取得B公司80%的股权，A公司的库存商品账面价值800万元，公允价值1 000万元，增值税税率17%，A公司发行股票3 000万股，每股面值1元，公允价值每股3元，A公司支付银行存款800万元。

要求：编制A公司通过控股合并B公司取得长期股权投资投资的会计分录（单位：万元）

10. 嘉腾公司于2012年1月1日以300万元购买甲公司的股票100万股，占甲公司总股份的15%，甲公司的股票尚未上市交易，在活跃市场上没有报价，嘉腾公司对甲公司不具有控制、共同控制或重大影响。2012年4月21日甲公司宣告每股发放0.2元的现金股利。2012年5月10日，嘉腾公司收到现金股利。2012年12月31日嘉腾公司持有的甲公司的股票的未来现金流量现值为275万元。2013年4月5日嘉腾公司将持有的甲公司的股票全部售出，获得价款290万元。

要求：根据上述资料编制相关会计分录（单位：万元）。

11. 甲公司于2007—2013年的有关投资业务如下：

（1）2007年1月1日，甲公司支付3 000万元取得乙公司30%的股权（300万股），采用权益法核算；乙公司可辨认净资产的公允价值为9 000万元。

（2）乙公司2007年实现净利润500万元，可供出售金融资产公允价值上升，计入资本公积的变动额为300万元。

（3）2008年4月10日，乙公司宣告发放200万元的现金股利和100万股的股票股利；5月10日，甲公司收到乙公司发放的现金股利。

（4）2009年乙公司亏损6 000万元。

（5）2010年乙公司亏损7 000万元，甲公司除了对乙公司的长期股权投资外，账面上还有应向乙公司收取的长期应收款100万元，该项债权目前没有明确的清收计划（并非产生于日常购销活动）。

（6）2011年乙公司实现净利润2 000万元。

（7）2012年乙公司实现净利润7 000万元。

（8）2013年3月5日，甲公司处理对乙公司的全部投资，获得价款2 500万元。

要求：编制甲公司上述经济业务的会计分录（单位：万元）。

12. 甲公司2012年1月2日以银行存款2 700万元对乙公司投资，占乙公司注册资本的20%。乙公司的其他股份分别由A、B、C、D、E企业平均持有。具体资料如下：

(1) 2012 年 1 月 2 日乙公司可辨认净资产公允价值为 14 500 万元。甲公司按权益法核算对乙公司的投资。

(2) 2012 年乙公司实现净利润 800 万元。

(3) 2013 年 4 月乙公司宣告分配 2×12 年的现金股利 300 万元。

(4) 2013 年乙公司发生净亏损 100 万元。

(5) 2014 年 1 月 1 日，乙公司的股东 A 企业收购了除甲公司以外的其他投资者 B、C、D、E 企业对乙公司的投资股份，同时以 1 800 万元收购了甲公司对乙公司投资的 50%。自此，A 企业持有乙公司 90% 的股份，并控制乙公司。甲公司持有乙公司 10% 的股份，并失去影响力。为此，甲公司改按成本法核算。

(6) 假设并非如 (5) 所述，而是甲公司收购了除 A 企业以外的其他投资者 B、C、D、E 企业对乙公司的投资股份，支付收购价款 15 000 万元。为此甲公司改按成本法核算。

要求：编制甲公司上述相关业务的会计分录（单位：万元）。

13. A 公司和 B 公司均为增值税一般纳税企业，适用的增值税税率为 17%。

(1) A 公司 2012 年 1 月 1 日以一组资产交换 C 公司持有的 B 公司 70% 的股份作为长期股权投资。该组资产包括一项可供出售金融资产和一批库存商品。可供出售金融资产账面价值为 2 000 万元，其中，取得时成本为 1 600 万元，公允价值变动为 400 万元，公允价值为 2 200 万元，库存商品的账面价值为 4 000 万元，公允价值为 5 000 万元。A 公司以银行存款支付咨询费等相关费用 100 万元。A、B 公司合并前不存在关联方关系。2012 年 1 月 1 日，B 公司可辨认净资产的公允价值为 12 000 万元，B 公司所有资产的公允价值和账面价值相等。

(2) 2012 年 B 公司实现净利润 8 000 万元，当年提取盈余公积 800 万元，对外分配现金股利 1 000 万元。

(3) 2013 年 1 月 1 日，A 公司以 3 800 万元的价格出售 B 公司 30% 的股权。当日，收到购买方通过银行转账支付的价款，并办理完股权转让手续。

(4) A 公司在出售该部分股权后，持有 B 公司的股权比例降至 40%，仍能够对 B 公司实施重大影响，但不再拥有对 B 公司的控制权。

(5) 2013 年，B 公司实现净利润 10 000 万元，B 公司 2013 年 4 月 1 日购入的可供出售金融资产期末公允价值上升 300 万元。

要求：编制 A 公司相关业务的会计分录（单位：万元，不考虑所得税的影响）。

四、本章习题答案及解析

（一）单项选择题

1. D【解析】见教材知识点“（一）交易性金融资产的特征”。

2. B【解析】以公允价值计量且其变动计入当期损益的金融资产可进一步划分为交易性金融资产和直接指定为以公允价值计量且其变动计入当期损益的金融资产。

3. B【解析】取得交易性金融资产时，应当按照取得该交易性金融资产的公允价值作为初始入账金额，相关的交易税费作为投资收益的借项，所以选项 A 不对，选项 B 正确。资产负债表日，应将交易性金融资产的公允价值变动计入公允价值变动损益，所以选项 C 不对；处置交易性金融资产时，应将原计入公允价值变动损益的金额转入投资收益，所以选项 D 不对。

4. C【解析】资产负债表日，持有的股票市价大于其账面价值的差额应计入公允价值变动损益，所以应选选项 C。

5. B【解析】资产负债表日，交易性金融资产的公允价值发生变动应计入公允价值变动损益，所以应选选项 B。

6. B【解析】取得持有至到期投资，应当按照取得该金融资产的公允价值和相关交易费用之和作为初始确认金额，所以应选选项 B。

7. C【解析】交易性金融资产以短期获利为目的，不同于可供出售金融资产。

8. C【解析】股票作为交易性金融资产，应以购入时的公允价值作为初始投资成本。

9. C【解析】55-3-0.1=51.9（万元）。

10. A【解析】企业持有交易性金融资产期间获得的现金股利应当计入投资收益。

11. A【解析】企业持有的交易性金融资产发生公允价值变动属于未实现的收益，应当计入公允价值变动损益。

12. A【解析】资产负债表日，企业持有的交易性金融资产应按公允价值计量。

13. B【解析】债券有期限，股票没有期限，只有债券才有可能是“持有至到期投资”。选项 A 和 C 既可能是股票也可能是债券，所以选项 B 正确。

14. C【解析】80 000-50 000-1 000=29 000（元），1 000 元的现金股利是被投资单位宣告时就确认为投资收益，处置时只是被看成应收债权的收回。

15. C【解析】380-200-0.8=179.2（万元）。

16. C【解析】交易性金融资产期末在资产负债表上以公允价值反映。

17. D【解析】企业购入债券作为持有至到期投资，其初始确认金额为债券的公允价值和相关交易费用，其中公允价值包含债券的面值和溢折价。

18. A【解析】企业购入债券作为持有至到期投资，其初始确认金额为债券的公允价值和相关交易费用，其中公允价值包含债券的面值和溢折价，所以利息调整包含溢折价和相关交易税费。

19. B【解析】同第 17 题和第 18 题。

20. B【解析】溢价是作为对债券发行者在以后期间多支付利息的一种补偿，所以溢价发行是由于票面利率高于市场利率。

21.（1）C【解析】2012 年 1 月 2 日购入债券时包含了 2011 年的利息 50 万元（1 000×5%），所以初始投资成本=1 011.67-50+20=981.67（万元）。

（2）A【解析】投资收益=摊余成本×实际利率=981.67×6%=58.90（万元）。

22. A【解析】债券折价是对投资者（债券持有人）后期少得到利息的一种补偿，所以应是市场利率高于票面利率。

23. A【解析】2012 年 12 月 31 日的摊余成本=（3 120+2.27）×（1+5%）-3 000×6%=3 098.38（万元）；2013 年 12 月 31 日的摊余成本=3 098.38+3 098.38×5%-3 000×6%=3 073.30（万元）。

24. A【解析】持有至到期投资每年计入投资收益的金额应是持有至到期投资的摊余成本乘以实际利率。

25. B【解析】对于持有至到期投资来说，摊余成本就等于其账面价值。

26. C【解析】溢价购入的债券有这样的等式：应收利息=投资收益+溢价摊销。

27. B【解析】一次还本付息的债券，每期利息在债券到期时才能支付，所以每期的利息不再是短期债权，而是长期债权，不能通过“应收利息”科目核算，而是通过“持有至到期投资——应计利息”科目核算。

28. A【解析】根据企业会计准则，可供出售金融资产持有期内公允价值上升应记入“资本公积——其他资本公积”科目。

29. C【解析】可供出售金融资产按照公允价值进行后续计量，变动损益计入资本公积，如发生减值则计入当期损益（资产减值损失）。

30. A【解析】可供出售金融资产（债券）的公允价值高于其摊余成本的差额计入资本公积。

31. D【解析】只有交易性金融资产，才会涉及“公允价值变动损益”。

32. B【解析】根据企业会计准则规定，企业购入的作为可供出售金融资产的债券产生的利息调整应采用实际利率法进行摊销。

33. A【解析】交易性金融资产和可供出售金融资产在持有期间获得的现金股利都应计入投资收益。

34. D【解析】根据金融资产相关准则规定，可供出售金融资产提取减值准备，已计入资本公积的公允价值变动累计损失，应当转入资产减值损失。

35. D【解析】可供出售金融资产的入账价值=800-30+5=775（万元）。

36. B【解析】由于公允价值下降是非暂时性的，所以应提取资产减值准备。期末应先确认相关利息收入最后再考虑减值问题，所以，期末确认的投资收益=1 000×5%=50（万元），选项D错误。

37. （1）B【解析】可供出售金融资产的初始入账金额=1 500-20+5=1 485（万元）。

（2）B【解析】累计确认的资本公积=1 300-1 485=-185（万元）。

（3）D【解析】在公允价值持续下跌的情况下，可供出售金融资产公允价值的下降记入“资产减值损失”科目，所以D选项正确。

38. （1）C【解析】累计确认的资本公积=（4.75-5）×20=-5（万元）。

（2）A【解析】确认记入“资本公积——其他资本公积”科目的金额=（4.5-4.75）×20=-5（万元）；累计确认的资本公积=-5+（-5）=-10（万元）。

（3）B【解析】由于该可供出售金融资产发生了减值，原累计计入资本公积的金额（-10万元）应转入资产减值损失，所以应贷记“资本公积”10万元；相应的会计分录（单位：万元）为：

借：资产减值损失　30

　贷：资本公积——其他资本公积　10

　　可供出售金融资产——公允价值变动　20

39. C【解析】持有至到期投资在资产负债表上按照摊余成本扣除一年内到期的持有至到期投资后的金额反映。

40. C【解析】可供出售金融资产按公允价值计量，所以债券重分类为可供出售金融资产，其入账价值应为公允价值。

41. C【解析】根据金融资产减值准则的相关规定，持有至到期投资发生的减值，如果价值恢复，可以转回。

42. D【解析】根据金融资产减值准则的相关规定，可供出售权益工具减值准备，不能通过损益转回。

43. B【解析】期末用预计未来现金流量现值和金融资产的摊余成本比较，如果预计未来现金流量现值低于摊余成本，则根据其差额计提减值准备。

44. B【解析】持有至到期投资重分类为可供出售金融资产，该项投资的公允价值与账面价值的差额应当记入“资本公积——其他资本公积”科目。

45. D【解析】期末用预计未来现金流量现值和金融资产的摊余成本比较，如果预计未来现金流量现值低于摊余成本，则根据其差额计提减值准备。

46. B【解析】历史成本计量侧重于可靠性，公允价值计量侧重相关性。

47. A【解析】交易性金融资产在资产负债表日根据公允价值的变动进行调整，不存在减值准备的计提和转回。

48. B【解析】同一控制下的企业合并形成的长期股权投资的成本就是应享有的被投资单位的净资产的账面价值的份额；非同一控制下的企业合并形成的长期股权投资的初始投资成本即为换出相关资产的公允价值。

49. A【解析】见知识点“（四）长期股权投资 2. 长期股权投资的初始计量”。

50. D【解析】长期股权投资主要包括对子公司、联营公司、合营公司以及在活跃市场中没有报价、公允价值无法可靠计量的没有重大影响的权益性投资，所以选项 A、B 和 C 都应作为长期股权投资核算，D 选项应作为交易性金融资产或可供出售金融资产核算。

51. A【解析】非企业合并，且以支付现金取得的长期股权投资，应当按照实际支付的购买价款（扣除已宣告但尚未发放的现金股利）作为初始投资成本。

52. B【解析】非企业合并，且以发行权益性证券取得的长期股权投资，应当按照发行权益性证券的公允价值作为初始投资成本。

53. A【解析】投资者投入的长期股权投资，应当按照投资合同或协议约定的价值作为初始投资成本（协议或合同价值不公允的除外）。

54. B【解析】长期股权投资的核算方法包括成本法和权益法，所以选项 C 和 D 不对；一般情况下拥有被投资单位 50% 以上的股权即形成控制，所以应选 B 选项。

55. D【解析】初始投资成本大于应享有被投资单位可辨认净资产公允价值份额之间的差额作为商誉，不调整初始投资成本。

56. C【解析】选项 A、B 和 D 都会影响长期股权投资的账面价值。

57. D【解析】2011 年长期股权投资的账面价值减记至 140 万元（180－100×40%），2009 年长期股权投资的账面价值减记至 0，尚有 20 万元（400×40%－140）未确认的亏损，2010 年 30×40%＝12（万元）<20 万元，所以 2010 年 A 公司计入投资收益的金额为 0。

58. B【解析】A 公司能够对 B 公司施加重大影响，所以应采用权益法核算，初始投资成本大于2 200 万元小于取得投资时应享有被投资单位可辨认净资产公允价值份额2 400万元（8 000×30%），应将长期股权投资的账面价值调整至应享有被投资单位可辨认净资产公允价值份额 2 400 万元，差额计入营业外收入。

59. B【解析】应以原权益法下长期股权投资的账面价值作为按照成本法核算的初始投资成本。

60. D【解析】没有长期投资减值准备这一科目，所以选项 B 不对，提取减值准备不涉及投资收益，所以选项 A 和 C 不对。

61. A【解析】计提减值准备的长期股权投资，价值恢复的，原计提的减值准备可以转回，但转回的金额不得超过原计提的金额。本题中 2013 年年末其可回收金额 70 万元比账面价值高出 20 万元，但转回金额不能大于计提金额 10 万元。

62. A【解析】根据企业会计准则解释第 3 号，采用成本法核算的长期股权投资，除取得投资时实际支付的价款或对价中包含的已宣告但尚未发放的现金股利或利润外，投资企业应当按照享有被投资单位宣告发放的现金股利或利润确认投资收益，不再划分是否属于投资前和投资后被投资单位实现的净利润。

63. C【解析】收到分派的股票股利，只做备查登记，不做账务处理，所以选项 C 正确。

64. C【解析】非同一控制下企业合并形成的长期股权投资，应以投出资产的公允价值作为长期股权投资的入账价值，投出资产的账面价值与公允价值的差额计入资产处置损益作为当期损益。本题中固定资产的公允价值 1 250 万元与账面价值 1 050 万元（1 500-400-50）之间的差额 200 万元计入当期损益。

65. B【解析】非同一控制下企业合并形成的长期股权投资，应以投出资产的公允价值作为合并成本，发生评估费、律师咨询费作为当期损益。本题中无形资产的公允价值 210 万元即为合并成本。

66. D【解析】长期股权投资采用权益法核算时，在持股比例不变的情况下，被投资单位除净损益以外所有者权益的增加，企业按持股比例计算应享有的份额，借记“长期股权投资——其他权益变动”科目。

67. C【解析】出售采用权益法核算的长期股权投资时，还应按处置长期股权投资的投资成本比例结转原计入资本公积的金额，借记或贷记“资本公积——其他资本公积”科目，贷记或借记“投资收益”科目。

68. A【解析】对被投资单位不具有控制、共同控制或重大影响，且在活跃市场中没有报价、公允价值不能可靠计量的权益性投资应通过“长期股权投资”科目核算，对被投资单位不具有控制、共同控制或重大影响，在活跃市场中有报价、公允价值能可靠计量的权益性投资应通过“交易性金融资产”或“可供出售金融资产”科目核算。

（二）多项选择题

1. AB【解析】以公允价值计量且其变动计入当期损益的金融资产可进一步划分为交易性金融资产和直接指定为以公允价值计量且其变动计入当期损益的金融资产。

2. AB【解析】直接指定为以公允价值计量且其变动计入当期损益的金融资产不能等同于交易性金融资产，但是它也通过“交易性金融资产”科目进行核算。

3. BCDE【解析】交易性金融资产的交易费用记入“投资收益”科目的借方，其余均计入相应资产的初始确认金额。

4. BCD【解析】购入以公允价值计量且其变动计入当期损益的金融资产发生的相关交易费用应计入计入当期损益（投资收益）所以选项 A 不对；以公允价值计量且其变动计入当期损益的金融资产的公允价值变动应计入公允价值变动损益，所以 E 不对。

5. ABCE【解析】选项 D 是金融负债。

6. BCE【解析】见知识点“（二）持有至到期投资含义”。

7. BCDE【解析】交易性金融资产、可供出售金融资产、贷款和应收款项以及持有至到期投资只有持有至到期投资和可供出售金融资产在一定条件下可以重分类。

8. BCDE【解析】可供出售债券投资应当按取得时的公允价值作为初始确认金额，相关交易费用计入初始成本。

9. ABCD【解析】金融资产的摊余成本，是指该金融资产初始确认金额经下列调整后的结果：（1）扣除已偿还的本金；（2）加上或减去采用实际利率法将该初始确认金额与到期日金额之间的差额进行摊销形成的累计摊销额；（3）扣除已发生的减值损失。持有至到期投资的摊余成本即是其账面价值，因此 A、B、C、D 四个选项均影响其摊余成本，租赁内含利率与摊余成本无关。

10. ABC【解析】资产负债表日，可供出售金融资产应当以公允价值计量，且公允价值变动计入资本公积。

11. ABDE【解析】可供出售金融资产在资产负债表日确认的公允价值与其账面价值的差额应计入资本公积，所以选项 C 不对；处置交易性金融资产时应将相应的公允价值变动损益转入投资收益。

12. ABDE【解析】购入交易性金融资产发生交易费用应计入当期损益，不计入初始成本，所以 C 选项不对。

13. AC【解析】可供出售金融资产按公允价值进行后续计量，一旦发生减值需要计提减值准备，所以 A 选项不对；资产负债表日，应当根据账面摊余成本与未来预计现金流量现值之间的差额确认减值损失，所以 C 选项不对。

14. ABC【解析】资产负债表日，可供出售金融资产应当以公允价值计量，且公允价值变动计入资本公积。

15. BCD【解析】企业划分为以公允价值计量且其变动计入当期损益的金融资产应当按照取得时的公允价值作为初始确认金额，相关的交易费用计入当期损益，所以 A 选项不对；处置以公允价值计量且其变动计入当期损益的金融资产时，应将相应的公允价值变动损益转入投资收益，所以 E 选项不对。

16. ABE【解析】可供出售金融资产期末应按公允价值进行计量，所以 C 选项不对；可供出售金融资产持有期间取得的现金股利应计入投资收益，所以 D 选项不对。

17. ABCD【解析】处置金融资产时，应将取得的价款与该金融资产账面价值之间的差额，计入当期损益。

18. ABD【解析】持有的股票，被投资单位发放股票股利时，企业只需做备查登记，无需做其他账务处理，所以 C 选项不对；持有期间的公允价值变动计入公允价值变动损益，所以 E 选项不对。

19. ACD【解析】公允价值变动是交易性金融资产和可供出售金融资产的明细科目，损益调整是长期股权投资的明细科目。

20. AB【解析】持有至到期投资取得成本低于面值，该债券是折价发行，持有至到期投资的摊余成本逐渐增加，相应地用实际利率法确认的各期利息收入（投资收益）也应逐年递增。

21. ABD【解析】计提减值准备只影响账面价值，不影响账面余额，所以 C 选项不对；E 选项不影响投资单位长期股权投资的账面余额。

22. ACD【解析】被投资单发放股票股利，投资单位无需做账务处理，只做备查登记，所以 B 选项不对；被投资单位提取盈余公积以及以资本公积转增资本，投资单位无需做任何会计处理。

23. ABCD【解析】损益调整是长期股权投资的明细科目。

24. （1）BD【解析】可供出售金融资产初始成本按公允价值和交易费用之和计量，其会计分录如下：

借：可供出售金融资产——成本	1 000	
——利息调整	36. 30	
应收利息（1 000×5%）	50	
贷：银行存款		1 086. 30

（2）ACE【解析】2012 年 12 月 31 日，应确认的投资收益=（1 000+36. 30）×4% = 41. 45（万元），摊销的利息调整为 50－41. 45 = 8. 55（万元）可供出售金融资产摊余成本=（1 000+36. 30）−8. 55=1 027. 75（万元），公允价值为 1 030 万元，期末按公允价值调整后的账面价值为 1 030 万元，应确认的公允价值变动=1 030−1 027. 75 =2. 25（万元）。

借：应收利息	50	
贷：投资收益		41. 45
可供出售金融资产——利息调整		8. 55
借：可供出售金融资产——公允价值变动	2. 25	
贷：资本公积——其他资本公积		2. 25

（3）AE【解析】2013 年 12 月 31 日，应确认的投资收益 = 1 027. 75×4% = 41. 11（万元），可供出售金融资产的期末摊余成本 = 1 030 + 41. 11 − 1 000 × 5% = 1 021. 11（万元），公允价值为 1 020 万元，可供出售金融资产期末按公允价值调整后的账面价值为 1 020万元，应确认的公允价值变动 = 1 021. 11 − 1 020 = 1. 11（万元）。注意，在计算 2013 年年初摊余成本时，不应考虑2012 年 12 月 31 日确认的公允价值变动。

借：应收利息	50	
贷：投资收益		41. 11
可供出售金融资产——利息调整		8. 89
借：资本公积——其他资本公积	1. 11	
贷：可供出售金融资产——公允价值变动		1. 11

（4）BD【解析】2014 年 1 月 20 日，A 公司的会计分录如下：

借：银行存款	1 015. 5	
投资收益	4. 5	

贷：可供出售金融资产——成本 1 000

——公允价值变动（2.25-1.11） 1.14

——利息调整（36.3-8.55-8.89） 18.86

借：资本公积——其他资本公积 1.14

贷：投资收益 1.14

25. ADE【解析】合并方以发行权益性证券作为合并对价取得的长期股权投资，如果是同一控制下的企业合并，按照合并日享有被合并方所有者权益账面价值的份额作为长期股权投资的入账价值，长期股权投资的入账价值与发行权益性证券账面价值之间的差额，计入资本公积（资本溢价或股本溢价）；如果是非同一控制下的企业合并，应按照购买日发行权益性证券的公允价值作为长期股权投资的入账价值；为发行权益性证券支付给有关证券承销机构等的手续费、佣金等与权益性证券发行直接相关的费用，应自权益性证券的溢价发行收入中扣除，不构成长期股权投资的成本。

26. ACE【解析】根据企业会计准则解释第4号，无论是同一控制还是非同一控制下的企业合并，发生的直接相关费用都应计入当期损益，所以选项A、C正确，B选项不正确；如果支付的合并对价为交易性金融资产等金融资产，那么，金融资产公允价值与账面价值的差额计入投资收益，所以D选项不正确；通过多次交换交易分步实现的企业合并，合并成本为每一单项交换交易的成本之和，所以E选项正确。

27. ACDE【解析】取得长期股权投资所支付价款中包含的被投资单位已宣告但尚未发放的现金股利应作为应收项目核算，不构成取得长期股权投资的成本。

28. ACE【解析】投资企业在确认应享有被投资单位净收益的份额时，应按被投资单位经过调整之后的净利润和持股比例计算；处置长期股权投资时，应当将原来因被投资单位除净损益以外其他所有者权益的变动而计入本企业所有者权益的部分按相应比例转入当期损益。

29. AE【解析】长期股权投资计提减值准备，会减少长期股权投资的账面价值；成本法下，被投资单位实现净利润，投资方不做处理，所以选项B不会导致长期股权投资的账面价值发生变动；成本法下，被投资单位分派现金股利，投资方均应确认投资收益，不调整长期股权投资的成本；选项E，处置一定比例的长期股权投资会减少长期股权投资的账面价值。

30. ABE【解析】选项C，采用权益法核算的长期股权投资，被投资方宣告分派现金股利，投资企业借记“应收股利”科目，贷记“长期股权投资”科目；选项D，采用权益法核算的长期股权投资，初始投资成本大于投资时应享有被投资单位可辨认净资产公允价值份额的差额应计入营业外收入。

31. ABC【解析】根据企业会计准则解释第4号，无论是同一控制还是非同一控制下的企业合并，发生的直接相关费用都应计入当期损益，所以选项A、C正确；采用权益法核算的长期股权投资，初始投资成本小于取得的被投资单位可辨认净资产公允价值的份额的差额计入营业外收入。企业合并初始投资成本大于取得的被投资单位可辨认净资产公允价值份额的差额，无论是采用成本法还是采用权益法都无需调整初始投资成本，所以选项D不正确；被投资单位发放股票股利，投资单位只做备查登记，无需进行账务处理。

32. BC【解析】B选项计入营业外收入；C选项影响的是“长期股权投资——损益调整”科目。

33. ABD【解析】见知识点“（四）长期股权投资（1）同一控制下的企业合并形成

的长期股权投资”。

34. AB【解析】C 选项和 D 选项应采用权益法核算，E 选项应划分为交易性金融资产或可供出售金融资产。

35. CD【解析】选项 A 和 B 应采用成本法核算；选项 E 应划分为交易性金融资产或可供出售金融资产。

36. AC【解析】见知识点“（四）长期股权投资 5. 长期股权投资的处置”。

37. ADE【解析】被投资企业提取盈余公积以及发放股票股利，投资企业都无需做账务处理。

38. ABCD【解析】E 选项为共同控制。

39. ACDE【解析】B 选项为共同控制。

40. BDE【解析】选项 A，被投资单位的利润发生变化必然会影响投资企业的“长期股权投资——损益调整”科目；选项 C 会影响投资企业的“长期股权投资——其他权益变动”科目。

41.（1）AE【解析】2×13 年甲公司对乙公司不具有共同控制或重大影响，所以采用成本法核算；2×14 年再次取得投资，对乙公司具有重大影响，由成本法转为权益法核算。

（2）AE【解析】因第一次投资成本小于第一次投资时应享有被投资单位可辨认净资产公允价值的份额 200 万元，而第二次投资，投资成本大于第二次投资时应享有被投资单位可辨认净资产公允价值的份额 400 万元，综合考虑后不调整投资成本，投资成本为 5 800+7 100+100＝13 000（万元），选项 A、E 正确。

会计处理如下：

2×13 年 1 月 2 日 A 公司对 B 公司投资：

借：长期股权投资 5 800

　贷：银行存款 5 800

2×13 年 2 月 2 日收到现金股利：

借：应收股利 100

　贷：投资收益 100

借：银行存款 100

　贷：应收股利 100

2×14 年 1 月 2 日再次投资：

借：长期股权投资 7 200

　贷：银行存款 7 200

（3）CD【解析】调整长期股权投资账面价值。

①综合考虑两次投资不调整投资成本。

②调整原投资比例部分：

借：长期股权投资——损益调整（（3 000－500）×20%） 500

　　　　　　　——其他权益变动（［34 000－（30 000－500+3 000）］×20%） 300

　贷：盈余公积 50

　　　利润分配——未分配利润 450

贷：资本公积——其他资本公积 300

综合考虑，选项 C、D 正确。

（三）判断题

1. ×【解析】以公允价值计量且其变动计入当期损益的金融资产可进一步划分为交易性金融资产和直接指定为以公允价值计量且其变动计入当期损益的金融资产。

2. √【解析】以公允价值计量且其变动计入当期损益的金融资产可进一步划分为交易性金融资产和直接指定为以公允价值计量且其变动计入当期损益的金融资产，交易性金融资产和直接指定为以公允价值计量且其变动计入当期损益的金融资产都通过“交易性金融资产”科目核算。

3. √【解析】企业取得交易性金融资产所支付的手续费应记入“投资收益”科目的借方，即为当期损益。

4. ×【解析】企业持有的可供出售金融资产，在资产负债表日，公允价值上升应直接计入资本公积，下降如果是暂时性的也应计入资本公积，如果是非暂时性的则应提取减值准备，记入“资产减值损失”科目。

5. √

6. √

7. ×【解析】持有至到期投资（债券）的摊余成本就是其账面价值，但可供出售金融资产（债券）的摊余成本不包含公允价值变动。

8. √

9. √

10. √

11. ×【解析】可供出售金融资产中的在活跃市场中没有报价且公允价值不能可靠计量的权益工具计提的减值准备不得转回。

12. ×【解析】根据企业会计准则解释第 3 号，采用成本法核算的长期股权投资，除取得投资时实际支付的价款或对价中包含的已宣告但尚未发放的现金股利或利润外，投资企业应当按照享有被投资单位宣告发放的现金股利或利润确认投资收益，不再划分是否属于投资前和投资后被投资单位实现的净利润。

13. ×【解析】采用权益法核算的长期股权投资，应于被投资企业实现净利润时确认投资收益。

14. ×【解析】同一控制下企业合并形成的长期股权投资，初始投资成本取决于被投资单位可辨认净资产的账面价值和投资企业的持股比例。

15. ×【解析】非同一控制下企业合并形成的长期股权投资，作为企业合并对价付出的非货币性资产的账面价值与公允价值的差额作为处置该项非货币性资产的处置损益。

16. ×【解析】因减少投资导致长期股权投资的核算方法由权益法改为成本法时，剩余股份应按长期股权投资的账面价值作为成本法下的初始投资成本。

17. ×【解析】按权益法核算的长期股权投资，初始投资成本小于应享有被投资单位可辨认净资产公允价值份额的差额，应计入营业外收入，同时调整长期股权投资的初始投资成本。

18. √

19. √

20. ×【解析】溢价购入的债权，由于溢价摊销，摊余成本逐年递减，而实际利率不变，以后各期确认的利息收入（投资收益）等于摊余成本与实际利率的乘积，所以以后各期确认的利息收入应是逐年递减。

（四）计算与会计处理题

1. 编制的会计分录如下：

（1）2012 年 3 月 20 日购入股票：

借：交易性金融资产——成本	180 000	
应收股利	10 000	
投资收益	1 200	
贷：银行存款		191 200

（2）2012 年 4 月 10 收到现金股利：

借：银行存款	10 000	
贷：应收股利		10 000

（3）2012 年 6 月 30 日：

借：公允价值变动损益	20 000	
贷：交易性金融资产——公允价值变动		20 000

（4）2012 年 12 月 31 日：

借：交易性金融资产——公允价值变动	65 000	
贷：公允价值变动损益		65 000

（5）2013 年 2 月 1 日：

借：银行存款	240 000	
公允价值变动损益	45 000	
贷：交易性金融资产——成本		180 000
——公允价值变动		45 000
投资收益		60 000

2. 编制的会计分录如下：

（1）借：交易性金融资产——成本	800 000	
投资收益	4 000	
贷：银行存款		804 000
（2）借：应收股利	20 000	
贷：投资收益		20 000
（3）借：交易性金融资产——成本	900 000	
应收股利	20 000	
投资收益	6 000	
贷：银行存款		926 000
（4）借：银行存款	40 000	
贷：应收股利		40 000

（5）公允价值变动损益＝16.4×100 000－（800 000+900 000）＝－60 000（元）

借：公允价值变动损益　60 000

　贷：交易性金融资产——公允价值变动　60 000

（6）出售前每股成本＝（800 000+900 000）÷（50 000+50 000）＝17（元/股）

每股公允价值变动＝60 000÷100 000＝0.6（元/股）

借：银行存款　1 044 000

　　交易性金融资产——公允价值变动　36 000

　贷：交易性金融资产——成本　1 020 000

　　　投资收益　60 000

借：投资收益　36 000

　贷：公允价值变动损益　36 000

（7）公允价值变动损益＝（18－16.4）×40 000＝64 000（元）

借：交易性金融资产——公允价值变动　64 000

　贷：公允价值变动损益　64 000

3. 2011 年 1 月 1 日取得债券：

借：持有至到期投资——成本　1 000

　　　　　　　　　——利息调整　53.44

　　应收利息　80

　贷：银行存款　1 133.44

2011 年 1 月 5 日收到利息：

借：银行存款　80

　贷：应收利息　80

以后每年 1 月 5 日，会计处理同上。

2011 年 12 月 31 日：

借：应收利息　80

　贷：投资收益（1 053.44×6%）　63.21

　　　持有至到期投资——利息调整　16.79

2012 年 12 月 31 日：

借：应收利息　80

　贷：投资收益（（1 053.44－16.79）×6%）　62.20

　　　持有至到期投资——利息调整　17.80

2013 年 12 月 31 日：

借：应收利息　80

　贷：投资收益　61.15

　　　持有至到期投资——利息调整（53.44－16.79－17.8）　18.85

（注：最后一年，考虑到尾差，应摊销的利息调整采取倒挤的方法）

2014 年 1 月 5 日：

借：银行存款　1 080

　贷：持有至到期投资——成本　1 000

贷：应收利息 80

4. （1）2010 年 1 月 1 日，购入债券：

借：交易性金融资产——成本 1 000 000

应收利息 20 000

投资收益 20 000

贷：银行存款 1 040 000

（2）2010 年 1 月 5 日，收到该债券 2009 年下半年利息：

借：银行存款 20 000

贷：应收利息 20 000

（3）2010 年 6 月 30 日，确认债券公允价值变动和投资收益：

借：交易性金融资产——公允价值变动 150 000

贷：公允价值变动损益 150 000

借：应收利息 20 000

贷：投资收益 20 000

（4）2010 年 7 月 5 日，收到该债券 2010 年上半年利息：

借：银行存款 20 000

贷：应收利息 20 000

（5）2010 年 12 月 31 日，确认债券公允价值变动和投资收益：

借：公允价值变动损益 50 000

贷：交易性金融资产——公允价值变动 50 000

借：应收利息 20 000

贷：投资收益 20 000

（6）2011 年 1 月 5 日，收到该债券 2010 年下半年利息：

借：银行存款 20 000

贷：应收利息 20 000

（7）2011 年 3 月 31 日，将该债券予以出售：

借：应收利息 10 000

贷：投资收益 10 000

借：银行存款 1 170 000

公允价值变动损益 100 000

贷：交易性金融资产——成本 1 000 000

——公允价值变动 100 000

投资收益 170 000

借：银行存款 10 000

贷：应收利息 10 000

或：

借：银行存款 1 180 000

贷：交易性金融资产——成本 1 000 000

——公允价值变动 100 000

贷：投资收益　70 000

应收利息　10 000

借：公允价值变动损益　100 000

贷：投资收益　100 000

5. 编制的会计分录如下：

(1) 2011 年 1 月 1 日：

借：持有至到期投资——成本　1 000

贷：银行存款　967.50

持有至到期投资——利息调整　32.50

(2) 2011 年 12 月 31 日：

应确认的投资收益 = 967.50×5% = 48.38（万元）

持有至到期投资——利息调整 = 48.38 - 1 000×4% = 8.38（万元）

借：持有至到期投资——应计利息　40

——利息调整　8.38

贷：投资收益　48.38

(3) 2012 年 12 月 31 日：

应确认的投资收益 = （967.50+48.38）×5% = 50.79（万元）

持有至到期投资——利息调整 = 50.79 - 1 000×4% = 10.79（万元）

借：持有至到期投资——应计利息　40

——利息调整　10.79

贷：投资收益　50.79

(4) 2013 年 12 月 31 日：

持有至到期投资——利息调整 = 32.50 - 8.38 - 10.79 = 13.33（万元）

投资收益 = 40 + 13.33 = 53.33（万元）

借：持有至到期投资——应计利息　40

——利息调整　13.33

贷：投资收益　53.33

(5) 2014 年 1 月 1 日：

借：银行存款　1 120

贷：持有至到期投资——成本　1 000

——应计利息　120

6. A 公司的账务处理如下：

(1) 2011 年 1 月 1 日购入股票：

借：可供出售金融资产——成本　2 800 000

贷：银行存款　2 800 000

(2) 2011 年 5 月确认并收到现金股利：

借：应收股利　40 000

贷：投资收益　40 000

借：银行存款　40 000

贷：应收股利 40 000

(3) 2011 年 12 月 31 日确认股票公允价值变动：

借：资本公积——其他资本公积 200 000

贷：可供出售金融资产——公允价值变动 200 000

(4) 2012 年 12 月 31 日，确认股票投资的减值损失：

借：资产减值损失 1 200 000

贷：资本公积——其他资本公积 200 000

可供出售金融资产——公允价值变动 1 000 000

(5) 2013 年 12 月 31 日确认股票价格上涨：

借：可供出售金融资产——公允价值变动 600 000

贷：资本公积——其他资本公积 600 000

7. (1) 假定划分为交易性金融资产：

购入时：

借：交易性金融资产——成本 1 050

投资收益 10

贷：银行存款 1 060

2013 年年末：

借：交易性金融资产——公允价值变动 50

贷：公允价值变动损益 50

借：应收利息 36

贷：投资收益 36

(2) 假定划分为持有至到期投资：

购入时：

借：持有至到期投资——成本 1 200

贷：银行存款 1 060

持有至到期投资——利息调整 140

2013 年年末：

应收利息 = 1 200×3% = 36（万元）

实际利息 = 1 060×6% = 63.6（万元）

利息调整 = 63.6 − 36 = 27.6（万元）

借：应收利息 36

持有至到期投资——利息调整 27.6

贷：投资收益 63.6

(3) 假定划分为可供出售金融资产：

购入时：

借：可供出售金融资产——成本 1 200

贷：银行存款 1 060

可供出售金融资产——利息调整 140

应收利息 = 1 200×3% = 36（万元）

实际利息 = 1 060×6% = 63.6（万元）

利息调整 = 63.6 - 36 = 27.6（万元）

借：应收利息	36	
可供出售金融资产——利息调整	27.6	
贷：投资收益		63.6

摊余成本 = 1 060+27.6 = 1 087.6（万元），小于公允价值 1 100 万元：

借：可供出售金融资产——公允价值变动	12.4	
贷：资本公积——其他资本公积		12.4

8. 编制的会计分录如下：

（1）借：长期股权投资（9 000×75%）	6 750	
贷：股本		4 000
资本公积——股本溢价		750
银行存款		2 000
（2）借：长期股权投资（8 000×75%）	6 000	
贷：股本		4 000
银行存款		2 000
（3）借：长期股权投资（7 600×75%）	5 700	
资本公积——股本溢价	300	
贷：股本		4 000
银行存款		2 000
（4）借：长期股权投资（6 800×75%）	5 100	
资本公积——股本溢价	500	
盈余公积	400	
贷：股本		4 000
银行存款		2 000
（5）借：长期股权投资（6 000×75%）	4 500	
资本公积——股本溢价	500	
盈余公积	800	
利润分配——未分配利润	200	
贷：股本		4 000
银行存款		2 000

9. 编制的会计分录如下：

借：长期股权投资	10 970	
贷：主营业务收入		1 000
应交税费——应交增值税（销项税额）		170
股本		3 000
资本公积——股本溢价		6 000
银行存款		800
借：主营业务成本	800	

贷：库存商品 800

10. 编制的会计分录如下：

2012 年 1 月 1 日：

借：长期股权投资 300

贷：银行存款 300

2012 年 4 月 21 日：

借：应收股利 20

贷：投资收益 20

2012 年 5 月 10 日：

借：银行存款 20

贷：应收股利 20

2012 年 12 月 31 日：

借：资产减值损失 25

贷：长期股权投资减值准备 25

2013 年 4 月 5 日：

借：银行存款 290

长期股权投资减值准备 25

贷：长期股权投资 300

投资收益 15

11. 编制的会计分录如下：

（1）2007 年 1 月 1 日：

借：长期股权投资——成本 3 000

贷：银行存款 3 000

（2）2007 年 12 月 31 日：

借：长期股权投资——损益调整 150

——其他权益变动 90

贷：投资收益 150

资本公积——其他资本公积 90

（3）2008 年 4 月 10 日：

借：应收股利 60

贷：长期股权投资——损益调整 60

股票股利只做备查登记，不做账务处理。

2008 年 5 月 10 日收到股利：

借：银行存款 60

贷：应收股利 60

（4）借：投资收益 1 800

贷：长期股权投资——损益调整 1 800

长期股权投资的账面价值＝3 000+150+90－60－1 800＝1 380（万元）

（5）借：投资收益 1 480

贷：长期股权投资——损益调整 1 380

长期应收款 100

未确认的亏损分担额=7 000×30%－1 480=620（万元）

（6）2 000×30%=600（万元）<620 万元，不作会计处理。

（7）7 000×30%－20=2 080（万元）

借：长期应收款 100

长期股权投资——损益调整 1 980

贷：投资收益 2 080

（8）借：银行存款 2 500

长期股权投资——损益调整 1 110

贷：长期股权投资——成本 3 000

——其他权益变动 90

投资收益 520

借：资本公积——其他资本公积 90

贷：投资收益 90

12. 编制的会计分录如下：

（1）2012 年 1 月 2 日投资时：

借：长期股权投资——乙公司（成本） 2 700

贷：银行存款 2 700

借：长期股权投资——乙公司（成本） 200

贷：营业外收入 200

（2）2012 年乙公司实现净利润 800 万元：

借：长期股权投资——乙公司（损益调整） 160

贷：投资收益（800×20%） 160

（3）2013 年 4 月乙公司宣告分配 2×12 年现金股利 300 万元：

借：应收股利（300×20%） 60

贷：长期股权投资——乙公司（损益调整） 60

（4）2013 年乙公司发生净亏损 100 万元：

借：投资收益（100×20%） 20

贷：长期股权投资——乙公司（损益调整） 20

（5）2014 年 1 月 1 日出售 10% 股权：

借：银行存款 1 800

贷：长期股权投资——乙公司（成本）（（2 700+200）×50%） 1 450

——乙公司（损益调整）（（160－60－20）×50%） 40

投资收益 310

借：长期股权投资——乙公司 1 490

贷：长期股权投资——乙公司（成本） 1 450

——乙公司（损益调整） 40

（6）借：盈余公积 28

借：利润分配——未分配利润 252
　　贷：长期股权投资——损益调整 80
　　　　　　　　　　——成本 200

借：长期股权投资 15 000
　　贷：银行存款 15 000

13.（1）借：长期股权投资——B 公司 8 050
　　　　贷：主营业务收入 5 000
　　　　　　应交税费——应交增值税（销项税额） 850
　　　　　　可供出售金融资产——成本 1 600
　　　　　　　　　　　　　　——公允价值变动 400
　　　　　　投资收益 200

借：资本公积——其他资本公积 400
　　贷：投资收益 400

借：主营业务成本 4 000
　　贷：库存商品 4 000

借：管理费用 100
　　贷：银行存款 100

（2）借：应收股利 700
　　　　贷：投资收益 700

（3）A 公司 2013 年 3 月 31 日出售 B 公司 30% 股权产生的损益 = 3 800 − 8 050 ÷ 70% × 30% = 350（万元）

借：银行存款 3 800
　　贷：长期股权投资——B 公司（8 050÷70%×30%） 3 450
　　　　投资收益 350

（4）A 公司 2013 年 1 月 1 日对 B 公司的长期股权投资由成本法转为权益法，剩余 40% 投资在 2012 年 1 月 1 日的初始投资成本 = 8 050 − 3 450 = 4 600（万元），小于可辨认净资产公允价值的份额 4 800 万元（12 000×40%），应调整长期股权投资和留存收益 200 万元。

借：长期股权投资——成本 200
　　贷：盈余公积 20
　　　　利润分配——未分配利润 180

借：长期股权投资——成本 4 600
　　贷：长期股权投资——B 公司 4 600

2012 年 1 月 1 日至 12 月 31 日剩余 40% 部分股权按权益法核算追溯调整的长期股权投资金额 = （8 000 − 1 000）×40% = 2 800（万元）

借：长期股权投资——损益调整 2 800
　　贷：盈余公积 280
　　　　利润分配——未分配利润 2 520

（5）2013 年 12 月 31 日 A 公司对 B 公司长期股权投资确认的投资收益 = 10 000×40% = 4 000（万元）

借：长期股权投资——损益调整　　4 000

　贷：投资收益　　4 000

借：长期股权投资——其他权益变动　　120

　贷：资本公积——其他资本公积　　120

第六章　固定资产

一、学习目的及要求

通过本章学习，了解固定资产的概念、特征及分类，熟悉固定资产的确认条件；掌握固定资产取得成本的确定及其会计处理；掌握固定资产折旧的计算及其会计处理；掌握固定资产后续支出的会计处理；掌握固定资产处置的会计处理。

二、本章主要知识点

◇固定资产的含义、确认条件与分类
◇固定资产的初始计量
◇固定资产折旧
◇固定资产的后续支出
◇固定资产的处置
◇投资性房地产

三、本章习题

（一）单项选择题

1. 某企业为增值税一般纳税人，购置一台需要安装的设备，取得的增值税专用发票上注明的设备买价 1 000 000 元，增值税税额 170 000 元，支付的运杂费 4 000 元。设备安装时领用工程用原材料 10 000 元，购进该批原材料时支付的增值税税额为 1 700 元，设备安装时支付有关人员工资费用 6 000 元，该固定资产的入账价值为(　　)元。

A. 1 191 700　　B. 1 021 700　　C. 1 020 000　　D. 1 183 700

2. 下列各项中，一般不确认为固定资产的是(　　)。

A. 环保设备　　B. 安全设备　　C. 临时设施　　D. 备品备件

3. 下列因素中，不会影响到固定资产账面价值的有(　　)。

A. 固定资产的改建支出　　B. 当期计提的固定资产的折旧

C. 当期计提的固定资产的减值　　D. 固定资产的维修费用

4. 某企业 2013 年 12 月 1 日购入一项固定资产，并于当月投入使用，该固定资产原价为 500 万元，预计使用年限为 10 年，预计净残值为 5 万元，按年数总和法计提折旧。该固定资产 2014 年应计提的折旧额为(　　)万元。

A. 90　　B. 90. 91　　C. 100　　D. 50

5. (　　)计算固定资产折旧的年折旧率是不一致且递减的。

A. 工作量法　　B. 平均年限法

C. 年数总和法　　D. 双倍余额递减法

6. 甲公司自行建造某大型设备，建造过程中发生外购设备和材料费 300 万元、人工成本 80 万元，达到预定可使用状态前发生的借款费用 60 万元，之后发生的借款费用为 20 万元，安装费用 100 万元，为达到正常运转发生测试费用 30 万元、外聘专业人员服务费用 50 万元，达到预定可使用状态前试生产出一批产品，出售取得的收入 40 万元，则建造该项固定资产的成本为(　　)万元。

A. 650　　B. 580　　C. 570　　D. 530

7. 企业一次购入多项没有单独标价的可以单独使用的固定资产时，各项固定资产的成本应按(　　)。

A. 各项固定资产公允价值的比例对总成本进行分配后确定

B. 各项同类固定资产的历史成本

C. 各项固定资产的重置完全价值确定

D. 各项同类固定资产的净值确定

8. A 公司 2014 年 1 月 1 日从 B 公司购买一台需安装的设备，作为固定资产使用，合同约定该设备的总价款为 4 000 万元，分 4 年等额支付，每年的 12 月 31 日需要支付 1 000 万元，假设该固定资产买价的现值为 3 600 万元，支付的安装费用为 500 万元，则未确认融资费用为(　　)万元。

A. 450　　B. 400　　C. 900　　D. 100

9. 某企业以自营方式建造厂房（该企业购进固定资产的增值税不能抵扣），购入一批工程物资，增值税发票上注明的价款为 100 万元，增值税税额 17 万元。建造过程中，领用工程物资 93. 6 万元；领用原材料一批，实际成本 50 万元，增值税发票上注明的税率为 17%；工程人员工资 8 万元，分摊的工程间接费用 7 万元。建造过程中发生火灾造成部分毁损，发生净损失 10 万元，工程达到预定可使用状态，该厂房的固定资产入账价值为(　)万元。

A. 148. 6　　B. 167. 1　　C. 157. 1　　D. 138. 6

10. 杭丰公司 2012 年 6 月初购买一台无需安装的设备，该项设备原值 106 000 元，预计可使用 8 年，净残值为 10 000 元，采用直线法计提折旧。至 2013 年年末，对该项设备进行减值测试后，估计其可收回金额为 70 000 元，减值测试后，该固定资产的折旧方法、年限不变，预计净残值为 5 000 元，则 2014 年应计提的固定资产折旧额为(　　)元。

A. 10 000　　B. 9 231　　C. 10 769　　D. 9 000

11. 某企业 2012 年 12 月 10 日购入一项固定资产并投入使用，该固定资产原价为 500 万元，预计使用年限为 10 年，预计净残值为 15 万元，按双倍余额递减法计提折旧。该固定资产 2014 年应计提的折旧额为(　)万元。

A. 80　　B. 50　　C. 97　　D. 77. 6

12. 购入固定资产超过正常信用条件延期支付价款、实质上具有融资性质的，按应付购买价款的现值，借记“固定资产”科目或“在建工程”科目，按应支付的金额，贷记

“长期应付款”科目，按其差额，借记(　　)科目。

A. “未确认融资费用”　　B. “财务费用”

C. “销售费用”　　D. “管理费用”

13. 某矿山以10 000万元购建矿山设备，现已达到预定可使用状态，预计在使用寿命届满时，为恢复环境将发生弃置费用1 000万元，该弃置费用按实际利率折现后的金额为620万元。该矿山设备的入账价值为(　　)万元。

A. 9 000　　B. 10 000　　C. 10 620　　D. 11 000

14. 某企业有一台设备原价为500万元，采用年限平均法计提折旧，预计使用寿命8年，预计净残值为0，已使用5年。现对该设备的某一主要部件进行更换，发生支出合计200万元，符合固定资产的确认条件，被更换部分的原值为150万元，那么该设备更换后的入账价值为(　　)万元。

A. 387.5　　B. 125　　C. 237.5　　D. 331.25

15. 以下属于投资性房地产的是(　　)。

A. 将一办公楼的一部分出租用于赚取租金，另一部分自用，但是不能够单独计量和出售

B. 国家准备出让的土地使用权

C. 企业以融资租赁方式出租的建筑物

D. 持有并准备增值后转让的土地使用权

16. 甲公司2010年6月购入一台设备1 200万元，预计使用8年，预计净残值为0，采用年限平均法计提折旧。2013年6月因转产该设备开始闲置，2013年10月丙公司提出愿以500万元购买该台设备，甲公司将其确认为待售设备，销售此设备预计尚需支付费用10万元。2013年12月31日对该待售设备计提的减值准备是(　　)万元。

A. 200　　B. 260　　C. 210　　D. 190

17. 2013年12月1日，某企业将其拥有的自用房地产用于出租。该企业具备了采用公允价值模式计量的条件，采用公允价值模式进行后续计量。2013年12月1日，该写字楼的原价为4 000万元，已计提折旧500万元，账面价值为3 500万元，公允价值为4 600万元。不考虑所得税影响，则该企业的下列处理中正确的是(　　)。

A. 确认资本公积1 100万元　　B. 确认资本公积600万元

C. 调整留存收益1 100万元　　D. 确认公允价值变动损益1 100万元

18. 某房地产开发商应市场要求于2013年8月将开发的商品房以经营租赁方式出租。该商品房转换为采用公允价值模式计量的投资性房地产，转换日该商品房的账面余额为400万元，已计提跌价准备30万元，该项房产在转换日的公允价值360万元，则转换日计入公允价值变动收益的金额是(　　)万元。

A. 0　　B. 10　　C. 40　　D. 70

(二) 多项选择题

1. 下列各项中符合固定资产确认条件的是(　　)。

A. 使用寿命超过一个会计年度

B. 固定资产是有形资产

C. 与该固定资产有关的经济利益很可能流入企业

D. 该固定资产的成本能够可靠地计量

2. 固定资产按使用情况不同，可以分为(　　)。

A. 使用中的固定资产　　B. 出租固定资产

C. 经营用固定资产　　D. 需要安装的固定资产

3. 按照《企业会计准则第 4 号——固定资产》的规定，下列会计处理方法中正确的有(　　)。

A. 企业对于持有待售的固定资产，应当调整该项固定资产的预计净残值，使该项固定资产的预计净残值能够反映其公允价值减去处置费用后的金额，但不得超过符合持有待售条件时该项固定资产的原账面价值；原账面价值高于预计净残值的差额，应作为资产减值损失计入当期损益

B. 经营租赁方式租入的固定资产发生的改良支出，应全部记入“经营租入固定资产改良”科目

C. 接受捐赠的固定资产应以公允价值作为其入账价值

D. 生产车间发生的固定资产日常修理费用记入“管理费用”科目

4. 下列固定资产中应计提折旧的有(　　)。

A. 专用机器设备　　B. 房屋及建筑物

C. 接受投资转入的固定资产　　D. 未提足折旧提前报废的固定资产

5. 下列固定资产中不应在当期计提折旧的有(　　)。

A. 当月增加的固定资产　　B. 当月减少的固定资产

C. 上期转入更新改造的固定资产　　D. 因大修理停用的固定资产

6. 企业以自营方式建造的固定资产，有关工程物资的核算正确的有(　　)。

A. 工程完工后剩余的工程物资转作企业库存材料的，按其实际成本或计划成本作为企业的库存材料

B. 存在可抵扣增值税进项税额的，应按减去增值税进项税额后的实际成本或计划成本转作企业的库存材料

C. 盘盈、盘亏、报废、毁损的工程物资的净损益，直接计入营业外收支

D. 盘盈、盘亏、报废、毁损的工程物资的净损益，工程项目尚未完工的，计入或冲减所建工程的成本

7. 下列固定资产中，不应计提折旧的固定资产有(　　)。

A. 季节性停用的固定资产　　B. 处于待售状况下的固定资产

C. 已提足折旧仍继续使用的固定资产　　D. 闲置的固定资产

8. 下列固定资产中，应计提折旧的固定资产有(　　)。

A. 已达到预定使用状态但尚未办理竣工决算的固定资产

B. 融资租赁方式租入的固定资产

C. 正在改扩建而停止使用的固定资产

D. 大修理停用的固定资产

9. 下列有关固定资产的说法中，正确的有(　　)。

A. 固定资产的各组成部分具有不同使用寿命或者以不同方式为企业提供经济利益，

适用不同折旧率或折旧方法的，应当分别将各组成部分确认为单项固定资产

B. 在确定固定资产使用寿命时应考虑有形损耗和无形损耗等因素

C. 固定资产的折旧方法一经确定，一般不得随意变更

D. 与固定资产有关的后续支出均应当在发生时计入当期损益

10. 关于固定资产的使用寿命、预计净残值和折旧方法，下列说法中正确的是(　　)。

A. 使用寿命预计数与原先估计数有差异的，应当调整固定资产的使用寿命

B. 与固定资产有关的经济利益预期实现方式有重大改变的，应当改变固定资产的折旧方法

C. 企业至少应当于每年年度终了，对固定资产的使用寿命、预计净残值和折旧方法进行复核

D. 固定资产折旧方法、使用寿命和预计净残值的改变应当作为会计估计变更处理

11. 下列各项中属于“固定资产清理”科目借方核算的内容有(　　)。

A. 转入清理的固定资产净值　　B. 发生的清理费用

C. 结转的固定资产清理净损失　　D. 结转的固定资产清理净收益

12. 下列说法中正确的有(　　)。

A. 对于特殊行业的特定固定资产，确定固定资产成本时，应当考虑预计弃置费用

B. 自行建造的固定资产，按建造该项资产达到预定可使用状态前所发生的必要支出作为入账价值

C. 投资者投入的固定资产，按投资方原账面价值作为入账价值

D. 以一笔款项购入多项没有单独标价的固定资产，按各项固定资产公允价值的比例对总成本进行分配，分别确定各项固定资产的入账价值

13. 下列各项中，不属于投资性房地产的有(　　)。

A. 某公司持有并准备增值后转让的办公楼

B. 将一处房产用于招待游客，收取房租作为非主营业务

C. 某公司持有的准备增值后转让的土地使用权

D. 某公司以经营租赁方式租入土地使用权再转租给其他单位的写字楼

14. 关于投资性房地产有关的后续计量，下列说法中不正确的有(　　)。

A. 采用公允价值模式计量的投资性房地产，应当按月计提折旧或摊销

B. 采用公允价值模式计量的投资性房地产如果发生减值，应确认资产减值损失

C. 采用成本模式计量的投资性房地产（房产），计提的折旧应贷记“累计折旧”科目

D. 同一企业只能采用一种模式对所有投资性房地产进行后续计量，不得同时采用两种计量模式进行后续计量

15. 下列各项中应通过“固定资产清理”科目核算的有(　　)。

A. 出售的固定资产

B. 用于投资的固定资产

C. 盘亏的固定资产

D. 因自然灾害造成毁损需要报废的固定资产

（三）判断题

1. 固定资产的各组成部分拥有不同使用寿命或者以不同方式为企业提供经济利益，适用不同折旧率或折旧方法的，应当分别将各组成部分确认为单项固定资产。（　）

2. 企业以经营租赁方式出租的机器设备、建筑物应作为投资性房地产处理。（　）

3. 企业购置和使用的环保设备，其成本能够可靠地计量但不能直接为企业带来经济利益，不满足固定资产确认的第一个条件，所以不应确认为企业的固定资产。（　）

4. 企业购入的不需要安装的固定资产，购入后即可达到预定可使用状态，因此，购入后满足固定资产确认条件，即可确认为固定资产，但需要通过“在建工程”科目核算。（　）

5. 在建工程进行负荷联合试车发生的费用，计入工程成本，试车期间形成的产品或副产品对外销售取得的收入应计入营业收入。（　）

6. 已达到预定可使用状态但尚未办理竣工决算手续的固定资产，应按估计价值确定其成本，并计提折旧，待办理竣工决算手续后，再按照实际成本调整原来的暂估价值。（　）

7. 已提足折旧仍继续使用的固定资产不需要计提折旧，但是对于改扩建停止使用的固定资产应该计提折旧。（　）

8. 处置固定资产净损失会造成经济利益流出，所以它属于企业会计准则所定义的“费用”范畴。（　）

9. 将建筑物出租并提供保安、维修等后续辅助服务，其辅助服务在整个协议中不重大时确认为投资性房地产。（　）

10. 自用土地使用权停止自用改用于资本增值，转换日为租赁期开始日。（　）

（四）计算与会计处理题

1. 某企业为一般纳税人，于2×13年3月20日开始自行建造设备一台，购入工程物资价款300万元，进项税额51万元，价款已通过银行支付，全部领用；领用为生产储备的原材料成本10万元，原进项税额1.7万元；应付的相关人员工资为13万元。2×13年10月28日工程完工达到预定可使用状态，投入使用。预计使用年限为5年，预计净残值为8万元。

要求：

（1）编制有关会计分录；

（2）在采用年数总额法计提折旧的情况下，计算该项设备2×13年应计提的折旧额。

2. 海林公司为增值税一般纳税人，适用的增值税税率为17%，购置了一台需要安装的生产用设备，与该设备有关的业务如下：

（1）2×11年3月20日，购入一台需要安装的设备，供生产车间使用，增值税专用发票上注明的买价为400 000元，增值税税额为68 000元，款项未付；以银行存款支付保险费及其他费用29 000元。该设备交付本公司安装部门安装。

（2）安装设备时领用本公司生产用原材料一批，该项原材料的实际成本为70 000元。

（3）领用本企业工程物资一批，价款为200 000元。

（4）应付安装工程人员工资及福利费 63 200 元，用银行存款支付其他安装费用14 500元。

（5）2×11 年 6 月 30 日，安装工程结束并随即投入使用，该设备预计使用年限为 5 年，采用年数总和法计提折旧，预计净残值为 0。

（6）2×12 年年末，对该项资产进行减值测试，发现该项资产的公允价值为 380 000 元，处置费用为 50 000 元，预计未来现金流量的现值为 300 000 元。计提减值后，剩余使用年限为 3 年，采用年限平均法计提折旧，预计净残值为 0。

（7）2×13 年 12 月 30 日，由于经营方向改变，企业处置了该项资产，收到的价税款为 351 000 元（其中增值税税额 51 000 元），支付发生的相关的清理费用为 43 000 元。

要求：

（1）编制海林公司 2×11 年度购建设备的有关会计分录（“应交税费”科目要求写出明细科目）。

（2）计算 2×11 年度、2×12 年度该项设备应计提的折旧，并编制甲公司 2×11 年度、2×12 年度计提折旧的会计分录。

（3）计算 2×12 年该项资产应计提的减值准备金额，并编制相关的会计分录。

（4）计算 2×13 年应计提的折旧并编制相应的会计分录。

（5）编制 2×13 年 12 月 30 日处置该项资产的会计分录。

四、本章习题答案及解析

（一）单项选择题

1. C【解析】增值税一般纳税人购建生产设备等固定资产支付的增值税可以抵扣，不计入固定资产入账价值。该固定资产的入账价值 = 1 000 000 + 4 000 + 10 000 + 6 000 = 1 020 000（元）。

2. D【解析】备品备件通常确认为存货。

3. D【解析】固定资产的维修费用属于费用化的后续支出，不影响固定资产的账面价值。

4. A【解析】（500−5）×（10÷55）= 90（万元）。

5. C【解析】年数总和法下固定资产随着使用年折旧逐年递减。

6. B【解析】本题中达到预定可使用状态前发生的借款费用需要资本化计入固定资产建造成本，达到预定可使用状态之后发生的借款费用不再资本化。达到预定可使用状态前试生产出一批产品，出售取得的收入冲减固定资产建造成本。建造固定资产成本 = 300 + 80 + 60 + 100 + 30 + 50 − 40 = 580（万元）。

7. A【解析】企业一次购入多项没有单独标价的可以单独使用的固定资产，应将各项资产单独确认为固定资产，并按各项固定资产公允价值的比例对总成本进行分配，分别确定各项固定资产的成本。

8. B【解析】企业购买固定资产采用分期付款超过正常信用条件的，该合同实质上具有融资性质，固定资产成本应按现值确定，实际支付的价款与购买价款的现值之间的差额确认为未确认融资费用。

9. C【解析】建造厂房购进或耗用工程物资、原材料的增值税不能抵扣需计入固定资产成本；由于自然灾害造成的在建工程报废或毁损，其净损失应计入营业外支出。该厂房的固定资产入账价值=93.6+50×（1+17%）+8+7-10=157.1（万元）。

10. A【解析】2013年年末固定资产账面价值=106 000-（106 000-10 000）÷8÷12×18=88 000（元），可收回金额低于其账面价值，表明已减值，应计提减值准备18 000元。2014年起重新计算应计提固定资产折旧额。2014年应计提的折旧=（70 000-5 000）÷6.5=10 000（元）。

11. A【解析】（500-500×20%）×20%=80（万元）。

12. A【解析】企业购买固定资产采用分期付款超过正常信用条件的，该合同实质上具有融资性质，购入固定资产成本应以各期付款额的现值之和确定，实际支付的价款与购买价款的现值之间的差额确认为未确认融资费用。

13. C【解析】10 000+620=10 620（万元）。

14. D【解析】（500-500÷8×5）-（150-150÷8×5）+200=331.25（万元）。

15. D【解析】A、B、C选项不符合投资性房地产的定义和范围。

16. C【解析】待售设备调整前账面价值=1 200-（1 200÷8×3+1 200÷8÷12×4）=700（万元），调整后的预计净残值=公允价值-处置费用=500-10=490（万元），应计提的减值准备=700-490=210（万元）。

17. A【解析】非投资性房地产转换为投资性房地产采用公允价值模式进行后续计量的，应以转换日的公允价值作为该项投资性房地产的成本入账，其公允价值小于账面价值的，其差额作为公允价值变动损益处理；转换时的公允价值大于账面价值的，其差额作为资本公积（其他资本公积）处理。本题中转换日的公允价值（4 600万元）大于账面价值（3 500万元），其差额1 100万元确认为资本公积。

18. B【解析】转换日计入公允价值变动收益的金额=（400-30）-360=10（万元）。

（二）多项选择题

1. CD【解析】选项A、B为固定资产的特征。

2. AB【解析】C选项属于按经济用途分类的固定资产，D选项属于按是否需要安装分类的固定资产。

3. AD【解析】企业以经营租赁方式租入的固定资产发生的改良支出，作为长期待摊费用，合理进行摊销。接受捐赠的固定资产，应根据具体情况合理确定其入账价值，一般分为两种情况：

（1）捐赠方提供了有关凭据的，按凭据上标明的金额加上应支付的相关税费，作为入账价值。

（2）捐赠方没有提供有关凭据的，按如下顺序确定其入账价值：

①同类或类似固定资产存在活跃市场的，按同类或类似固定资产的市场价格估计的金额，加上应支付的相关税费，作为入账价值。

②同类或类似固定资产不存在活跃市场的，按该接受捐赠固定资产预计未来现金流量的现值，加上应支付的相关税费，作为入账价值。

4. ABC【解析】未提足折旧提前报废的固定资产不再补提折旧。

5. AC【解析】当月减少的固定资产当月照提折旧。因大修理停用的固定资产，应当照提折旧。

6. ABD【解析】建设期间发生工程物资盘亏、报废、毁损的净损失计入工程的成本，盘盈的工程物资冲减所建工程的成本。

7. BC【解析】季节性停用的固定资产和闲置的固定资产应当照提折旧。

8. ABD【解析】处于更新改造过程停止使用的固定资产，应将其账面价值转入在建工程，不再计提折旧。更新改造项目达到预定可使用状态转为固定资产后，再按照重新确定的折旧方法和该固定资产尚可使用寿命计提折旧。

9. ABC【解析】与固定资产有关的后续支出应区分资本化支出和费用化支出，属于资本化的后续支出应计入固定资产成本，属于费用化的后续支出应计入当期损益。

10. ABCD【解析】A、B、C、D 选项均符合固定资产准则规定。

11. ABD【解析】结转的固定资产清理净损失应从“固定资产清理”科目的贷方转入“营业外支出”科目的借方。

12. ABD【解析】投资者投入固定资产的成本，应当按照投资合同或协议约定的价值确定，但合同或协议约定的价值不公允的除外。

13. ABD【解析】投资性房地产包括：(1) 已出租的土地使用权；(2) 持有并准备增值后转让的土地使用权；(3) 已出租的建筑物。持有并准备增值后转让的土地使用权是指企业取得的、准备增值后转让的土地使用权。这类土地使用权很可能给企业带来资本增值收益，符合投资性房地产的定义。

14. ABC【解析】公允价值模式计量的投资性房地产不进行折旧或摊销；以公允价值模式计量的投资性房地产不确认资产减值损失；采用成本模式计量的投资性房地产（房产），计提的折旧应贷记“投资性房地产累计折旧（摊销）”科目。

15. ABD【解析】盘亏的固定资产应通过“待处理财产损溢——待处理固定资产损溢”科目核算。

（三）判断题

1. √

2. ×【解析】以经营租赁方式出租的机器设备不属于投资性房地产，以经营租赁方式出租的建筑物应作为投资性房地产处理。

3. ×【解析】企业购置和使用的环保设备虽然不会为企业带来直接的经济利益，却有助于企业提高对废水、废气、废渣的处理能力，有利于净化环境，企业为此将减少未来由于污染环境而需要支付的环境净化费或者罚款，因此，也符合固定资产确认的第一个条件。

4. ×【解析】企业购入的不需要安装的固定资产，购入后即可发挥作用，因此购入后即可达到预定可使用状态并满足固定资产确认条件，即可确认为固定资产，一般不需要通过“在建工程”科目核算，直接通过“固定资产”科目核算。

5. ×【解析】在建工程进行负荷联合试车发生的费用计入工程成本，试车期间形成的产品或副产品对外销售取得的收入应冲减所建工程成本。

6. √

7. ×【解析】因改扩建停止使用的固定资产，应将其账面价值转入在建工程，不再计提折旧。改扩建项目达到预定可使用状态转为固定资产后，再按照重新确定的折旧方法和该固定资产的尚可使用寿命计提折旧。

8. ×【解析】费用不包括营业外支出。

9. √

10. ×【解析】自用土地使用权停止自用改用于资本增值，转换日为自用土地使用权停止自用后确定用于资本增值的日期。

（四）计算与会计处理题

1. （1）编制的会计分录如下：

①购入工程物资：

借：工程物资　3 000 000
　　应交税费——应交增值税（进项税额）　510 000
　贷：银行存款　3 510 000

②领用工程物资：

借：在建工程　3 000 000
　贷：工程物资　3 000 000

③领用原材料：

借：在建工程　100 000
　贷：原材料　100 000

④应付职工薪酬：

借：在建工程　130 000
　贷：应付职工薪酬　130 000

⑤工程完工达到预定可使用状态，结转在建工程成本：

该设备的入账价值=领用的工程物资（不含税）+领用的生产物资+人工工资
=300+10+13=323（万元）

借：固定资产　3 230 000
　贷：在建工程　3 230 000

（2）计算2×13年应计提的折旧：

2×13年应计提折旧=（323−8）×5÷15×2÷12=17.5（万元）

2. 相关业务处理如下：

（1）海保公司2×11年度购建设备的会计分录：

①借：在建工程　400 000
　　应交税费——应交增值税（进项税额）　68 000
　贷：应付账款　468 000

借：在建工程　29 000
　贷：银行存款　29 000

②借：在建工程　70 000

贷：原材料 70 000

③借：在建工程 200 000

贷：工程物资 200 000

④借：在建工程 77 700

贷：应付职工薪酬 63 200

银行存款 14 500

⑤借：固定资产 776 700

贷：在建工程 776 700

固定资产成本＝400 000+29 000+70 000+200 000+77 700＝776 700（元）

（2）计算2×11年度、2×12年度该项设备应计提折旧的计算及编制的会计分录如下：

2×11年度该项设备应计提的折旧＝776 700×5÷15×6÷12＝129 450（元）

借：制造费用 129 450

贷：累计折旧 129 450

2×12年度该项设备应计提的折旧＝776 700×5÷15×6÷12+776 700×4÷15×6÷12

＝233 010（元）

借：制造费用 233 010

贷：累计折旧 233 010

（3）2×12年该项设备的可收回金额＝380 000−50 000＝330 000（元）

该项设备2×12年年末应计提的减值准备＝（776 700−129 450−233 010）−330 000＝84 240（元）

计提减值准备的会计分录为：

借：资产减值损失 84 240

贷：固定资产减值准备 84 240

（4）2×13年应计提折旧的计算及编制的会计分录如下：

2×13年应计提的折旧＝330 000÷3＝110 000（元）

借：制造费用 110 000

贷：累计折旧 110 000

（5）2×13年12月30日处置该项设备的会计分录如下：

①固定资产转清理：

借：固定资产清理 220 000

累计折旧 472 460

固定资产减值准备 84 240

贷：固定资产 776 700

②支付清理费用：

借：固定资产清理 43 000

贷：银行存款 43 000

③收到转让固定资产价款：

借：银行存款 351 000

贷：固定资产清理 300 000

应交税费——应交增值税（销项税额） 51 000

④计算并结转出售固定资产净损益：

出售固定资产净收益＝300 000－（220 000+43 000）＝37 000（元）

借：固定资产清理　　37 000

　贷：营业外收入——处置非流动资产利得　　37 000

第七章　无形资产及其他资产

一、学习目的及要求

通过本章学习，了解无形资产的概念、特征及内容，熟悉无形资产的确认条件；了解自行研究开发支出内容；掌握无形资产取得成本的确定及其会计处理；掌握无形资产后续计量的会计处理；掌握无形资产处置的会计处理。

二、本章主要知识点

◇无形资产的含义、确认条件与内容
◇无形资产的初始计量
◇无形资产的后续计量
◇无形资产的处置
◇商誉

三、本章习题

（一）单项选择题

1. 某企业研制一项新技术，在研制过程中发生材料费 120 000 元，支付人工费 60 000 元，研制成功后，发生的研究费用符合资本化条件。在申请专利过程中发生专利登记费 25 000 元、律师费 5 000 元，该无形资产的入账价值为(　　)元。

A. 180 000　　B. 210 000　　C. 300 000　　D. 25 000

2. 下列项目中，应确认为无形资产的有(　　)。

A. 企业自创的商誉
B. 企业内部产生的品牌
C. 企业自行开发的研究开发项目在研究阶段的支出
D. 企业外购的专利权

3. 2013 年 5 月，甲公司的董事会批准研发某项新型技术，在研究阶段发生材料费 10 000元、人工费 30 000 元，开发阶段发生材料费 50 000 元、人工费 60 000 元，使用其他无形资产的摊销费用 15 000 元，其中符合资本化条件的支出为 90 000 元。为运行该无形资产发生培训费用 10 000 元。2013 年 10 月该项新型技术已达到预定可使用状态，该无形资产的成本为(　　)元。

A. 150 000　　B. 90 000　　C. 125 000　　D. 100 000

4. 下列各项是为研究开发项目发生的支出，其中应计入无形资产成本的是(　　)。

A. 研究阶段发生的有关支出

B. 可资本化的借款利息支出

C. 管理费用、销售费用等间接费用

D. 达到资本化条件之前已经费用化的支出

5. 有关土地使用权的会计处理，下列表述正确的有(　　)。

A. 土地使用权用于自行开发建造厂房等地上建筑物时，土地使用权的账面价值与地上建筑物合并计算，计入固定资产成本

B. 企业外购房屋建筑物所支付的价款中包括土地使用权以及建筑物的价值的，应当全部作为固定资产进行核算

C. 房地产开发企业取得的土地使用权是用于建造对外出售的房屋建筑物的，土地使用权的价值应计入所建造的房屋建筑物成本

D. 企业将自用的土地使用权用于赚取租金或资本增值目的时，仍应在“无形资产”科目核算。

6. 甲公司于2013年1月1日购入一项专利权，实际支付款项300万元，实际发生过户登记费5万元。该项专利法律保护年限为10年，预计使用年限为12年。则2013年应摊销金额为(　　)万元。

A. 30.5　　B. 30　　C. 25.42　　D. 25

7. 下列有关无形资产的会计处理中，表述正确的是(　　)。

A. 出租无形资产取得的收入，应计入营业外收入

B. 出租无形资产的摊销额，应计入管理费用

C. 出售无形资产的损益，应计入其他业务收支

D. 报废无形资产的净损失，应计入营业外支出

8. 下列各项中不构成外购无形资产成本的是(　　)。

A. 购买价款

B. 为引进新产品进行的宣传发生的广告费用

C. 使无形资产达到预定用途所发生的专业服务费用

D. 测试费用

9. A公司于2012年年初开始进行新产品专利技术的研究开发，研究阶段共发生支出200万元，开发阶段共发生支出500万元（假定均符合资本化条件），至2013年年初研发成功，并向国家专利局提出专利权申请且获得专利权，实际发生注册登记费等40万元。该项专利权法律保护年限为10年，预计使用年限为8年。则A公司对该项专利权2014年度应摊销的金额为(　　)万元。

A. 54　　B. 62.5　　C. 67.5　　D. 50

10. 下列各项业务中，应计入其他业务收入的是(　　)。

A. 处置无形资产取得的利得　　B. 处置固定资产取得的利得

C. 以无形资产抵偿债务确认的利得　　D. 出租无形资产取得的收入

11. 下列关于无形资产确认的表述中，正确的是(　　)。

A. 企业自创的商誉不应确认为无形资产
B. 高新科技企业的科技人才应确认为无形资产
C. 企业内部产生的品牌、报刊名应确认为无形资产
D. 企业吸收合并中确认的商誉属于无形资产
12. 下列各项中应作为无形资产入账的是( )。
A. 开办费用
B. 为获得土地使用权支付的出让金
C. 为建立客户关系发生的费用
D. 为扩大商标的知名度发生的广告费
13. 下列有关无形资产会计处理的表述中，错误的是( )。
A. 对使用寿命有限的无形资产实行摊销，对使用寿命不确定的无形资产不需要摊销
B. 购入的无形资产如果尚未使用不应进行摊销
C. 企业自行开发无形资产发生的研发支出，不满足资本化条件的，也应在“研发支出”科目核算
D. 不能为企业带来经济利益的无形资产的账面价值应全部转入当期损益

（二）多项选择题

1. 专利权应属于( )。
A. 可辨认无形资产
B. 不可辨认无形资产
C. 无法定期限的无形资产
D. 有法定期限的无形资产
2. 下列有关无形资产的会计处理中，正确的有( )。
A. 将自创商誉不确认为无形资产
B. 将转让使用权的无形资产的摊销价值计入其他业务成本
C. 将转让所有权的无形资产的账面价值计入其他业务成本
D. 将预期不能为企业带来经济利益的无形资产的账面价值转销
3. 关于无形资产的可辨认性，下列说法正确的有( )。
A. 能够从企业中分离或划分出来，并能单独或与有关合同一起，用于出售、转移、授予许可、租赁或者交换
B. 源自合同性权利或其他法定权利，无论这些权利是否可以从企业或其他权利和义务中转移或者分离
C. 商誉的存在无法与企业自身分离，不具有可辨认性
D. 需要满足成本能够可靠计量
4. 关于无形资产的下列说法中，不正确的有( )。
A. “无形资产”科目期末余额反映无形资产账面价值
B. 无形资产的摊销应从增加的次月开始
C. 使用寿命不确定的无形资产不需要摊销
D. 企业取得的土地使用权在用于自行开发建造厂房时，应将土地使用权的账面价值转入在建工程
5. 企业内部研究开发项目开发阶段的支出，同时满足下列条件的，才能确认为无形

资产的有(　　)。

A. 完成该无形资产以使其能够使用或出售在技术上具有可行性

B. 能证明无形资产产生经济利益的方式

C. 有足够的技术、财务和其他资源支持，并有能力使用或出售该无形资产

D. 归属于该无形资产开发阶段的支出能够可靠地计量

6. 下列关于无形资产内部研究开发费用的会计处理表述中，正确的有(　　)。

A. 企业自行开发无形资产发生的研发支出，无论是否满足资本化条件，均应先在“研发支出”科目中归集

B. 无形资产研究阶段的支出全部应该全部费用化。

C. 确实无法区分研究阶段和开发阶段的支出，应当将其全部资本化，待无形资产开发成功后计入无形资产

D. 符合资本化条件但尚未完成的研发支出，仍保留在“研发支出”科目中，待开发项目达到预定用途时再将其发生的实际成本转入无形资产

7. 下列有关无形资产的表述中，不正确的有(　　)。

A. 自创品牌经评估应确认为无形资产

B. 使用寿命不确定的无形资产不需要摊销，但至少应于每年年度终了对其进行减值测试

C. 无形资产开发阶段的支出应全部予以资本化

D. 房地产开发企业取得的土地使用权用于建造对外出售的房屋建筑物的，土地使用权的价值应计入房屋建筑物的成本

8. 有关无形资产的初始计量，下列表述正确的有(　　)。

A. 内部自行开发无形资产的成本，仅包括自满足无形资产确认条件时点至达到预定用途前所发生的支出，对于同一项无形资产在开发过程中达到资本化条件之前已经费用化的支出不再进行调整

B. 投资者投入无形资产的成本，按照该无形资产的公允价值确定

C. 外购无形资产的成本包括购买价款、相关税费以及直接归属于使该项资产达到预定用途所发生其他支出

D. 采取分期付款方式购买的无形资产其价款超过正常信用条件延期支付的，应按购买价款的现值作为无形资产的成本

9. 无形资产摊销费用可能记入的会计科目有(　　)。

A. “管理费用”　　B. “其他业务成本”

C. “制造费用”　　D. “在建工程”

10. 下列关于“研发支出”科目的核算内容的表述中，正确的有(　　)。

A. 企业内部研究开发费用发生时全部应记入“研发支出”科目

B. 开发无形资产的专门借款予以资本化的利息费用应记入“研发支出”科目

C. 期末时仍处于研究阶段的研发项目已发生的有关支出仍保留在“研发支出”科目，待该项目结束后将其支出转入“管理费用”科目

D. “研发支出”科目期末借方余额仅反映企业正在进行的研究开发项目中满足资本化条件的支出

11. 关于无形资产的摊销，下列说法中正确的有(　　)。

A. 企业至少应于每年年度终了，对无形资产的使用寿命及摊销方法进行复核

B. 对于使用寿命有限的无形资产，如果有证据表明使用寿命及摊销方法与以前估计不同的，应当改变摊销期限和摊销方法，按照会计政策变更处理

C. 对于使用寿命有限的无形资产，如果计提减值准备的，则计提的无形资产减值准备金额从应摊销的金额中扣除，以后每年的摊销金额重新调整计算

D. 对于使用寿命不确定的无形资产，如果有证据表明其使用寿命是有限的，应当估计其使用寿命并视为会计政策变更

12. 2013 年 2 月 1 日，甲公司以 480 万元的价格购入一项无形资产，价款以银行存款支付。该无形资产的法律保护期限为 10 年，甲公司预计其在未来 8 年内会给公司带来经济利益。甲公司计划在使用 5 年后出售该无形资产，乙公司承诺 5 年后按 180 万元的价格购买该无形资产。关于 2013 年无形资产的会计处理，下列说法中正确的有(　　)。

A. 2013 年 2 月 1 日确认无形资产 480 万元

B. 该无形资产应于 2013 年 2 月开始摊销

C. 该无形资产应有预计残值

D. 2013 年无形资产应摊销金额为 55 万元

13. 有关无形资产，下列说法不正确的有(　　)。

A. 自行开发并按法律程序申请取得的无形资产，将原发生的计入损益的开发费用转为无形资产的入账价值

B. 企业摊销无形资产，应当自无形资产可供使用时起至不再作为无形资产确认时止

C. 无形资产均应确定预计使用年限并分期摊销

D. 无形资产的摊销方法应采用直线法

（三）判断题

1. 无形资产是指企业拥有或控制的没有实物形态的非货币性资产，包括可辨认无形资产和不可辨认无形资产。(　　)

2. 企业支付土地出让金取得的土地使用权，在尚未开发或建造自用项目前，作为无形资产入账，但不需要摊销。(　　)

3. 无形资产的后续支出，应于发生时确认为当期损益。(　　)

4. 企业研究阶段的支出应全部计入当期损益。(　　)

5. 无形资产的应摊销金额是指无形资产成本扣除残值后的金额。已计提减值准备的无形资产，还应扣除无形资产减值准备累计金额。(　　)

6. 企业取得的已作为无形资产确认的正在进行的研究开发项目，在取得后发生的支出不能再资本化。(　　)

7. 无法区分研究阶段和开发阶段的支出，应当在发生时计入无形资产的成本。(　　)

8. 企业将拥有的专利技术的使用权转让，仍应按期摊销其成本，并将摊销金额计入其他业务成本。(　　)

9. 企业出售无形资产发生的净损益通过营业外收入或营业外支出来核算。(　　)

10. 无法预见无形资产为企业带来经济利益期限的，则将该项无形资产作为使用寿命不确定的无形资产，按照不超过10年的期限进行摊销。（　　）

（四）计算与会计处理题

1. A公司2010年至2013年与无形资产业务有关的资料如下：

（1）2010年12月3日，以银行存款660万元购入一项无形资产。预计该项无形资产的使用年限为10年，采用直线法摊销。

（2）2012年12月31日对该无形资产进行减值测试时，该无形资产的预计未来现金流量现值是385万元，公允价值减去处置费用后的净额为450万元。计提减值准备后该资产的使用年限及摊销方法不变。

（3）2013年4月1日，A公司将该无形资产对外出售，取得价款400万元并收存银行。营业税税率为5%，不考虑其他的相关税费。

要求：

（1）编制购入该无形资产的会计分录（单位：万元）；

（2）计算2010年12月31日无形资产的摊销金额并编制会计分录（单位：万元）；

（3）计算2011年12月31日该无形资产的账面价值并编制摊销的会计分录（单位：万元）；

（4）计算该无形资产2012年年末计提的减值准备金额并编制会计分录（单位：万元）；

（5）计算2013年无形资产计提的摊销金额并编制会计分录（单位：万元）；

（6）编制该无形资产出售的会计分录（单位：万元）。

2. 2010年1月1日，A公司董事会批准研发某项新产品专利技术，有关资料如下：

（1）2010年，发生材料费用30万元、人工费用65万元及其他费用5万元，均属于研究阶段支出，均以银行存款支付。

（2）2011年年初，研究阶段结束，进入开发阶段，该项目研发成功在技术上已具有可行性，B公司管理层明确表示将继续为该项目提供足够的资源支持，该新产品专利技术研发成功后，将立即投产。

（3）2011年，共发生材料费用300万元、人工费用230万元及其他费用20万元，以银行存款支付；2011年12月14日，该项专利技术研发成功并已达到预定用途，B公司在申请专利时发生登记注册费、律师费等相关费用20万元。

（4）预计该新产品专利技术的使用寿命为10年，该专利技术的法律保护期限为15年，B公司对其采用直线法摊销。

（5）2013年1月1日，B公司决定将该专利技术出租给C公司使用，租赁期为3年，每年支付租金100万元。适用的营业税税率为5%，不考虑其他税费。

要求：

（1）编制2010年的有关会计分录（单位：万元）；

（2）编制2011年的有关会计分录（单位：万元）；

（3）编制2013年的有关会计分录（单位：万元）。

四、本章习题答案及解析

（一）单项选择题

1. B【解析】自创专利发生的成本包括研发阶段发生的开发费用可以资本化的部分以及开发成功后依法申请专利过程中所发生的费用。无形资产的入账价值=120 000+60 000+25 000+5 000=210 000（元）。

2. D【解析】企业自创的商誉、企业内部产生的品牌不确认为无形资产；研究阶段是指为获取新的技术和知识等进行的有计划的调查。研究阶段是探索性的，为进一步开发活动进行资料及相关方面的准备，该阶段是否能在未来形成成果，即通过开发活动后是否会形成无形资产均有很大的不确定性，企业也无法证明其研究活动一定能带来未来经济利益，因此，研究阶段的支出不能资本化，有关支出在发生时应当费用化计入当期损益。

3. B【解析】为运行该无形资产发生的培训费用不属于研究开发无形资产发生的费用，属于为掌握该项无形资产的技术而发生的培训费用，不构成无形资产成本。

4. B【解析】选项 A 和 C，研究阶段发生的有关支出和管理费用、销售费用等间接费用不构成无形资产的开发成本；选项 D，对于同一项无形资产在开发过程中达到资本化之前已经费用化计入当期损益的支出不再进行调整。

5. C【解析】选项 A，土地使用权用于自行开发建造厂房等地上建筑物时，土地使用权的账面价值不与地上建筑物合并计算其成本，而仍作为无形资产核算；选项 B，企业外购房屋建筑物，实际支付的价款中包括土地及建筑物的价值，应当对支付的价款按照合理的方法（例如，公允价值比例）在地上建筑物与土地使用权之间进行分配；如果确实无法进行合理分配的，应当全部作为固定资产，按照固定资产的确认与计量的规定进行处理。选项 D，企业改变土地使用权的用途，将其用于出租或增值目的时，应将其转为投资性房地产。

6. A【解析】该专利的入账价值为 305 万元（300+5），对于取得源自合同性权利或其他法定权利的无形资产，其使用寿命不应超过合同性权利或其他法定权利的期限，应按 10 年期限摊销，2013 年度应摊销的金额=305÷10=30.5（万元）。

7. D【解析】选项 A，出租无形资产取得的收入应计入其他业务收入；选项 B，出租无形资产的摊销额应计入其他业务成本；选项 C，出售无形资产的损益应计入营业外收支。

8. B【解析】选项 A、C、D 构成无形资产成本。

9. C【解析】该专利的入账价值为 540 万元（500+40），对于取得源自合同性权利或其他法定权利的无形资产，其使用寿命不应超过合同性权利或其他法定权利的期限；但如果企业使用资产的预期期限短于合同性权利或其他法定权利规定期限的，则应当按照企业预期使用的期限确定其使用寿命，所以应按 8 年期限摊销，2014 年度应摊销金额=540÷8=67.5（万元）。

10. D【解析】选项 A、B、C 均作为营业外收入处理。

11. A【解析】选项 B、C，不应确认为无形资产；选项 D，不属于无形资产，在资产负债表中单独列示。

12. B【解析】选项 A，应计入管理费用；选项 C、D，不应确认为无形资产。

13. B【解析】无形资产应当自其可供使用时起选择适当的摊销方法开始摊销。

（二）多项选择题

1. AD【解析】专利权一种可辨认的、有法定期限的无形资产。

2. ABD【解析】将转让所有权的无形资产的账面价值计入当期损益。

3. ABC【解析】选项 D，属于无形资产确认条件。

4. ABD【解析】选项 A，“无形资产”科目期末余额反映企业现有无形资产的成本；选项 B，无形资产的摊销从增加的当月开始摊销；选项 D，企业取得的土地使用权在用于自行开发建造厂房时，不应将土地使用权的账面价值转入在建工程合并计算其成本，仍作为无形资产核算。

5. ABCD

6. ABD【解析】选项 C，确实无法区分研究阶段和开发阶段的支出，应当将其全部费用化，计入当期损益。

7. AC【解析】选项 A 不应确认为无形资产；选项 C，对于开发阶段的支出，如果企业能证明满足无形资产的定义及相关确认条件的才能予以资本化，计入无形资产的成本，不符合资本化条件的计入当期损益。

8. ACD【解析】选项 B，投资者投入的无形资产，应当按照投资合同或协议约定的价值作为取得成本。如果投资合同或协议约定价值不公允的，应按无形资产的公允价值作为无形资产初始成本入账。

9. ABCD

10. ABD【解析】选项 C，处于研究阶段的研发项目已发生的有关支出，期末时应将“研发支出——费用化支出”科目归集的金额转入“管理费用”科目。

11. AC【解析】选项 B、D，应按会计估计变更规定进行处理

12. ABCD【解析】无形资产应自取得当月开始摊销；2013 年 2 至 12 月无形资产摊销金额 =（480－180）÷5×11÷12＝ 55（万元）。

13. ACD【解析】选项 A，对于同一项无形资产在开发过程中达到资本化条件之前已经费用化计入当期损益的支出不再进行调整。选项 C，使用寿命确定的无形资产才需要分期摊销。选项 D，无形资产的摊销方法有直线法、生产总量法等。企业选择什么样的摊销方法，主要取决于能反映与该项无形资产有关的经济利益的预期实现方式。如果企业由于各种原因无法确定预期实现方式，则应当采用直线法进行摊销。

（三）判断题

1. ×【解析】无形资产的特点之一就是具有可辨认性。不可单独辨认的不构成无形资产。

2. ×【解析】取得的土地使用权，在尚未开发或建造自用项目前，作为无形资产入账的，应按规定摊销期限分期摊销。

3. √

4. √

5. √

6. ×【解析】在取得后发生的，因尚未达到预定用途，所以继续研发过程中发生的支出，如果符合资本化条件的，可以资本化，否则应当费用化。

7. ×【解析】如果确实无法区分研究阶段的支出和开发阶段的支出，应将其所发生的支出全部费用化，计入当期损益。

8. √

9. √

10. ×【解析】对于使用寿命不确定的无形资产不需要摊销。

（四）计算与会计处理题

1. 相关的业务处理过程如下：

（1）购入该无形资产的会计分录：

借：无形资产 660

　贷：银行存款 660

（2）2010 年 12 月 31 日无形资产摊销金额的计算及编制的会计分录如下：

2010 年 12 月 31 日无形资产的摊销金额 = 660÷10÷12 = 5.5（万元）

借：管理费用 5.5

　贷：累计摊销 5.5

（3）计算 2011 年 12 月 31 日该无形资产的账面价值：

无形资产的账面价值 = 660−660÷10−5.5 = 588.5（万元）

借：管理费用 66

　贷：累计摊销 66

（4）2012 年 12 月 31 日该无形资产的账面价值为 588.5−66 = 522.5（万元）

该无形资产的公允价值减去处置费用后的净额高于其预计未来现金流量现值，所以其可收回金额是公允价值减去处置费用后的净额，即 450 万元，所以，应计提的无形资产减值准备 = 522.5−450 = 72.5（万元）。

借：资产减值损失 72.5

　贷：无形资产减值准备 72.5

（5）2013 年前 3 个月该无形资产的累计摊销金额 = 450÷（120−25）×3 = 14.21（万元）

借：管理费用 14.21

　贷：累计摊销 14.21

（6）出售该无形资产的会计分录：

借：银行存款 400

　　累计摊销 151.71

　　无形资产减值准备 72.5

　　营业外支出——处置非流动资产损失 55.79

　贷：无形资产 660

　　　应交税费——应交营业税 20

2. 相关的业务处理过程如下：

（1）2010 年的会计分录：

借：研发支出——费用化支出 100
　贷：原材料 30
　　应付职工薪酬 65
　　银行存款 5
借：应付职工薪酬 65
　贷：银行存款 65
借：管理费用 100
　贷：研发支出——费用化支出 100

（2）2011 年的会计分录：

借：研发支出——资本化支出 550
　贷：原材料 300
　　应付职工薪酬 230
　　银行存款 20
借：应付职工薪酬 230
　贷：银行存款 230
借：研发支出——资本化支出 20
　贷：银行存款 20
借：无形资产 570
　贷：研发支出——资本化支出 570

当年摊销的月摊销额 = 570÷120 = 4.75（万元）

借：管理费用 4.75
　贷：累计摊销 4.75

（3）2013 年的会计分录：

借：银行存款 100
　贷：其他业务收入 100
借：其他业务成本 57
　贷：累计摊销 57
借：营业税金及附加 5
　贷：应交税费——应交营业税 5

第八章　　资产减值

一、　学习目的及要求

通过本章学习，了解资产减值的概念、资产减值迹象的判断，熟悉资产可收回金额的含义；掌握资产可收回金额的估计方法；了解资产组的认定方法；熟练掌握资产减值的会计处理。

二、　本章主要知识点

◇资产减值的概念及范围
◇资产减值迹象的判断
◇资产可收回金额的计量
◇资产组的认定方法
◇资产减值的会计处理

三、　本章习题

（一）单项选择题

1. 下列不属于《企业会计准则第 8 号——资产减值》规范的资产范围的是(　　)。
A. 固定资产　　B. 无形资产　　C. 长期股权投资　　D. 持有至到期投资

2. 下列各项资产减值准备中，在以后期间内可以转回的是(　　)。
A. 以成本模式计量的投资性房地产的减值准备
B. 存货的跌价准备
C. 固定资产的减值准备
D. 无形资产的减值准备

3. 下列资产中，无论是否存在减值迹象，每年年末必须进行减值测试的是(　　)。
A. 存货　　B. 长期股权投资
C. 使用寿命有限的无形资产　　D. 使用寿命不确定的无形资产

4. 关于确定可收回金额的表述中，下列说法正确的是(　　)。
A. 可收回金额应当根据资产的公允价值减去处置费用后的净额与资产预计未来现金流量的现值两者之间较高者确定
B. 可收回金额应当根据资产的公允价值确定

C. 可收回金额应当根据资产的预计未来现金流量的现值确定

D. 可收回金额应当根据资产的公允价值减去处置费用后的净额与资产预计未来现金流量的现值两者之间较低者确定

5. 关于资产减值，下列说法正确的是(　　)。

A. 资产减值是指资产的可收回金额高于其账面余额

B. 资产减值损失确认后，减值资产的折旧或摊销仍按原账面价值为基础计提折旧或摊销费用

C. 计提资产减值准备必须以单项资产为基础估计其可收回金额

D. 如有迹象表明一项资产可能发生减值的，企业应当以单项资产为基础估计其可收回金额；企业难以对单项资产的可收回金额进行估计的，应当以该资产所属的资产组为基础确定资产组的可收回金额

6. 甲企业2013年年末XS专利权的账面净值为1 700万元，剩余摊销年限为5年。2013年年末对XS专利权的账面价值进行减值测试时，发现市场上已存在类似专利技术所生产的产品，对甲企业产品的销售造成重大不利影响。2013年年末如果甲企业将该专利权予以出售，市场价格为1 500万元，需要发生的律师费和其他相关税费处置费用100万元。但是，如果甲企业打算继续利用该专利权进行产品生产，则在未来5年内预计可以获得的未来现金流量的现值为1 100万元，则XS专利权在2013年年末应计提的无形资产减值准备为(　　)万元。

A. 600　　B. 200　　C. 300　　D. 700

7. 2011年12月底，A公司购入一项不需安装的管理用固定资产，入账价值为40万元，预计净残值为2万元，预计使用寿命为10年，采用双倍余额递减法计提折旧。2013年年末，该项固定资产出现减值迹象，经减值测试，预计未来现金流量的现值为10万元，公允价值减处置费用后的净额为11万元，则2013年年末该项固定资产应计提的减值准备为(　　)万元。

A. 13　　B. 15.6　　C. 14.6　　D. 21

8. 企业在预计资产的未来现金流量时，应建立在企业管理层批准的最近财务预算或者预测基础上，对资产剩余使用寿命期内整个经济状况进行最佳估计，但一般情况下预算涵盖的期间最多不超过(　　)年。

A. 3　　B. 6　　C. 5　　D. 10

9. 按照企业会计准则的规定，下列资产在确认资产减值损失后可以转回的是(　　)。

A. 在建工程　　B. 存货　　C. 无形资产　　D. 固定资产

10. 在资产负债表日，如有确凿证据表明资产存在减值迹象，应当进行减值测试，估计资产的(　　)。

A. 现值　　B. 可收回金额

C. 预计净现金流量　　D. 历史成本

11. 下列各项中，资产减值不是由资产减值准则规范的是(　　)。

A. 固定资产

B. 对子公司的长期股权投资

C. 对联营企业和合营企业的长期股权投资

D. 不属于子公司、联营企业和合营企业的长期股权投资

12. 关于资产组，下列说法中不正确的是(　　)。

A. 资产组是指企业可以认定的最小资产组合，其产生的现金流入应当基本上独立于其他资产或者资产组产生的现金流入

B. 资产组的认定，应当考虑企业管理层对生产经营活动的管理或者监控方式和对资产的持续使用或者处置的决策方式等因素

C. 资产组认定后，各个会计期间应当保持一致，不得随意变更

D. 资产组是指企业同类资产的组合

13. 认定资产组应当考虑的最关键因素是(　　)。

A. 资产组能否独立产生现金流入　　B. 资产组是否是单独的内部核算单位

C. 资产组是否可以单独转让　　D. 资产组是否是一个最大组合

14. 2010 年 1 月 1 日，甲公司外购 A 无形资产，支付价款 100 万元，预计使用年限 5 年，采用直线法摊销。2011 年 12 月 31 日，该无形资产发生减值，估计其可收回金额为 21 万元。2013 年 12 月 31 日，甲公司发现，导致 A 无形资产在 2011 年发生减值的不利因素已全部消失，此时估计可收回金额为 22 万元，则 2014 年该无形资产的摊销金额为(　　)万元。

A. 0　　B. 7　　C. −15　　D. 20

15. 在判断下列资产是否存在可能发生减值的迹象时，不能单独进行减值测试的是(　　)。

A. 长期股权投资　　B. 专利技术　　C. 商誉　　D. 固定资产

16. 当资产发生减值时，应当将资产的账面价值减记至(　　)。

A. 可收回金额　　B. 公允价值

C. 可变现净值　　D. 预计未来现金流量的现值

17. 关于资产的公允价值减去处置费用后的净额的确定中，不正确的是(　　)。

A. 根据公平交易中资产的销售协议价减去可直接归属于该资产处置费用的金额确定资产的公允价值减去处置费用后净额

B. 资产不存在销售协议但存在资产活跃市场的，应当按照该资产的市场价格减去处置费用后的金额确定

C. 资产在不存在销售协议和资产活跃市场，企业应当以可获取的最佳信息为基础，根据资产负债表日估计资产的公允价值减去处置费用后的净额

D. 在确定资产的公允价值减去处置费用后的净额时，处置费用包括与资产处置相关的法律费用、相关税费、搬运费、财务费用、所得税费用以及为使资产达到可销售状态所发生的直接费用等

（二）多项选择题

1. 下列资产项目中，应按资产减值准则的有关规定进行资产减值处理的有(　　)。

A. 固定资产

B. 采用成本模式进行后续计量的投资性房地产

C. 持有至到期投资

D. 采用公允价值模式进行后续计量的投资性房地产

2. 预计资产未来现金流量应当包括的内容有(　　)。

A. 资产持续使用过程中预计产生的现金流入

B. 为实现资产持续使用过程中产生的现金流入所必需的预计的现金流出

C. 资产使用寿命结束时，处置资产所收到或者支付的净现金流量

D. 未来所得税收付产生的现金流量

3. 下列情况中有可能导致资产发生减值迹象的有(　　)。

A. 资产市价的下跌幅度明显高于因时间的推移或者正常使用而预计的下跌

B. 企业经营所处的经济、技术或者法律等环境以及资产所处的市场在当期或者将在近期发生重大变化，从而对企业产生不利影响

C. 如果有证据表明资产已经陈旧过时或者其实体已经损坏

D. 资产已经或者将被闲置、终止使用或者计划提前处置

4. 下列资产减值事项中，不适用资产减值准则进行会计处理的有(　　)。

A. 金融资产的减值

B. 融资租赁中出租人未担保余值的减值

C. 建造合同形成的资产的减值

D. 长期股权投资采用权益法核算发生的减值

5. 下列资产项目中，无论是否存在减值迹象，每年年度终了必须进行减值测试的有(　　)。

A. 使用寿命不确定的无形资产　　B. 固定资产

C. 使用寿命有限的无形资产　　D. 商誉

6. 企业在确定资产预计未来现金流量的现值时，主要应当考虑的因素包括(　　)。

A. 预计资产未来现金流量

B. 资产的公允价值减去处置费用后的净额

C. 资产的使用寿命

D. 折现率

7. 下列各项中，在资产的公允价值减去处置费用后的净额中属于处置费用的有(　　)。

A. 购置资产而发生的筹资费用

B. 因资产处置收益而产生的所得税费用

C. 处置资产时支付的搬运费

D. 与处置资产相关的税费

8. 根据资产减值准则的规定，企业资产存在减值迹象的，应当估计其可收回金额，资产的可收回金额应当根据下列(　　)两者之间的较高者确定。

A. 资产的现值

B. 资产的公允价值减去处置费用后的净额

C. 资产预计未来现金流量的现值

D. 资产处置费用

9. 在进行资产减值测试时，下列表述中不正确的有(　　)。

A. 对资产未来现金流量的预计应建立在经企业管理层批准的最近财务预算或者预测数据的基础上

B. 资产预计的未来现金流量包括与资产改良有关的现金流出

C. 预计资产未来现金流量包括筹资活动和所得税收付产生的现金流量

D. 计算未来现金流量现值所使用的折现率是当前市场货币时间价值和资产特定风险的税后利率

10. 对于资产减值，下列说法中正确的有(　　)。

A. 资产减值损失是资产的账面价值高于其可收回金额时产生的

B. 对于资产的公允价值减去处置费用后的净额与资产预计未来现金流量的现值，两者中只要有一项超过了资产的账面价值，就表明该资产没有发生减值，不需要再估计另一项金额

C. 资产的公允价值减去处置费用后的净额，通常反映的是资产如果被出售或者处置时可以收回的净现金流入

D. 企业在估算资产未来现金流量现值时，各期现金流量对应的折现率通常不一样

11. 关于资产的公允价值减去处置费用后的净额的确定，下列说法中正确的有(　　)。

A. 应当根据公平交易中销售协议价格减去可直接归属于该资产处置费用的金额确定

B. 不存在销售协议但存在资产活跃市场的，应当按照该资产的市场价格减去处置费用后的金额确定，资产的市场价格通常应当根据资产的卖方出价确定

C. 在不存在销售协议和活跃市场的情况下，应当以可获取的最佳信息为基础，估计资产的公允价值减去处置费用后的净额，该净额可以参考同行业类似资产的最近交易价格或者结果进行估计

D. 无法可靠估计资产的公允价值减去处置费用后的净额的，应当以该资产预计未来现金流量的现值作为其可收回金额

12. 预计的资产未来现金流量应当包括的项目有(　　)。

A. 资产持续使用过程中预计产生的现金流入

B. 为实现资产持续使用过程中产生的现金流入所必需的预计现金流出

C. 资产使用寿命结束时，处置资产所收到的现金流量

D. 资产使用寿命结束时，处置资产所支付的现金流量

13. 固定资产减值损失一经确认，在以后会计期间不得转回，但是在(　　)，企业应当将该资产减值准备予以转销。

A. 非货币性资产交换方式换出该资产时

B. 债务重组用于清偿债务时

C. 对外投资时

D. 原来的减值迹象完全消失时

14. 关于资产组的认定，下列说法中正确的有(　　)。

A. 资产组的认定，应当以资产组产生的主要现金流入是否独立于其他资产或者资产组的现金流入为依据

B. 如果几项资产的组合生产的产品存在活跃市场，则表明这几项资产的组合能够独

立产生现金流入

C. 资产组的认定应当考虑企业管理层对生产经营活动的管理或者监控方式和对资产的持续使用或者处置的决策方式等因素

D. 资产组一经确定后，各个会计期间应当保持一致，不得随意变更

15. 资产组组合是指由若干个资产组组成的最小资产组组合，包括(　　)。

A. 资产组

B. 资产组组合

C. 按合理方法分摊的总部资产的部分

D. 总部资产

16. 如果一个资产组或者资产组组合发生减值损失，需要对其减值损失金额进行分摊，下列说法中正确的有(　　)。

A. 首先应当抵减分摊至该资产组或者资产组组合中商誉的账面价值

B. 然后根据该资产组或者资产组组合中除商誉之外的其他各项资产的公允价值所占比重，按照比例抵减其他各项资产的账面价值

C. 然后根据该资产组中除商誉之外的其他各项资产的账面价值所占比重，按照比例抵减其他各项资产的账面价值

D. 按照顺序抵减后，对未能分摊的减值损失金额，应当按照相关资产组或资产组组合中其他各项资产的账面价值所占比重再次进行分摊

（三）判断题

1. 资产减值准则中所规范的资产包括除存货外的企业所有的资产。(　　)

2. 如果某一资产的市场价格大幅度下跌，并且预期在近期内不可能恢复，那么，这一资产就有可能发生了减值。(　　)

3. 企业在估计资产可收回金额时，必须以单项资产为基础。(　　)

4. 根据谨慎性原则，资产可收回金额应当根据资产的公允价值减去处置费用后的净额与资产预计未来现金流量的现值两者之间的较低者确定。(　　)

5. 当资产的公允价值减去处置费用后的净额与资产预计未来现金流量的现值，只要有一项超过了资产的账面价值，就表明该资产没有发生减值，不需要再估计另一项金额。(　　)

6. 处置费用是指可以直接归属于资产处置的增量成本和财务费用。(　　)

7. 企业在预计资产未来现金流量和折现率时，如果折现率考虑了因一般通货膨胀而导致的物价上涨因素，预计资产未来现金流量时就不再考虑物价上涨因素。(　　)

8. 预计资产未来现金流量时，应当以资产的当前状况为基础，预计资产未来现金流量，不应当包括与将来可能会发生的、尚未做出承诺的重组事项或者与资产改良有关的预计未来现金流量。(　　)

9. 当判断某一资产没有发生减值的迹象时，就不必再进行减值测试，无需计算其可收回金额。(　　)

10. 当判断某一资产可能发生减值的迹象时，则表明该资产一定发生了减值，需要确认其减值损失。(　　)

11. 在资产减值测试中，计算资产未来现金流量现值时所采用的折现率应当是反映当前市场货币时间价值和资产特定风险的税后利率。（　）

12. 资产减值损失确认后，减值资产的折旧或摊销应当在未来期间作相应调整，以使该资产在剩余使用寿命内，系统地分摊调整后的资产账面价值（扣除预计净残值）。（　）

13. 对在建工程计提的资产减值准备所形成的损失，应当计入在建工程成本。（　）

14. 企业在对资产组减值损失总额进行分摊时，先冲减该资产组中商誉的账面价值，然后根据资产组中除商誉之外的其他各项资产的公允价值所占总的可辨认资产公允价值之和的比例抵减其他各项资产的账面价值。（　）

15. 企业对总部资产一般只能结合其他相关资产组或者资产组组合进行，不能单独进行减值测试。（　）

（四）计算与会计处理题

1. 2×12 年 12 月 31 日，甲公司对在生产经营过程中使用的某项设备进行检查时发现该设备存在可能发生减值的迹象。假设 2×12 年 12 月 31 日该设备的账面余额为 2 300 000 元，已提折旧 650 000 元，以前年度没有计提资产减值准备。该设备在活跃市场中的市场价格（买方出价）为 1 200 000 元，可归属于该设备的处置费用为 16 000 元；该设备如果继续自用，预计尚可使用 5 年，预计净残值为 0，未来现金流量的现值为 1 250 000 元。

要求：

（1）计算 2×12 年年末该设备可收回金额；

（2）计算 2×12 年年末为该设备计提的资产减值准备金额及账务处理；

（3）计算 2×13 年该设备应计提的折旧额。

2. 2×10 年 7 月 10 日，A 企业以 500 万元购入一项管理用专利权，预计使用寿命为 10 年，预计净残值为 0，按月进行无形资产摊销。2×12 年年末判断该专利可能发生减值，按照资产减值准则进行测试，经减值测试，该无形资产的可收回金额为 240 万元，预计尚可使用 4 年。

要求：

（1）计算 2×12 年年末应计提无形资产减值准备；

（2）编制 2×12 年无形资产摊销和计提无形资产减值准备的会计分录；

（3）计算 2×13 年无形资产摊销金额并编制会计分录；

（4）假设 2×13 年 12 月出售该无形资产，取得价款 180 万元，营业税税率为 5%，编制出售无形资产的会计分录。

3. 2013 年 12 月 31 日，A 公司发现某项固定资产出现减值迹象，对其进行减值测试：

（1）该项固定资产系 A 公司于 2010 年 12 月购入的，当月达到预定用途，入账价值为 800 万元，采用直线法计提折旧，使用年限为 10 年，预计净残值为 0。2013 年以前未计提减值准备。

（2）该项固定资产公允价值减去处置费用后的净额为 500 万元。

（3）如果继续使用，该生产线在未来 4 年的现金流量净额分别为 200 万元、150 万元、100 万元、80 万元，2018 年使用过程中及处置时形成的现金流量净额合计为 60 万元，假定有关现金流量均发生于年末。

（4）该项固定资产适用的折现率为5%。已知部分时间价值系数见表8-1。

表8-1 部分时间价值系数

年数	1	2	3	4	5
5%的复利现值系数	0.9524	0.9070	0.8638	0.8227	0.7835

要求：

（1）计算预计未来现金流量现值，将计算结果填入表8-2。

表8-2 预计未来现金流量现值计算表

年份	预计未来现金流量（万元）	折现率（%）	折现系数	现值（万元）
2014				
2015				
2016				
2017				
2018				
合计				

（2）计算该资产的可收回金额。

（3）计算该资产计提的减值准备并编制相关会计分录。

4. 甲公司有一条生产线，生产XV产品，由A、B、C三台机器构成，这三台机器均无法产生独立的现金流量，但组成生产线后构成完整的产销单位，属于一个资产组。

A、B、C三台机器均系甲公司于2009年12月购入，成本分别为480万元、720万元和1 200万元，预计使用年限均为8年，预计净残值均为0，均采用直线法计提折旧。购入当月该生产线达到预定可使用状态。

2013年，市场上出现了XV产品的替代产品，XV产品市场大幅萎缩，出现减值迹象。2013年12月31日，甲公司对该生产线进行减值测试。

2013年12月31日，A机器的公允价值为23万元，如将其处置，预计将发生相关费用1.5万元；B、C机器的公允价值减去处置费用后的净额均无法合理估计。该生产线预计未来现金流量的现值为1 000万元。

要求：

（1）确定该资产组的减值损失。

（2）将该资产组的资产减值损失分摊至各个资产，并进行相关的账务处理。

四、本章习题答案及解析

（一）单项选择题

1. D【解析】持有至到期投资减值由《企业会计准则第22号——金融工具确认和计量》来规范。

2. B【解析】选项 A、C、D，其计提的资产减值准备在以后期间内不得转回。

3. D【解析】存货、长期股权投资和使用寿命有限的无形资产，企业应当在资产负债表日判断资产是否存在可能发生减值的迹象。如果资产可能发生减值迹象，但并不必然表明该资产已经发生减值，还需要进行减值测试，据此估计资产的可收回金额，决定是否需要确认减值损失。但企业合并形成的商誉和使用寿命不确定的无形资产，无论是否存在减值迹象，都应当至少于每年年度终了时进行减值测试。

4. A【解析】资产可收回金额应当根据资产的公允价值减去处置费用后的净额与资产预计未来现金流量的现值两者之间的较高者确定。选项 B、C、D 的说法不正确。

5. D【解析】选项 A，资产减值是指资产的可收回金额低于其账面价值；选项 B，资产减值损失确认后，减值资产的折旧或摊销应当在未来期间作相应调整，以使该资产在剩余使用寿命内，系统地分摊调整后的资产账面价值（扣除预计净残值）。此时的固定资产（无形资产）账面价值将根据计提的减值准备相应抵减，之后在固定资产计提折旧（或无形资产摊销）时，应当按照新的固定资产（或无形资产）账面价值为基础计提每期折旧（摊销额）；选项 C，有迹象表明一项资产可能发生减值的，企业应当以单项资产为基础估计其可收回金额。

6. C【解析】可收回金额应当根据资产的公允价值减去处置费用后的净额与资产预计未来现金流量的现值两者之间的较高者确定，2013 年年末应计提的无形资产减值准备 = 1 700 - 1 400 = 300（万元）。

7. C【解析】2013 年年末该项固定资产应计提的减值准备 = 40 - 40×2÷10 - （40 - 40×2÷10）×2÷10 - 11 = 14.6（万元）。

8. C【解析】企业对资产的未来现金流量预计时，出于数据可靠性和便于操作等方面的考虑，建立在预算或者预测基础上的预计现金流量最多涵盖 5 年，企业管理层如能证明更长的期间是合理的，可以涵盖更长的期间。

9. B【解析】按照资产减值准则所规范的资产其资产减值损失一经确认，在以后会计期间不得转回，包括在建工程、无形资产、固定资产等资产所确认的资产减值损失。

10. B【解析】在资产负债表日，如有确凿证据表明资产存在减值迹象，应当进行减值测试，估计资产的可收回金额。

11. D【解析】除子公司、联营企业和合营企业的长期股权投资外的长期股权投资的资产减值由《企业会计准则第 22 号——金融工具确认和计量》所规范资产减值。

12. D【解析】资产组的认定，应当以资产组产生的主要现金流入是否独立于其他资产或者资产组为依据，所以选项 D 的说法不正确。

13. A【解析】资产组是指企业可以认定的最小资产组合，其产生的现金流入应当基本上独立于其他资产或者资产组。资产组能否独立产生现金流入是认定资产组的最关键因素，所以选项 B、C 不是认定资产组的最关键因素。选项 D，概念错误。

14. B【解析】属于资产减值准则规范的资产其资产减值损失一经确认，在以后会计期间不得转回，计提的资产减值准备直到该资产处置时才可转出。2014 年该无形资产的摊销金额 = 21÷3 = 7（万元）。

15. C【解析】由于商誉难以独立产生现金流量，因此，商誉应当结合与其相关的资产组或资产组组合进行减值测试。

16. A【解析】当资产的可收回金额低于其账面价值时，应当将资产的账面价值减记至可收回金额，减记的金额确认为资产减值损失计入当期损益，同时计提相应的资产减值准备。

17. D【解析】处置费用不包括财务费用、所得税费用。

（二）多项选择题

1. AB【解析】选项C和D，应分别采用《企业会计准则第22号——金融工具确认和计量》和《企业会计准则第3号——投资性房地产》对其资产减值的处理。

2. ABC【解析】预计资产未来现金流量不包括所得税收付产生的现金流量，现金流量的预计是建立在税前基础之上的，可以避免在资产现金流量现值的计算过程中可能出现的重复计算等问题，以保证现值计算的正确性。

3. ABCD

4. ABC【解析】选项A、B、C，不适用资产减值准则，金融资产减值适用金融工具确认与计量准则；融资租赁中出租人未担保余值的减值适用租赁准则；建造合同形成的资产的减值适用建造合同准则。

5. AD【解析】选项B和C，先需要判断资产是否存在减值迹象，如果有确凿证据表明资产存在减值迹象的，应当进行减值测试。但企业合并形成的商誉和使用寿命不确定的无形资产，无论是否存在减值迹象，都应当至少于每年年度终了时进行减值测试。

6. ACD【解析】选项B，不属于资产预计未来现金流量的内容。

7. CD【解析】处置费用是指可以直接归属于资产处置的增量成本，包括与资产处置相关的法律费用、相关税费、搬运费以及为使资产达到可销售状态所发生的直接费用等，但是财务费用和所得税费用等不包括在内。选项A和B不属于处置费用。

8. BC【解析】资产可收回金额应当根据资产的公允价值减去处置费用后的净额与资产预计未来现金流量的现值两者之间的较高者确定。

9. BCD【解析】选项B，在预计资产未来现金流量时，应当以资产的当前状况为基础，不应当包括与将来可能会发生的、尚未做出承诺的重组事项或者与资产改良有关的预计未来现金流量；选项C，预计资产未来现金流量不包括筹资活动和所得税收付产生的现金流量；选项D，计算未来现金流量现值所使用的折现率，应当是反映当前市场货币时间价值和资产特定风险的税前利率。

10. ABC【解析】选项D，企业在估计资产未来现金流量现值时，通常应当使用单一的折现率，但是如果资产未来现金流量的现值对未来不同期间的风险差异或者利率的期间结构反应敏感的，企业应当在未来各不同期间采用不同的折现率。

11. ACD【解析】选项B，不存在销售协议但存在资产活跃市场的，应当按照该资产的市场价格减去处置费用后的金额确定，资产的市场价格通常应当根据资产的买方出价确定。

12. ABCD

13. ABC【解析】选项D，固定资产减值损失一经确认，在以后会计期间不得转回，以前期间计提的资产减值准备，需要等到资产处置时才可转出。

14. ABCD

15. ABC【解析】资产组组合是指由若干个资产组组成的最小资产组组合，包括资产组或者资产组组合，以及按合理方法分摊的总部资产的部分。

16. ACD【解析】根据企业会计准则的规定，资产组或者资产组组合发生的减值损失金额首先应当抵减分摊至资产组或者资产组组合中商誉的账面价值，然后根据资产组或者资产组组合中除商誉之外的其他各项资产的账面价值所占比重，按比例抵减其他各项资产的账面价值。以上资产账面价值的抵减，应当作为各单项资产（包括商誉）的减值损失处理，计入当期损益。抵减后的各资产的账面价值不得低于以下三者之中最高者：该资产的公允价值减去处置费用后的净额（如可确定）、该资产预计未来现金流量的现值（如可确定）、零。因此而导致的未能分摊的减值损失金额，应当按照相关资产组或者资产组组合中其他各项资产的账面价值所占比重进行分摊。

（三）判断题

1. ×【解析】《企业会计准则第 8 号——资产减值》所涉及的资产具体包括：对子公司、联营企业和合营企业的长期股权投资；采用成本模式进行后续计量的投资性房地产；固定资产；生产性生物资产；无形资产；商誉；探明石油天然气矿区权益和井及相关设置。

2. √

3. ×【解析】企业在估计资产可收回金额时，原则上应当以单项资产为基础，如果企业难以对单项资产的可收回金额进行估计的应当以该资产所属的资产组为基础确定资产组的可收回金额。

4. ×【解析】资产可收回金额应当根据资产的公允价值减去处置费用后的净额与资产预计未来现金流量的现值两者之间的较高者确定。

5. √

6. ×【解析】处置费用是指可以直接归属于资产处置的增量成本，包括与资产处置相关的法律费用、相关税费、搬运费以及为使资产达到可销售状态所发生的直接费用等，但是，财务费用和所得税费用等不包括在内。

7. ×【解析】预计资产未来现金流量和折现率，应当在一致的基础上考虑因一般通货膨胀而导致物价上涨因素的影响。如果折现率考虑了这一影响因素，资产预计未来现金流量也应当考虑；折现率没有考虑这一影响因素的，预计未来现金流量也不应考虑。

8. √

9. √

10. ×【解析】资产可能发生减值迹象，但并不必然表明该资产已经发生减值，还需要进行减值测试，据此估计资产的可收回金额，决定是否需要确认减值损失。

11. ×【解析】计算未来现金流量现值所使用的折现率应当是反映当前市场货币时间价值和资产特定风险的税前利率。如果用于估计折现率的基础是税后的，应当将其调整为税前的折现率。

12. √

13. ×【解析】企业计提各项资产减值准备所形成的损失均计入当期损益，通过“资产减值损失”科目核算。

14. ×【解析】对资产组减值损失总额进行分摊时，首先应当抵减分摊至资产组中商誉的账面价值，然后根据资产组中除商誉之外的其他各项资产的账面价值所占比重，按比例抵减其他各项资产的账面价值。

15. √

（四）计算与会计处理题

1. 相关的业务处理过程如下：

（1）2×12 年年末该设备可收回金额的计算如下：

预计资产未来现金流量的现值 1 250 000 元，大于公允价值减去处置费用后的净额 1 184 000 元（1 200 000−16 000），因此，该设备的可收回金额为 1 250 000 元。

（2）2×12 年年末为该设备计提资产减值准备金额的计算及编制的会计分录如下：

由于该设备的可收回金额低于其设备的账面价值，发生了减值，应确认其减值损失 400 000 元（1 650 000−1 250 000）。

借：资产减值损失——计提固定资产减值损失　　400 000
　贷：固定资产减值准备　　400 000

（3）2×13 年该设备应计提折旧的计算：

2×13 年该设备固定资产折旧金额＝1 250 000÷5＝250 000（元）

2. 相关的业务处理过程如下：

（1）2×12 年年末应计提无形资产减值准备的计算：

2×12 年年末无形资产账面价值＝500−500÷120×30＝375（万元）

应计提无形资产减值准备＝375−240＝135（万元）

（2）2×12 年无形资产摊销和计提无形资产减值准备的会计分录如下：

①无形资产摊销：

借：管理费用　　500 000
　贷：累计摊销　　500 000

②无形资产减值准备：

借：资产减值损失　　1 350 000
　贷：无形资产减值准备　　1 350 000

（3）2×13 年无形资产摊销金额的计算及编制的会计分录如下：

2×13 年无形资产摊销金额＝2 400 000÷4＝600 000（元）

借：管理费用　　600 000
　贷：累计摊销　　600 000

（4）出售无形资产的会计分录如下：

借：银行存款　　1 800 000
　　累计摊销　　1 800 000
　　无形资产减值准备　　1 350 000
　　营业外支出——处置非流动资产损失　　140 000
　贷：无形资产　　5 000 000
　　　应交税费——应交营业税　　90 000

3. 相关的业务处理过程如下：

（1）预计未来现金流量现值的计算见表 8-3。

表 8-3　　预计未来现金流量现值计算表

年份	预计未来现金流量（万元）	折现率（%）	折现系数	现值（万元）
2014	200	5	0.9524	190.48
2015	150	5	0.9070	136.05
2016	100	5	0.8638	86.38
2017	80	5	0.8227	65.816
2018	60	5	0.7835	47.01
合计				525.736

（2）资产预计未来现金流量现值为 525.736 万元，公允价值减去处置费用后的净额为 500 万元，所以该资产的可收回金额为 525.736 万元。

（3）计提减值准备前该项固定资产的账面价值 = 800−800÷10×3 = 560（万元）

比较账面价值和可收回金额，则：

该资产应该计提的减值准备 = 560−525.736 = 34.264（万元）

会计分录：

借：资产减值损失　　342 640

　贷：固定资产减值准备　　342 640

4. 相关的业务处理过程如下：

（1）确定该资产组的减值损失：

2013 年 12 月 31 日该资产组的账面价值 = （480+720+1 200）−［（480+720+1 200）÷8×4］

= 1 200（万元）

由于公司无法估计 B、C 机器的公允价值减去处置费用后的净额，因此该资产组的可收回金额即等于该生产线的预计未来现金流量的现值为 1 000 万元，因此：

该资产组的减值损失 = 1 200−1 000 = 200（万元）

（2）将该资产组的资产减值损失分摊至各个资产，见表 8-4。

表 8-4　　资产组减值损失分摊表　　金额单位：万元

项目	A 机器	B 机器	C 机器	资产组
账面价值	240	360	600	1 200
可收回金额				1 000
减值损失				200
减值损失分摊比例	20%	30%	50%	
分摊减值损失	25*	60	100	185
分摊后的账面价值	215	300	500	1 015
尚未分摊的减值损失				15
二次分摊比例		37.5%	62.5%	
二次分摊的减值损失		5.625	9.375	15
二次分摊后应确认减值损失总额	25	65.625	109.375	200
二次分摊后的账面价值	215	294.375	490.625	1 000

*：按照分摊比例，A 机器应当分摊减值损失 400 000 元（2 000 000×20%），但是 A 机器的可收回金额为 215 000 元，因此，A 机器最多只能确认减值损失 250 000 元（2 400 000−2 150 000），未能分摊的减值损失 150 000 元（400 000−250 000），应当在 B 机器和 C 机器之间进行再分摊。

相关的账务处理为：

借：资产减值损失——A 机器　　250 000

　　　　　　　　——B 机器　　656 250

　　　　　　　　——C 机器　　1 093 750

　贷：固定资产减值准备——A 机器　　250 000

　　　　　　　　　　　——B 机器　　656 250

　　　　　　　　　　　——C 机器　　1 093 750

第九章　非货币性资产交换

一、学习目的及要求

通过本章学习，了解非货币性资产和非货币性资产交换的概念；熟悉非货币性资产交换认定的要点；熟悉商业实质的判断；掌握非货币性资产交换的确认与计量原则；掌握非货币性资产交换的会计处理。

二、本章主要知识点

◇非货币性资产和非货币性资产交换的概念
◇非货币性资产交换的认定
◇商业实质的判断
◇非货币性资产交换的确认与计量原则
◇公允价值计量的非货币性资产交换的会计处理
◇账面价值计量的非货币性资产交换的会计处理

三、本章习题

（一）单项选择题

1. 下列各个项目中，不属于非货币性资产的是（　　）。
A. 存货　　B. 准备持有至到期的债券投资
C. 交易性金融资产　　D. 长期股权投资

2. 海潮公司发生的下列非关联交易，属于非货币性资产交换的是（　　）。
A. 以公允价值为200万元的手机生产线换入甲公司的一项生产手机零件的流水线，并支付补价60万元
B. 以公允价值为100万元的固定资产换入乙公司液晶电视一批，另收取补价25万元
C. 以公允价值为100万元的准备持有至到期的债券投资换入小汽车一辆，并支付补价10万元
D. 以市价400万元的股票和票面金额200万元的应收票据换取丙公司公允价值为750万元的生产设备

3. 甲公司将其持有的一项固定资产换入乙公司一项专利技术，该项交易不涉及补价，假设其具有商业实质。甲公司该项固定资产的账面价值为150万元，公允价值为200万

元。乙公司该项专利技术的账面价值为160万元，公允价值为200万元。甲公司在此交易中为换入资产发生了20万元的税费。甲公司换入该项资产的入账价值为(　　)万元。

A. 150　　B. 220　　C. 160　　D. 170

4. 甲公司为增值税一般纳税人，以一批库存商品换入乙公司一台D设备。甲公司库存商品的账面价值为200万元，公允价值为250万元，适用的增值税税率为17%；乙公司换出的D设备原值为300万元，已计提折旧80万元，公允价值为250万元，增值税专用发票上注明的税额为42.5万元。假定该项交换具有商业实质，则甲公司换入的D设备的入账价值为(　　)万元。

A. 55.20　　B. 292.5　　C. 250　　D. 15

5. 下列资产中，不属于货币性资产的是(　　)。

A. 应收票据　　B. 准备持有至到期的债券投资

C. 应收账款　　D. 作为交易性金融资产的股票投资

6. 以下交易形式中，属于非货币性资产交换的是(　　)。

A. 债务重组取得存货　　B. 发行股票换入固定资产

C. 企业合并取得长期股权投资　　D. 存货与无形资产交换

7. 企业以固定资产换入库存商品，该库存商品以公允价值为基础进行计量。换出固定资产的公允价值高于其账面价值的差额，应计入(　　)。

A. 营业外收入　　B. 资本公积

C. 营业外支出　　D. 公允价值变动损益

8. 某商业企业对具有商业实质、且换入资产或换出资产的公允价值能够可靠计量的非货币性资产交换业务，在换出库存商品且其公允价值不含增值税的情况下，下列会计处理中，正确的是(　　)。

A. 按库存商品的公允价值确认其他业务收入

B. 按库存商品的公允价值确认主营业务收入

C. 按库存商品公允价值高于账面价值的差额确认营业外收入

D. 按库存商品公允价值低于账面价值的差额确认营业外支出

9. 甲公司以生产经营用货车换入乙公司的一批材料，换入后作为原材料核算。甲公司换出货车的原值为37.50万元，已计提折旧10.50万元，已计提固定资产减值准备5万元。原材料不含增值税的公允价值为20万元，公允价值等于计税价格，增值税税率为17%。另外，甲公司支付给乙公司补价2万元。假定该项交换不具有商业实质，则甲公司取得的原材料的入账价值为(　　)万元。

A. 20　　B. 22　　C. 20.6　　D. 24

10. 甲公司以一批库存商品换入乙公司的一台设备，并收到对方支付的补价40.5万元，该库存商品的账面价值为110万元，不含增值税的公允价值为150万元，公允价值等于计税价格，适用的税率为17%；换入设备的账面价值为155万元，公允价值为135万元，双方交易具有商业实质。甲公司因该项非货币性资产交换影响损益的金额为(　　)万元。

A. 40　　B. 150　　C. 110　　D. 120

11. 某企业以长期股权投资换入一批原材料，为换出资产支付相关税费3 000元，换出长期股权投资的账面余额为100 000元，已计提长期股权投资减值准备15 000元，公允价值为90 000元。换入原材料时确认的投资收益为(　　)元。

A. 2 000　　B. -1 000　　C. -13 000　　D. 5 000

(二) 多项选择题

1. 下列各项中，属于非货币性资产的有(　　)。

A. 应收账款　　B. 固定资产

C. 可供出售权益性金融资产　　D. 投资性房地产

2. 下列各项中，属于货币性资产的有(　　)。

A. 应收票据　　B. 预收账款

C. 准备持有至到期的债券投资　　D. 准备随时变现的股票投资

3. 下列业务中，属于非货币性资产交换的有(　　)。

A. 甲公司以公允价值为20万元的原材料换入乙公司的机器设备一台，并支付给乙公司2万元的补价

B. 甲公司以账面价值为13 000元的设备交换乙公司的库存商品，乙公司库存商品的账面价值为9 000元；甲公司设备的公允价值等于账面价值，并且甲公司收到乙公司支付的补价600元

C. 甲公司用公允价值为100万元的准备持有至到期的债券投资换入公允价值为80万元的长期股权投资，收到补价20万元

D. 甲公司以账面价值560万元、公允价值为600万元的专利技术换取一项长期股权投资，另收取补价180万元

4. 下列各项交易中，属于非货币性资产交换的有(　　)。

A. 以应收债权换取一项无形资产

B. 以持有的长期股权投资换入原材料

C. 以银行汇票购买固定资产

D. 以公允价值为100万元的房产换取一台生产用设备并收取补价2万元

5. 下列各项中，能够据以判断非货币资产交换具有商业实质的有(　　)。

A. 换入资产与换出资产预计未来现金流量的风险、金额相同，时间不同

B. 换入资产与换出资产预计未来现金流量的时间、金额相同，风险不同

C. 换入资产与换出资产预计未来现金流量的风险、时间相同，金额不同

D. 换入资产与换出资产预计未来现金流量现值不同，且其差额与换入资产和换出资产公允价值相比是重大的

6. 在非货币性资产交换具有商业实质且公允价值能够可靠计量的情况下，下列关于非货币性资产交换的会计处理的说法中，正确的有(　　)。

A. 换出资产为长期股权投资，换出资产公允价值与其账面价值的差额，计入投资收益

B. 支付补价方，应当以换出资产的公允价值加上支付的补价（即换入资产的公允价值）和应支付的相关税费，作为换入资产的成本

C. 收到补价方，应当以换入资产的公允价值（或换出资产的公允价值减去补价）和

应支付的相关税费，作为换入资产的成本

D. 收到补价方，换入资产成本减收到的补价与换出资产账面价值加应支付的相关税费之和的差额，应当计入当期损益

7. 下列说法可以表明换入资产或换出资产的公允价值能够可靠地计量的有(　　)。

A. 换入资产或换出资产存在活跃市场

B. 换入资产或换出资产不存在活跃市场，但同类或类似资产存在活跃市场

C. 不存在同类或类似资产的可比市场交易，应当采用估值技术确定资产的公允价值，采用估值技术确定的公允价值估计数的变动区间很大，视为公允价值能够可靠计量

D. 不存在同类或类似资产的可比市场交易，在公允价值估计数变动区间内，各种用于确定公允价值估计数的概率能够合理确定，视为公允价值能够可靠计量

8. 非货币性资产交换具有商业实质且公允价值能够可靠计量的，在发生补价的情况下，下列各项关于换出资产公允价值与其账面价值的差额的会计处理，正确的有(　　)。

A. 换出资产为存货的，应当视同销售处理，根据《企业会计准则第 14 号——收入》按其公允价值确认商品销售收入，同时结转商品销售成本

B. 换出资产为固定资产，换出资产公允价值和换出资产账面价值的差额，计入营业外收入或营业外支出

C. 换出资产为可供出售金融资产的，换出资产公允价值和换出资产账面价值的差额，计入投资收益

D. 换出资产为随时变现的股票投资，换出资产公允价值和换出资产账面价值的差额，计入营业外收入或营业外支出

9. 在涉及多项非货币性资产的交换中，应当按照换入资产的原账面价值占换入资产原账面价值总额的比例确定各项换入资产成本的情形有(　　)。

A. 资产交换具有商业实质、且各项换出资产和各项换入资产的公允价值均能够可靠计量

B. 资产交换具有商业实质、且换出资产的公允价值能够可靠计量但换入资产的公允价值不能可靠计量

C. 资产交换具有商业实质、且换入资产的公允价值能够可靠计量但换出资产的公允价值不能可靠计量

D. 资产交换不具有商业实质，或换出资产和换入资产的公允价值均不能可靠计量

10. 资产交换具有商业实质、且公允价值能够可靠计量的非货币性资产交换，在确定换入资产的入账价值时需要考虑的因素有(　　)。

A. 支付的相关税费　　　　B. 换出资产的账面价值

C. 收到对方支付的补价　　　　D. 换出资产的公允价值

(三) 判断题

1. 非货币性资产交换，是指交易双方主要以存货、固定资产、无形资产和长期股权投资等非货币性资产进行的交换。　　(　　)

2. 在非货币性资产交换中，包括以非货币性资产作为股利发放给股东的交易。 （ ）

3. 非货币性资产交换准则规定，认定涉及少量货币性资产的交换为非货币性资产交换，通常以补价占整个资产交换金额的比例是否低于25%作为参考比例。 （ ）

4. 在非货币性资产交换中，只要该项交换具有商业实质，就可以按照公允价值计量换入资产的成本。 （ ）

5. 在非货币性资产交换中，换入资产或换出资产不存在活跃市场，但同类或类似资产存在活跃市场的也不能视为公允价值能够可靠计量。 （ ）

6. 换入资产的未来现金流量在风险、时间和金额方面与换出资产显著不同，视为具有商业实质。 （ ）

7. 在换入资产和换出资产为同类资产的情况下，其之间的交换一定不具有商业实质。 （ ）

8. 非货币性资产交换不具有商业实质，或者虽然具有商业实质但换入资产和换出资产的公允价值均不能可靠计量的，应当以换出资产账面价值为基础确定换入资产成本，如涉及补价的，需要确认损益。 （ ）

9. 在以公允价值计量的情况下，不论是否涉及补价，只要换出资产的公允价值与其账面价值不相同，就一定会涉及损益的确认。 （ ）

10. 涉及多项非货币性资产的交换，资产交换具有商业实质、且换入资产的公允价值能够可靠计量但换出资产的公允价值不能可靠计量的情况下，换入资产的总成本应当按照换入资产的账面价值总额为基础确定。 （ ）

（四）计算与会计处理题

1. 甲公司和乙公司为增值税一般纳税人，适用的增值税税率均为17%，经协商甲公司用一台设备交换乙公司生产的一批产品。甲公司换入的存货作为原材料，乙公司换入的设备作为生产用的固定资产。设备账面原价为800 000元，交换日的累计折旧为150 000元，公允价值为600 000元。库存商品账面价值为400 000元，交换日的市场价格为600 000元，市场价格等于计税价格。甲公司为清理固定资产支付清理费用3 000元。假设甲、乙公司都没有计提资产减值准备，整个交易过程中没有发生除增值税以外的其他相关税费。

要求：分别编制甲、乙公司的有关会计分录。

2. 丙公司和丁公司为增值税一般纳税人，适用的增值税税率均为17%。2013年7月1日，丙公司和丁公司进行非货币性资产交换。丙公司将持有的一项可供出售金融资产与丁公司的一批产品进行交换，丙公司该项可供出售金融资产的成本为400万元，公允价值变动借方余额为50万元，交换日的公允价值为550万元；丁公司该批产品的账面价值为300万元，不含增值税的公允价值为500万元，已计提存货跌价准备30万元。交换过程中丙公司向丁公司支付补价为35万元，同时丙公司为换入商品支付相关费用5万元，丙公司换入的商品作为原材料核算，丁公司换入的可供出售金融资产作为交易性金融资产核算，假设该项交换具有商业实质。

要求：分别计算丙公司和丁公司换入资产的入账价值，并编制丙公司和丁公司的会计分录（单位：万元）。

3. 甲公司以一项长期股权投资与乙公司交换一台设备和一项无形资产，甲公司的长期股权投资账面余额为260万元，计提减值准备32万元，公允价值为180万元；乙公司的设备原价为80万元，累计折旧40万元，公允价值为50万元；无形资产账面价值为170万元，公允价值为150万元，营业税税率为5%；甲公司支付给乙公司补价20万元。乙公司以银行存款支付固定资产清理费用5万元。假定交易过程中除营业税外不涉及其他相关税费。

要求：

（1）判断本题交易是否属于非货币性资产交换；如果是，请计算甲公司换入的各项资产的入账价值（单位：万元）。

（2）编制甲、乙公司的相关会计分录（单位：万元）。

四、本章习题答案及解析

（一）单项选择题

1. B【解析】非货币性资产是指货币性资产以外的资产，包括存货、固定资产、在建工程、工程物资、无形资产、长期股权投资、不准备持有至到期的债券投资等。

2. A【解析】B选项，补价所占比重＝25÷100×100%＝25%，不属于非货币性资产交换；C选项不属于非货币性资产交换，准备持有至到期债券投资为货币性资产；D选项，补价所占比重＝200÷750×100%＝26.67%，不属于非货币性资产交换（应收票据为货币性资产）。

3. B【解析】甲公司换入的该项资产的入账价值＝200+20＝220（万元）。

4. C【解析】甲公司换入的D设备的入账价值＝250+250×17%－42.5 ＝250（万元）。取得的设备增值税可以抵扣，所以，换出资产的公允价值+销项税额－进项税额＝换入的D设备的入账价值。

5. D【解析】货币性资产是指企业持有的货币资金和将以固定或可确定的金额收取的资产，包括库存现金、银行存款、应收账款和应收票据及准备持有至到期的债券投资等。选项D不符合货币性资产的规定条件。

6. D【解析】非货币性资产交换不涉及在企业合并、债务重组中和发行股票取得的非货币性资产，选项A、B、C均不符合非货币性资产交换的认定。

7. A【解析】换出资产为固定资产、无形资产的，换出资产的公允价值与其账面价值的差额，计入营业外收入或营业外支出。本题中换出固定资产的公允价值高于其账面价值的差额，应计入营业外收入。

8. B【解析】按照规定，换出资产为存货的应当视同销售处理，按换出资产（库存商品）的公允价值确认为主营业务收入，同时结转销售成本，相当于按照公允价值确认的主营业务收入和按库存商品账面价值结转的主营业务成本之间的差额体现为企业的营业利润。选项B、C、D不正确。

9. C【解析】甲公司换入原材料的入账价值＝换出资产的账面价值（37.5－10.5－5）+支付的补价（2）－可抵扣的进项税额（3.4）＝20.6（万元）。

10. A【解析】甲公司影响损益的金额=150-110=40（万元）。

11. A【解析】换入原材料时确认的投资收益=90 000-（100 000-15 000）-3 000=2 000（元）

（二）多项选择题

1. BCD【解析】非货币性资产是指货币性资产以外的资产，包括存货、固定资产、在建工程、工程物资、无形资产、长期股权投资、不准备持有至到期的债券投资等。选项A属于货币性资产。

2. AC【解析】选项B属于负债；选项D收回金额不固定，属于非货币性资产。

3. AB【解析】选项A，支付补价：20 000÷（200 000+20 000）×100%=9.09%<25%，属于非货币性资产交换；选项B，收到补价：300÷13 000×100%=2.31%<25%，属于非货币性资产交换；选项C，准备持有至到期的债券投资属于货币性资产，不属于非货币性资产交换；选项D，收到补价：1 800 000÷6 000 000×100%=30%>25%，不属于非货币性资产交换。

4. BD【解析】选项A和C中的应收债权和银行汇票属于货币性资产，所以选项A、C不属于非货币性资产交换。

5. ABCD

6. ABC【解析】收到补价方，换入资产成本加收到的补价之和与换出资产账面价值加应支付的相关税费之和的差额，应当计入当期损益，故选项D不正确。

7. ABD【解析】选项C，不存在同类或类似资产的可比市场交易，应当采用估值技术确定资产的公允价值，采用估值技术确定的公允价值估计数的变动区间很小，视为公允价值能够可靠计量。

8. ABC【解析】选项D，换出资产为随时变现的股票投资，换出资产公允价值和换出资产账面价值的差额，计入投资收益。

9. BD【解析】选项A，对于具有商业实质、且各项换出资产和各项换入资产的公允价值均能够可靠计量的资产交换，应当按照各项换入资产的公允价值占换入资产公允价值总额的比例，对换入资产总成本进行分配，确定各项换入资产的成本。选项C，对于具有商业实质、且换入资产的公允价值能够可靠计量但换出资产的公允价值不能可靠计量的资产交换，应当按照各项换入资产的公允价值占换入资产公允价值总额的比例，对换入资产总成本进行分配，确定各项换入资产的成本。

10. ACD【解析】在资产交换具有商业实质且公允价值能够可靠计量的非货币性资产交换中，企业换出资产的账面价值不影响该企业计算换入资产的入账价值。

（三）判断题

1. √

2. ×【解析】非货币性资产交换准则所述的非货币性资产交换是企业之间主要以非货币性资产形式的互惠转让，即企业取得一项非货币性资产，必须以付出自己拥有的非货币性资产作为代价。与所有者的非互惠转让，如以非货币性资产作为股利发放给股东等，属于资本性交易，适用《企业会计准则第37号——金融工具列报》。

3. √

4. ×【解析】非货币性资产交换同时满足该项交换具有商业实质和换入资产或换出资产的公允价值能够可靠地计量两个条件的，应当以公允价值和应支付的相关税费作为换入资产的成本，公允价值与换出资产账面价值的差额计入当期损益。

5. ×【解析】换入资产或换出资产不存在活跃市场，但同类或类似资产存在活跃市场的，视为公允价值能够可靠计量。

6. √

7. ×【解析】在换入资产和换出资产为同类资产的情况下，同类资产产生的未来现金流量既可能相同，也可能显著不同，其之间的交换因而可能具有商业实质，也可能不具有商业实质。

8. ×【解析】非货币性资产交换不具有商业实质，或者虽然具有商业实质、且换入资产和换出资产的公允价值均不能可靠计量的，应当以换出资产的账面价值为基础确定换入资产成本，无论是否支付补价，均不确认损益。

9. √

10. ×【解析】涉及多项非货币性资产的交换，具有商业实质、且换入资产的公允价值能够可靠计量但换出资产的公允价值不能可靠计量的资产交换，换入资产的总成本应当按照换入资产的公允价值总额为基础确定。

（四）计算与会计处理题

1. 编制的会计分录如下：

（1）甲公司编制的会计分录如下：

甲公司换入资产的增值税进项税额 = 600 000×17% = 102 000（元）

换出资产的增值税销项税额 = 600 000×17% = 102 000（元）

借：固定资产清理	650 000	
累计折旧	150 000	
贷：固定资产		800 000
借：固定资产清理	3 000	
贷：银行存款		3 000
借：原材料	600 000	
应交税费——应交增值税（进项税额）	102 000	
营业外支出	53 000	
贷：固定资产清理		653 000
应交税费——应交增值税（销项税额）		102 000

（2）乙公司编制的会计分录如下：

换出资产的增值税销项税额 = 600 000×17% = 102 000（元）

换入资产的增值税进项税额 = 600 000×17% = 102 000（元）

借：固定资产	600 000	
应交税费——应交增值税（进项税额）	102 000	
贷：主营业务收入		600 000
应交税费——应交增值税（销项税额）		102 000

借：主营业务成本 400 000
　贷：库存商品 400 000

2. 相关的业务处理过程如下：

（1）丙公司的业务处理过程如下：

丙公司换入原材料的入账价值=550+35+5-500×17%=505（万元）

借：原材料 505
　　应交税费——应交增值税（进项税额） 85
　贷：可供出售金融资产——成本 400
　　　　　　　　　　　——公允价值变动 50
　　　投资收益 100
　　　银行存款 40
借：资本公积——其他资本公积 50
　贷：投资收益 50

（2）丁公司的业务处理过程如下：

丁公司换入交易性金融资产的入账价值=500+500×17%-35=550（万元）

借：交易性金融资产 550
　　银行存款 35
　贷：主营业务收入 500
　　　应交税费——应交增值税（销项税额） 85
借：主营业务成本 270
　　存货跌价准备 30
　贷：库存商品 300

3. 相关的业务处理过程如下：

（1）对甲公司而言，支付补价20万元占换出资产公允价值与支付补价之和200万元的比例为10%，小于25%，属于非货币性资产交换，应按照非货币性资产交换准则核算。

对乙公司而言，收到补价20万元占换出资产公允价值200万元的比例为10%，小于25%，属于非货币性资产交换，应按照非货币性资产交换准则核算。

甲公司换入资产入账价值总额=180+20=200（万元）

设备公允价值占换入资产公允价值总额的比例=50÷（50+150）×100%=25%

无形资产公允价值占换入资产公允价值总额的比例=150÷（50+150）×100%=75%

换入设备的入账价值=200×25%=50（万元）

换入无形资产的入账价值=200×75%=150（万元）

（2）甲公司编制的有关会计分录如下：

借：固定资产 50
　　无形资产 150
　　长期股权投资减值准备 32
　　投资收益 48
　贷：长期股权投资 260
　　　银行存款 20

乙公司编制的有关会计分录如下：

借：固定资产清理	40	
累计折旧	40	
贷：固定资产		80
借：固定资产清理	5	
贷：银行存款		5
借：长期股权投资	180	
银行存款	20	
营业外支出	22.5	
贷：无形资产		170
应交税费——应交营业税		7.5
固定资产清理		45

第十章　负　债

一、学习目的及要求

通过本章学习，了解负债的概念、特征、分类；掌握短期借款、应付票据、应付账款、预收账款、应付职工薪酬、应交税费、应付利息、应付股利、其他应付款等流动负债的会计处理，重点掌握应付职工薪酬及应交税费的账务处理；掌握长期借款、应付债券、长期应付款等非流动负债的会计处理；熟悉借款费用及债务重组的相关概念并掌握其会计处理。

二、本章主要知识点

◇流动负债
◇非流动负债
◇借款费用
◇债务重组

三、本章习题

（一）单项选择题

1. 某企业发行分期付息、到期一次还本的债券，其按票面利率计算确定的应付未付利息，应该记入(　　)科目。

A. “应付债券——应计利息”　　B. “应付利息”
C. “应付债券——利息调整”　　D. “应付债券——面值”

2. 企业发生长期借款利息的情况下，借方不可能涉及的科目是(　　)。

A. “管理费用”　　B. “应付利息”
C. “财务费用”　　D. “在建工程”

3. 下列各项中，应通过“其他应付款”科目核算的是(　　)。

A. 应付现金股利　　B. 应交教育费附加
C. 应付租入包装物租金　　D. 应付管理人员工资

4. 某企业对外转让一栋厂房，根据税法规定计算的应交土地增值税，应借记的会计科目是(　　)。

A. “销售费用”　　B. “固定资产清理”

C. “制造费用”　　D. “管理费用”

5. 某企业本期实际应上交增值税200 000元、消费税100 000元、营业税200 000元、土地增值税100 000元。该企业适用的城市维护建设税税率为7%，则该企业应交的城市维护建设税为(　　)元。

A. 21 000　　B. 35 000　　C. 42 000　　D. 28 000

6. 企业对外销售应税产品计算出的应交资源税，应记入(　　)科目。

A. “制造费用”　　B. “生产成本”

C. “主营业务成本”　　D. “营业税金及附加”

7. 委托加工的应税消费品收回后直接出售的，由受托方代收代缴的消费税，委托方应借记的会计科目是(　　)。

A. “在途物资”　　B. “委托加工物资”

C. “应交税费——应交消费税”　　D. “营业税金及附加”

8. 某工业生产企业为小规模纳税人，采用计划成本对材料进行日常核算，本期购入原材料一批，增值税专用发票上注明的原材料价款为200 000元，增值税税额为34 000元，材料尚未到达，并支付运费1 200元，已取得运费发票，则其在采购时应记入“材料采购”账户的金额为(　　)元。

A. 201 200　　B. 235 200　　C. 218 116　　D. 217 000

9. 小规模纳税企业购入原材料取得的增值税专用发票上注明货款20 000元，增值税税额3 400元，在购入材料的过程中另支付运杂费600元，则该企业原材料的入账价值为(　　)元。

A. 20 000　　B. 20 600　　C. 23 400　　D. 24 000

10. A公司建造办公楼领用外购原材料10 000元，原材料购入时支付的增值税税额为1 700元；因火灾毁损原材料一批，其实际成本为20 000元，经确认损失材料的增值税为3 400元，则A公司记入“应交税费——应交增值税（进项税额转出）”科目的金额为(　　)元。

A. 680　　B. 1 020　　C. 1 700　　D. 5 100

11. 职工工资中代扣的职工房租，应借记的会计科目是(　　)。

A. “应付职工薪酬”　　B. “银行存款”

C. “其他应收款”　　D. “其他应付款”

12. 下列有关应付票据处理的表述中，不正确的是(　　)。

A. 企业开出并承兑商业汇票时，应按票据的到期值贷记“应付票据”科目

B. 企业支付的银行承兑手续费，计入当期财务费用

C. 应付票据到期支付时，按账面余额结转

D. 企业到期无力支付的商业承兑汇票，应按票面金额转入应付账款

13. 某企业以一张期限为6个月的商业承兑汇票支付货款，面值为100万元，票面年利率为4%。该票据到期时，企业应支付的金额为(　　)万元。

A. 100　　B. 102　　C. 104　　D. 140

14. 企业发生的下列各项利息支出，不应计入财务费用的是(　　)。

A. 应付债券的利息　　B. 短期借款的利息

C. 带息应付票据的利息　　　　D. 筹建期间的长期借款利息

15. 企业因债权人撤销而转销无法支付的应付账款时，应将所转销的应付账款计入(　　)。

A. 资本公积　　　　B. 其他应付款

C. 营业外收入　　　　D. 其他业务收入

16. 企业计提短期借款的利息时贷记的会计科目是(　　)。

A. “财务费用”　　B. “短期借款”　　C. “应收利息”　　D. “应付利息”

17. 某公司于2013年1月1日对外发行3年期、面值总额为1 000万元的公司债券，债券票面年利率为7%，分期付息、到期一次还本，实际收到发行价款1 054.47万元。该公司采用实际利率法摊销债券溢折价，不考虑其他相关税费，经计算确定其实际利率为5%。2013年12月31日，该公司该项应付债券的“利息调整”明细科目余额为(　　)万元。

A. 54.74　　B. 71.75　　C. 37.19　　D. 17.28

18. 下列各项中，不符合资本化条件的资产是(　　)。

A. 需要经过相当长时间的购建才能达到预定可使用状态的固定资产

B. 需要经过相当长时间的购建才能达到预定可使用状态的投资性房地产

C. 需要经过相当长时间的生产活动才能达到预定可销售状态的存货

D. 需要经过半年的购建才能达到预定可销售状态的投资性房地产

19. 下列各项中，属于债务重组准则核算范围的是(　　)。

A. 在债务人处于财务困难的前提条件下进行的债权人按照其与债务人达成的协议或者法院的裁定做出让步的事项

B. 债务人处于清算或改组时的债务重组

C. 虽修改了债务条件，但实质上债权人并未做出让步的债务重组事项

D. 债务人发生财务困难时，债权人同意债务人用等值库存商品抵偿到期债务，但不调整偿还金额

20. 甲公司应付乙公司账款90万元，甲公司由于发生严重财务困难，与乙公司达成债务重组协议：甲公司以一幢厂房抵偿债务。该厂房的账面原价为120万元，已提折旧30万元，已提减值准备10万元，公允价值为65万元，不考虑其他因素。甲公司该项债务重组的净损益为(　　)万元。

A. 0　　B. 10　　C. 20　　D. 30

(二) 多项选择题

1. 企业在筹建期间按面值发行债券，按期计提利息时，可能涉及的会计科目有(　　)。

A. “财务费用”　　B. “在建工程”　　C. “应付债券”　　D. “管理费用”

2. 下列对长期借款利息费用的会计处理中，正确的有(　　)。

A. 筹建期间不符合资本化条件的借款利息计入管理费用

B. 筹建期间不符合资本化条件的借款利息计入长期待摊费用

C. 日常生产经营活动不符合资本化条件的借款利息计入财务费用

D. 符合资本化条件的借款利息计入相关资产成本

3. 企业应记入“管理费用”的税金有(　　)。

A. 土地增值税　　B. 印花税　　C. 房产税　　D. 耕地占用税

4. 下列税金，应计入企业固定资产价值的有(　　)。

A. 房产税　　B. 车船税

C. 车辆购置税　　D. 购入固定资产交纳的契税

5. 下列各项税金中，影响企业损益的有(　　)。

A. 消费税　　B. 营业税

C. 增值税销项税额　　D. 所得税

6. 企业按规定交纳营业税的项目有(　　)。

A. 销售商品取得收入　　B. 销售不动产取得收入

C. 出租无形资产取得收入　　D. 提供运输劳务取得收入

7. 下列经济业务需要计算增值税销项税额的有(　　)。

A. 将自产产品用于集体福利设施建设　　B. 以库存商品对外投资

C. 将自产产品对外捐赠　　D. 原材料由于管理不善被盗

8. 下列各项中，属于企业应付职工薪酬核算的有(　　)。

A. 工会经费　　B. 企业医务人员的工资

C. 住房公积金　　D. 辞退福利

9. “预收账款”科目贷方登记(　　)。

A. 预收货款的数额

B. 企业向购货方发货后冲销的预收货款的数额

C. 收到购货单位补付货款的数额

D. 退回购货方多付货款的数额

10. 下列关于应付账款的处理中，正确的有(　　)。

A. 货物与发票账单同时到达，待货物验收入库后，按发票账单登记入账

B. 货物已到，但至月末时发票账单还未到达，应在月份终了时暂估入账

C. 应付账款一般按到期时应付金额的现值入账

D. 企业采购业务中形成的应付账款，在确认其入账价值时不需要考虑将要发生的现金折扣

11. 负债的特征包括(　　)。

A. 负债的清偿预期会导致经济利益流出企业

B. 负债是企业承担的现时义务

C. 未来流出的经济利益的金额能够可靠地计量

D. 负债是由过去的交易或事项形成的

12. 下列关于企业发行一般公司债券的会计处理中，正确的有(　　)。

A. 无论是按面值发行，还是溢价发行或折价发行，均应按债券面值记入“应付债券”科目的“面值”明细科目

B. 实际收到的款项与面值的差额，应记入“利息调整”明细科目

C. 对于利息调整，企业应在债券存续期间内选用实际利率法或直线法进行摊销

D. 资产负债表日，企业应按应付债券的面值和实际利率计算确定当期的债券利息费用

13. 借款费用资本化必须同时满足的条件有(　　)。

A. 资产支出已经发生

B. 借款费用已经发生

C. 为使资产达到预定可使用或者可销售状态所必要的购建或者生产活动已经开始

D. 已使用借款购入工程物资

14. 企业为购建固定资产专门借入的款项所发生的借款费用，停止资本化的时点有(　　)。

A. 所购建固定资产与设计要求或合同要求相符或基本相符时

B. 固定资产的实体建造工作已经全部完成或实质上已经完成时

C. 继续发生在所购建固定资产上的支出金额很少或者几乎不再发生时

D. 需要试生产的固定资产在试生产结果表明资产能够正常生产出合格产品时

15. 关于借款费用的资本化期间与资本化金额，下列说法中不正确的有(　　)。

A. 符合资本化条件的资产达到预定可使用或者可销售状态后所发生的借款费用，应当在发生时计入当期损益

B. 符合资本化条件的资产在购建或者生产过程中如果发生非正常中断，应当暂停借款费用的资本化

C. 借款存在折价或者溢价的，应当按照实际利率法确定每一会计期间应摊销的折价或溢价金额，调整每期的利息费用

D. 为购建或者生产符合资本化条件的资产而借入的专门借款，应根据资产支出加权平均数乘以所占用的专门借款的资本化率，计算确定应予资本化的利息金额

16. 2013 年 3 月 31 日，甲公司应收乙公司的一笔贷款 500 万元到期，由于乙公司发生财务困难，该笔贷款预计短期内无法收回。该公司已为该项债权计提坏账准备 100 万元。当日，甲公司就该债权与乙公司进行协商。下列协商方案中，属于甲公司债务重组的有(　　)。

A. 减免 100 万元债务，其余部分立即以现金偿还

B. 减免 50 万元债务，其余部分延期 2 年偿还

C. 以公允价值为 500 万元的固定资产偿还

D. 以现金 100 万元和公允价值为 400 万元的无形资产偿还

17. 某股份有限公司清偿债务的下列方式中，属于债务重组的有(　　)。

A. 根据转换协议将应付可转换公司债券转为资本

B. 以公允价值低于债务金额的非现金资产清偿

C. 债权人做出让步时，延长债务偿还期限并收取比原利率低的利息

D. 以低于债务账面价值的银行存款清偿

18. 债务重组是指在债务人发生财务困难的情况下，债权人按照其与债务人达成的协议或者法院的裁定做出让步的事项。其中，债权人做出的让步包括(　　)。

A. 债权人减免债务人部分债务本金

B. 允许债务人延期支付债务，但不减少债务的账面价值

C. 降低债务人应付债务的利率

D. 债权人减免债务人部分债务利息

19. 债务人以现金清偿债务的情况下，债权人进行账务处理可能涉及的会计科目有(　　)。

A. “库存现金”　　B. “营业外支出”　　C. “营业外收入”　　D. “资产减值损失”

20. 债务人以非现金资产抵偿债务的，非现金资产公允价值与账面价值之间的差额，应计入(　　)。

A. 投资收益　　B. 营业外收入　　C. 营业外支出　　D. 主营业务成本

（三）判断题

1. 应付债券按实际利率（实际利率与票面利率差异较小时也可按票面利率）计算确定的利息费用，应按照与长期借款相一致的原则计入有关成本、费用。（　　）

2. 企业应付各种赔款、应付租金、应付存入保证金等应在“其他应付款”等科目核算。（　　）

3. 企业按规定计算出应交的教育费附加，一般都是借记“营业税金及附加”科目，贷记“应交税费——应交教育费附加”科目。实际上缴时，借记“应交税费——应交教育费附加”科目，贷记“银行存款”科目。（　　）

4. 企业应交的各种税金，都通过“应交税费”科目核算。（　　）

5. 委托加工的应税消费品收回后直接用于销售的，委托方应将受托方代收代缴的消费税计入委托加工后的应税消费品的成本。（　　）

6. 企业只有在对外销售消费税应税产品时才应交纳消费税。（　　）

7. 企业以自产的产品对外捐赠，由于会计核算时不作销售处理，因此不需交纳增值税。（　　）

8. 某企业为小规模纳税人，销售产品一批，含税价格 41 200 元，增值税征收率 3%，该批产品应交增值税为 1 200 元。（　　）

9. 企业的工资总额都应计入产品成本。（　　）

10. 企业向职工食堂、职工医院、生活困难职工等支付职工福利费，应借记“应付职工薪酬——职工福利”科目。（　　）

11. 公司向职工发放自产产品作为福利，同时要根据相关税收规定，视同销售计算增值税销项税额。（　　）

12. 预收账款与应付账款虽然均属于负债项目，但与应付账款不同，它通常不需要以货币偿付。（　　）

13. 企业到期无力偿付的商业承兑汇票，应按其账面余额转入“资本公积”。（　　）

14. 企业在计算长期借款利息时，应该按照实际利率确认应该支付的利息。（　　）

（四）计算与会计处理题

1. 某企业计算本月应付管理人员工资总额 200 000 元，代扣代缴个人所得税 3 000 元，用银行存款发放工资 197 000 元。

要求：编制该企业的相关会计分录。

2. 企业借入 2 年期、到期还本、每年末计提并支付利息的长期借款 30 000 元用于工程建设，合同约定年利率为 4%，假定利息全部符合资本化条件。

要求：编制该企业借入借款、每年末计提利息和支付利息的会计分录。

3. 华联公司为增值税一般纳税企业，适用的增值税税率为 17%、消费税税率为 10%、营业税税率为 5%、所得税税率为 25%，存货收发采用实际成本法核算。该企业 2013 年发生下列经济业务：

（1）从一般纳税企业购入一批原材料，增值税专用发票上注明的原材料价款为 100 万元，增值税税额 17 万元，货款已经支付，另购入材料过程中支付运费 1 万元（进项税额按 7% 的扣除率计算），材料已经到达并验收入库。

（2）将一批材料用于建造办公楼，材料成本为 1 万元，该材料购进时确认的进项税额为 0.17 万元。

（3）购入工程物资一批，其价款为 20 万元，增值税税额为 3.4 万元，用银行存款支付（进项税不能抵扣）。

（4）对外销售自建房屋一栋（非主营业务），收入 500 万元存入银行，确认收入并计算应交营业税。

（5）转让一项专利权的所有权，收入 10 万元存入银行，该专利权原值为 12 万元，转让时已经累计摊销 6 万元，没有计提减值准备。

（6）企业用银行存款支付购买印花税票 0.13 万元。

（7）向甲公司销售一批应税消费品 10 万元（主营业务），增值税税额为 1.7 万元，收到款项存入银行。该批产品的实际成本为 8 万元。

要求：根据上述业务（1）~（7）编制相关的会计分录（单位：万元）。

4. 某企业 2013 年 2 月初“应交税费”账户余额为 0，当月发生下列相关业务：

（1）购入材料一批，价款 300 000 元，增值税税额 51 000 元，以银行存款支付，企业采用计划成本法核算，该材料计划成本为 320 000 元，已验收入库。

（2）将账面价值为 540 000 元的产品专利权出售，收到价款 660 000 元存入银行，适用的营业税税率为 5%，假定该专利权没有计提摊销和减值准备（不考虑除营业税以外的其他税费）。

（3）销售应税消费品一批，价款 600 000 元，增值税税额 102 000 元，收到货款并存入银行，消费税适用税率为 10%，该批商品的成本为 500 000 元。

（4）月末计提日常经营活动产生的城市维护建设税和教育费附加，适用的税率和费率分别为 7% 和 3%。

要求：编制（1）~（4）业务会计分录，并列示业务（4）的计算过程。

5. A 企业与 B 企业签订购销合同销售一批产品，B 企业预付货款 60 000 元，一个月后，A 企业将产品发往 B 企业，开出的增值税专用发票上注明的价款为 100 000 元，增值税税额为 17 000 元，该批货物成本为 72 000 元。当日 B 企业以银行存款支付剩余货款。

要求：编制 A 企业相关的会计分录。

6. 2013 年 4 月 1 日，甲公司因急需流动资金，从银行取得 5 个月期限的借款 100 000 元，年利率为 6%，按月计提利息，8 月 31 日到期偿还本息，假定不考虑其他因素。

要求：编制甲公司与短期借款有关的会计分录。

7. 正保股份公司（上市公司）发行公司债券为建造专用生产线筹集资金，有关资料如下：

（1）2009 年 12 月 31 日，委托证券公司以 9 306 万元的价格发行 3 年期分期付息公司债券，该债券面值为 9 600 万元，票面年利率为 4.5%，实际年利率为 5.64%，每年付息一次，到期后按面值偿还，支付的发行费用与发行期间冻结资金产生的利息收入相等。

（2）生产线建造工程采用出包方式，于 2010 年 1 月 1 日开始动工，发行债券所得款项当日全部支付给建造承包商，2011 年 12 月 31 日所建造的生产线达到预定可使用状态。

（3）假定各年度利息的实际支付日期均为下年度的 1 月 10 日，2013 年 1 月 10 日支付 2012 年度利息，一并偿付面值。

（4）所有款项均以银行存款收付。

要求：

（1）计算正保公司该债券在各年末的摊余成本、应付利息金额、当年应予资本化或费用化的利息金额、利息调整的本年摊销额，结果填入表 9-1 中（不需列出计算过程）。

表 9-1 **应付债券利息调整和摊余成本计算表** 单位：万元

时间		2009 年 12 月 31 日	2010 年 12 月 31 日	2011 年 12 月 31 日	2012 年 12 月 31 日
年末摊余成本	面值				
	利息调整				
	合计				
当年应予资本化或费用化的利息金额					
年末应付利息金额					
“利息调整”本年摊销额					

（2）分别编制正保公司与债券发行、2010 年 12 月 31 日和 2012 年 12 月 31 日确认债券利息、2013 年 1 月 10 日支付利息和面值业务相关的会计分录。

（答案中的金额单位用万元表示，“应付债券”科目应列出明细科目）

8. 正保公司拟建造一栋厂房，预计工期为 2 年，有关资料如下：

（1）正保公司于 2011 年 1 月 1 日为该项工程专门借款 3 000 万元，借款期限为 3 年，年利率为 6%，利息按年支付。

（2）工程建设期间占用了两笔一般借款，具体如下：

①2010 年 12 月 1 日向某银行借入长期借款 4 000 万元，期限为 3 年，年利率为 9%，利息按年于每年年初支付。

②2011 年 7 月 1 日按面值发行 5 年期公司债券 3 000 万元，票面年利率为 8%，利息按年于每年年初支付，款项已全部收存银行。

（3）工程于 2011 年 1 月 1 日开始动工兴建，工程采用出包方式建造，当日支付工程款 1 500 万元。工程建设期间的支出情况如下：2011 年 7 月 1 日：3 000 万元；2012 年 1 月 1 日：2 000 万元；2012 年 7 月 1 日：3 000 万元；截至 2012 年年末，工程尚未完工。其中，工程由于施工质量问题于 2011 年 8 月 1 日至 11 月 30 日停工 4 个月。

（4）专门借款中未支出部分全部存入银行，月利率为0.5%。假定全年按照360天计算，每月按照30天计算。

要求：

（1）计算2011年利息资本化和费用化的金额并编制会计分录（计算结果保留两位小数，单位：万元，下同）。

（2）计算2012年利息资本化和费用化的金额并编制会计分录。

四、本章习题答案及解析

（一）单项选择题

1. B【解析】对于分期付息、到期一次还本的债券，其按票面利率计算确定的应付未付利息通过“应付利息”科目核算；对于一次还本付息的债券，其按票面利率计算确定的应付未付利息通过“应付债券——应计利息”科目核算。

2. B【解析】一般情况下长期借款的利息应该记入“财务费用”科目；筹建期间发生的长期借款的利息费用记入“管理费用”科目（不符合资本化条件的）；为在建工程购入的长期借款利息符合资本化条件的应该记入“在建工程”科目。

3. C【解析】选项A应付现金股利通过“应付股利”科目核算；选项B应交教育费附加通过“应交税费”科目核算；选项C应付租入包装物租金通过“其他应付款”科目核算；选项D应付管理人员工资通过“应付职工薪酬”科目核算。

4. B【解析】企业计算出应交土地增值税，借记“固定资产清理”、“在建工程”等科目，贷记“应交税费——应交土地增值税”科目。

5. B【解析】该企业应交的城市维护建设税=（200 000+100 000+200 000）×7%=35 000（元）。

6. D【解析】企业对外销售应税产品应交纳的资源税，借记“营业税金及附加”科目，贷记“应交税费——应交资源税”科目；企业自产自用应税产品而应交纳的资源税，借记“生产成本”、“制造费用”等科目，贷记“应交税费——应交资源税”科目。

7. B

8. B【解析】小规模纳税企业购入货物无论是否具有增值税专用发票，其支付的增值税均应计入购入货物的成本中，所以，应计入材料采购的金额=200 000+34 000+1 200=235 200（元）。

9. D【解析】该企业原材料的入账价值=20 000+3 400+600=24 000（元）。

10. C【解析】A公司记入“应交税费——应交增值税（进项税额转出）”科目的金额为1 700元。因火灾毁损的存货增值税进项税额是可以抵扣的，不需要作增值税进项税额转出处理。

11. A【解析】从职工工资中代扣职工房租，应编制的会计分录为：

借：应付职工薪酬

　贷：其他应付款（金额为应付给房东的租金）

12. A【解析】企业开出并承兑商业汇票时，应按票据的票面金额贷记“应付票据”

科目，而不是按到期值。

13. B【解析】企业应该支付的金额（票据的到期值）$=100+100\times4\%\times6\div12=102$（万元）。

14. D【解析】筹建期间的长期借款利息不符合资本化条件的应该计入管理费用，如果符合资本化条件的应该计入相关资产的成本中。

15. C【解析】企业转销确实无法支付的应付账款（比如因债权人撤销等原因而产生无法支付的应付账款），应按其账面余额计入营业外收入，借记“应付账款”科目，贷记“营业外收入”科目。

16. D【解析】短期借款计提利息时借记“财务费用”科目，贷记“应付利息”科目，所以本题计提短期借款利息时贷方应该记入“应付利息”科目。

17. C【解析】2013年年末该债券“利息调整”明细科目余额$=(1\ 054.47-1\ 000)-(1\ 000\times7\%-1\ 054.47\times5\%)=37.19$（万元）。

18. D【解析】按照借款费用准则规定，符合资本化条件的资产是指需要经过相当长时间的购建或者生产活动才能达到预定可使用或者可销售状态的固定资产、投资性房地产和存货等资产。这里的“相当长时间”一般是指“1年以上”。

19. A【解析】债务重组是指在债务人发生财务困难的情况下，债权人按照其与债务人达成的协议或者法院的裁定做出让步的事项。债务重组涉及债权人与债务人，对债权人而言，为“债权重组”，对债务人而言，为“债务重组”。为便于表述，统称为“债务重组”。债务重组概念中强调了债务人处于财务困难的前提条件，并突出了债权人做出让步的实质内容，从而排除了债务人不处于财务困难条件下的债务重组、处于清算或改组时的债务重组以及虽修改了债务条件但实质上债权人并未做出让步的债务重组事项。如在债务人发生财务困难时，债权人同意债务人用等值库存商品抵偿到期债务，但不调整偿还金额，实质上债权人并未做出让步，不属于债务重组准则规范的内容。

20. B【解析】甲公司该项债务重组应计入营业外收入的金额$=(90-65)+[65-(120-30-10)]=10$（万元）。

（二）多项选择题

1. BCD【解析】企业按面值发行债券，则每期计提利息时借记“在建工程”、“财务费用”、“管理费用”等科目，贷记“应付债券——应计利息”或“应付利息”科目。本题的前提是企业筹建期间，因此计提的利息应记入“在建工程”科目或者“管理费用”科目，而不记入“财务费用”科目。

2. ACD

3. BC【解析】管理费用中核算的税费主要有城镇土地使用税、印花税、房产税、车船税和矿产资源补偿费。

4. CD【解析】固定资产的入账价值中，包括企业为取得固定资产而交纳的契税、耕地占用税、车辆购置税等相关税费。房产税和车船税应该计入管理费用。

5. ABD【解析】消费税和营业税一般应记入“营业税金及附加”或“营业外支出”等科目，影响当期损益；企业应该交纳的所得税应该记入“所得税费用”科目，影响当期损益；增值税销项税额不影响损益。

6. BC【解析】营业税的征税范围包括提供应税劳务、转让无形资产和销售不动产；增值税的征税范围包括销售或进口货物，以及提供的加工、修理修配劳务和应税劳务，因此，正确答案为选项 B、C。

7. ABC【解析】选项 A、B、C 为视同销售行为，因而应计算增值税销项税额；选项 D 应计入进项税额转出。

8. ABCD

9. AC【解析】“预收账款”科目贷方登记预收货款的数额和购货单位补付货款的数额，借方登记企业向购货方发货后冲销的预收货款的数额和退回购货方多付货款的数额。

10. ABD【解析】应付账款一般按确认时的应付金额入账，而不按到期应付金额的现值入账。

11. ABD【解析】选项 C，未来流出的经济利益的金额能够可靠地计量是负债的确认条件之一。

12. AB【解析】利息调整应在债券存续期间内采用实际利率法进行摊销，选项 C 错误；资产负债表日，对于应付债券，企业应按应付债券的摊余成本和实际利率计算确定债券利息费用，选项 D 不正确。

13. ABC【解析】选项 D 虽然属于资产支出的一种，但并不属于借款费用允许资本化必须同时满足的条件。

14. ABCD【解析】在固定资产达到预定可使用状态时，借款费用应当停止资本化，具体表现为：固定资产的实体建造（包括安装）工作已经全部完成或者实质上已经完成；所购建或者生产的固定资产与设计要求或者合同要求相符或者基本相符；继续发生在所购建固定资产上的支出金额很少或者几乎不再发生；如果所购建固定资产需要试生产或者试运行，则在试生产结果表明资产能够正常生产出合格产品时，或者试运行结果表明资产能够正常运转或者营业时，就应当认为资产已经达到预定可使用状态，借款费用应当停止资本化，所以此题选项 A、B、C、D 均正确。

15. BD【解析】符合资本化条件的资产在购建或者生产过程中如果发生非正常中断，且中断时间连续超过 3 个月的，应当暂停借款费用的资本化，选项 B 不正确；专门借款费用的资本化不与资产支出挂钩，其资本化金额以专门借款当期实际发生的利息费用（资本化期间），减去将尚未动用的借款资金存入银行取得的利息收入或进行暂时性投资取得的投资收益（资本化期间）后的金额确定，选项 D 是对一般借款利息资本化金额的确定方法。

16. AB【解析】债务重组是指在债务人发生财务困难的情况下，债权人按照其与债务人达成的协议或者法院的裁定做出的让步的事项。此题选项 C、D 均没有做出让步，所以不属于债务重组。

17. BCD【解析】选项 A，债务人根据转换协议，将应付可转换公司债券转为资本的，则属于正常情况下的债务转为资本，不能作为本章所指的债务重组。

18. ACD【解析】按照企业会计准则的规定，债务重组是指在债务人发生财务困难的情况下，债权人按照其与债务人达成的协议或者法院的裁定做出让步的事项。从这个定义可以看出，它强调债权人向债务人做出让步，即指债权人同意发生财务困难的债务人现在或将来以低于重组债务账面价值的金额偿还债务。让步的结果是，债权人发生债务重组损失，债务人获得债务重组收益。债权人做出让步的情形主要包括债权人减免债务人部分债务本金或者利息、降低债务人应付债务的利率等。选项 B，债权人只是延长债务人的偿还期限，不减收本金也不减收利息，不属于债务重组。

19. ABD【解析】以现金清偿债务的，债权人应当将重组债权的账面余额与收到的现金之间的差额计入当期损益（营业外支出）。债权人已对债权计提减值准备的，应当先将该差额冲减减值准备，冲减后尚有余额的，计入营业外支出（债务重组损失）；冲减后减值准备仍有余额的，应予转回并抵减当期资产减值损失。

20. ABC【解析】以非现金资产偿还债务的，非现金资产为存货的，应当视同销售处理，按非现金资产的公允价值确认销售商品收入，同时结转相应的成本。非现金资产为固定资产、无形资产的，其公允价值和账面价值的差额计入营业外收入或营业外支出。非现金资产为长期股权投资的，其公允价值和账面价值的差额计入投资损益（投资收益）。

（三）判断题

1. √

2. √【解析】企业应付各种赔款、应付租金、应付存入保证金等应在“其他应付款”等科目核算。

3. √

4. ×【解析】对印花税、耕地占用税、契税等不需要预计应交税费金额的，无需通过“应交税费”科目核算。

5. √【解析】委托加工物资收回后直接用于销售的，其所负担的消费税应计入委托加工物资成本；如果收回的委托加工物资用于连续生产应税消费品的，应将所负担的消费税先记入“应交税费——应交消费税”科目的借方，按规定用以抵扣该消费品以后销售时所负担的消费税。

6. ×【解析】企业自产自用应税消费品也应按规定交纳消费税。

7. ×【解析】企业将自产产品用于非应税项目或无偿赠送他人的，应视同销售计算应交增值税。

8. √【解析】该批产品应交增值税税额 = 41 200÷（1+3%）×3% = 1 200（元）。

9. ×【解析】不是所有的工资都计入产品成本，如企业行政管理人员的工资计入管理费用，不计入产品成本。

10. √

11. √

12. √【解析】预收账款是指企业按照合同规定，向购货单位预先收取的款项。与应付账款不同，这一负债不是以货币偿付，而是以货物偿付。

13. ×【解析】企业到期无力偿付的商业承兑汇票，应按其账面余额转入“应付账款”。

14. ×【解析】长期借款在计算利息时涉及利率的选择问题，应该按照实际利率确认利息费用，按照合同利率确认应该支付的利息，差额计入利息调整。

（四）计算与会计处理题

1. 编制的会计分录如下：

借：管理费用 200 000

　贷：应付职工薪酬——工资 200 000

借：应付职工薪酬——工资 3 000

　贷：应交税费——应交个人所得税 3 000

借：应付职工薪酬——工资 197 000

　贷：银行存款 197 000

2. 编制的会计分录如下：

借入借款：

借：银行存款 30 000

　贷：长期借款 30 000

每年末计提利息：

借：在建工程 1 200

　贷：应付利息 1 200

支付利息：

借：应付利息 1 200

　贷：银行存款 1 200

3. 编制的会计分录如下：

（1）购入原材料：

借：原材料（100+1×93%） 100.93

　　应交税费——应交增值税（进项税额）（17+1×7%） 17.07

　贷：银行存款（100+17+1） 118

（2）原材料用于建造办公楼，将原先计入进项税额的增值税转出：

借：在建工程 1.17

　贷：原材料 1

　　　应交税费——应交增值税（进项税额转出） 0.17

（3）购入工程物资，进项税额不能抵扣，计入材料的成本中：

借：工程物资 23.4

　贷：银行存款 23.4

（4）对外提供劳务：

借：银行存款 500

　贷：其他业务收入 500

计算应交营业税：

借：营业税金及附加 25

　贷：应交税费——应交营业税（500×5%） 25

（5）转让无形资产所有权通过营业外收支核算：

借：银行存款 10

借：累计摊销 6

　贷：无形资产 12

　　应交税费——应交营业税（10×5%） 0.5

　　营业外收入 3.5

（6）印花税直接计入管理费用中：

借：管理费用 0.13

　贷：银行存款 0.13

（7）销售产品：

借：银行存款 11.7

　贷：主营业务收入 10

　　应交税费——应交增值税（销项税额） 1.7

借：营业税金及附加 1

　贷：应交税费——应交消费税 1

借：主营业务成本 8

　贷：库存商品 8

4. 编制的会计分录如下：

（1）借：材料采购 300 000

　　应交税费——应交增值税（进项税额） 51 000

　贷：银行存款 351 000

借：原材料 320 000

　贷：材料采购 300 000

　　材料成本差异 20 000

（2）借：银行存款 660 000

　贷：无形资产——专利权 540 000

　　应交税费——应交营业税（660 000×5%） 33 000

　　营业外收入 87 000

（3）借：银行存款 702 000

　贷：主营业务收入 600 000

　　应交税费——应交增值税（销项税额）（600 000×17%） 102 000

借：营业税金及附加 60 000

　贷：应交税费——应交消费税（600 000×10%） 60 000

借：主营业务成本 500 000

　贷：库存商品 500 000

（4）当月应交城市维护建设税＝［（102 000－51 000）+60 000+33 000］×7%

＝10 080（元）

当月应交教育费附加＝［（102 000－51 000）+60 000+33 000］×3%＝4 320（元）

借：营业税金及附加 14 400

　贷：应交税费——应交城市维护建设税 10 080

　　——应交教育费附加 4 320

5. 收到预付款时：

借：银行存款 60 000

　贷：预收账款 60 000

实际销售时：

借：预收账款 117 000

　贷：主营业务收入 100 000

　　　应交税费——应交增值税（销项税额） 17 000

借：银行存款 57 000

　贷：预收账款 57 000

借：主营业务成本 72 000

　贷：库存商品 72 000

6. 编制的会计分录如下：

（1）取得短期借款：

借：银行存款 100 000

　贷：短期借款 100 000

（2）每月计提利息：

借：财务费用（100 000×6%÷12） 500

　贷：应付利息 500

（3）到期还本付息：

借：短期借款 100 000

　　应付利息 2 000

　　财务费用 500

　贷：银行存款 102 500

7. 相关业务处理过程如下：

（1）计算的正保公司该债券在各年末的摊余成本、应付利息金额、当年应予资本化或费用化的利息金额、利息调整的本年摊销额见表 9-2。

表 9-2 应付债券利息调整和摊余成本计算表 单位：万元

时间		2009 年 12 月 31 日	2010 年 12 月 31 日	2011 年 12 月 31 日	2012 年 12 月 31 日
年末摊余成本	面值	9 600	9 600	9 600	9 600
	利息调整	（294）	（201. 14）	（103. 04）	0
	合计	9 306	9 398. 86	9 496. 96	9 600
当年应予资本化或费用化的利息金额			524. 86（9 306×5. 64%）	530. 10（9 398. 86×5. 64%）	535. 04
年末应付利息金额			432（9 600×4. 5%）	432	432
“利息调整”本年摊销额			92. 86	98. 10	103. 04

（2）编制的会计分录如下：

①2009 年 12 月 31 日发行债券：

借：银行存款　　9 306

　　应付债券——利息调整　　294

　贷：应付债券——面值　　9 600

②2×10 年 12 月 31 日计提利息：

借：在建工程　　524.86

　贷：应付债券——利息调整　　92.86

　　　应付利息　　432

③2×12 年 12 月 31 日计提利息：

借：财务费用　　535.04

　贷：应付债券——利息调整　　103.04

　　　应付利息　　432

注释：2011 年度的利息调整摊销额=（9 306+92.86）×5.64%－9 600×4.5%＝98.10（万元），2012 年度属于最后一年，利息调整摊销额应采用倒挤的方法计算，所以应是 103.04 万元（294－92.86－98.10）。

④2013 年 1 月 10 日付息还本：

借：应付债券——面值　　9 600

　　应付利息　　432

　贷：银行存款　　10 032

8. 相关的业务处理过程如下：

（1）2011 年利息资本化和费用化的金额的计算及编制的会计分录如下：

①计算 2011 年专门借款应予资本化的利息金额：

2011 年专门借款发生的利息金额=3 000×6%＝180（万元）

2011 年 8—11 月专门借款发生的利息费用=3 000×6%×120÷360=60（万元）

2011 年专门借款存入银行取得的利息收入=1 500×0.5%×6=45（万元）

2011 年应予资本化的专门借款利息金额=180－60－45=75（万元）

②计算 2011 年一般借款应予资本化的利息金额：

在 2011 年占用的一般借款资金的资产支出加权平均数=1 500×60÷360=250（万元）

2011 年一般借款发生的利息金额=4 000×9%+3 000×8%×180÷360=480（万元）

2011 年一般借款的资本化率=480÷（4 000+3 000×180÷360）×100%＝8.73%

2011 年一般借款应予资本化的利息金额=250×8.73%＝21.83（万元）

2011 年应当计入当期损益的一般借款利息金额=480－21.83=458.17（万元）

③计算 2011 年应予资本化的和应计入当期损益的利息金额：

2011 年应予资本化的借款利息金额=75+21.83=96.83（万元）

2011 年应当计入当期损益的借款利息金额=60+458.17=518.17（万元）

④2011 年有关会计分录：

借：在建工程　　96.83

　　财务费用　　518.17

　　应收利息（或银行存款）　　45

　贷：应付利息　　660

（2）2012 年借款利息资本化金额和应计入当期损益金额的计算及编制的会计分录

如下：

①计算 2012 年专门借款应予资本化的利息金额：

2012 年应予资本化的专门借款利息金额＝3 000×6%＝180（万元）

②计算 2012 年一般借款应予资本化的利息金额：

2012 年占用一般借款资金的资产支出加权平均数＝1 500×360÷360+2 000×360÷360+3 000×180÷360

＝5 000（万元）

2012 年一般借款发生的利息金额＝4 000×9%+3 000×8%＝600（万元）

2012 年一般借款的资本化率＝600÷（4 000+3 000）×100%＝8.57%

2012 年一般借款应予资本化的利息金额＝5 000×8.57%＝428.5（万元）

2012 年应当计入当期损益的一般借款利息金额＝600−428.5＝171.5（万元）

③计算 2012 年应予资本化和应计入当期损益的利息金额：

2012 年应予资本化的借款利息金额＝180+428.5＝608.5（万元）

2012 年应计入当期损益的借款利息金额＝171.5 万元

④2012 年有关会计分录：

借：在建工程	608.5	
财务费用	171.5	
贷：应付利息		780

第十一章　所有者权益

一、学习目的及要求

通过本章学习，了解所有者权益的内涵及构成；掌握实收资本的核算、资本公积的核算、盈余公积的核算以及未分配利润的核算。

二、本章主要知识点

◇实收资本
◇资本公积
◇留存收益

三、本章习题

（一）单项选择题

1. 企业增资扩股时，投资者实际缴纳的出资额大于其按约定比例计算的其在注册资本中所占的份额部分，应作为(　　)。

A. 资本溢价　　B. 实收资本　　C. 盈余公积　　D. 营业外收入

2. 下列各项中，不属于所有者权益的是(　　)。

A. 递延收益　　B. 盈余公积　　C. 未分配利润　　D. 资本公积

3. 下列项目中，不属于资本公积核算内容的是(　　)。

A. 企业收到投资者出资额超出其在注册资本或股本中所占份额的部分
B. 直接计入所有者权益的利得
C. 直接计入所有者权益的损失
D. 企业收到投资者的出资额

4. 某企业2013年年初未分配利润为借方余额12 000元（该亏损为超过5年的未弥补亏损），当年净利润为210 000元，按10%的比例提取盈余公积。不考虑其他事项，该企业2013年年末未分配利润为(　　)元。

A. 178 200　　B. 198 000　　C. 209 100　　D. 201 000

5. 某公司“盈余公积”科目的年初余额为900万元，本期提取盈余公积1 112.5万元，用盈余公积转增资本500万元。该公司“盈余公积”科目的年末余额为(　　)万元。

A. 712.5　　B. 1 512.5　　C. 1 312.5　　D. 1 762.5

6. 某企业2013年年初未分配利润的贷方余额为300万元，本年度实现的净利润为100万元，分别按10%和5%提取法定盈余公积和任意盈余公积。假定不考虑其他因素，该企业2013年度的可供分配利润为(　　)万元。

A. 285　　B. 290　　C. 300　　D. 400

7. 2014年1月1日某企业所有者权益情况如下：实收资本200万元，资本公积26万元，盈余公积28万元，未分配利润59万元。该企业2014年1月1日留存收益为(　　)万元。

A. 32　　B. 38　　C. 70　　D. 87

8. 下列各项中，能够导致企业留存收益减少的是(　　)。

A. 股东大会宣告派发现金股利　　B. 以资本公积转增资本

C. 提取盈余公积　　D. 以盈余公积弥补亏损

9. 下列各项中，影响所有者权益总额的是(　　)。

A. 用盈余公积弥补亏损　　B. 用盈余公积转增资本

C. 股东大会宣告分配现金股利　　D. 实际分配股票股利

10. A企业2013年增加实收资本60万元，其中：盈余公积转增资本45万元；2013年12月1日接受固定资产投资6万元（使用年限5年，采用年限平均法计提折旧，不考虑残值，自接受之日起投入使用）；货币投资9万元。不考虑其他事项，该企业在年末所有者权益增加金额为(　　)万元。

A. 15　　B. 40　　C. 9　　D. 6

11. 下列各项，能够引起所有者权益总额发生变动的是(　　)。

A. 用盈余公积弥补亏损　　B. 股东大会宣告分配现金股利

C. 用银行存款购买固定资产　　D. 提取任意盈余公积

12. 某企业年初所有者权益160万元，本年度实现净利润300万元，以资本公积转增资本50万元，提取盈余公积30万元，向投资者分配现金股利20万元。假设不考虑其他因素，该企业年末所有者权益为(　　)万元。

A. 360　　B. 410　　C. 440　　D. 460

13. 某企业2013年年初未分配利润的贷方余额为400万元，本年度实现的净利润为200万元，分别按10% 和5% 提取法定盈余公积和任意盈余公积。假定不考虑其他因素，该企业2013年年末未分配利润的贷方余额应为(　　)万元。

A. 410　　B. 510　　C. 540　　D. 570

（二）多项选择题

1. “库存股”科目核算的内容有(　　)。

A. 企业转让库存股或注销库存股

B. 股东因对股东大会做出的公司合并、分立决议持有异议而要求公司收购其股份的，企业实际支付的金额

C. 将收购的股份奖励给本公司职工

D. 企业为奖励本公司职工而收购本公司股份

2. 下列各项中，不增加企业资本公积的有(　　)。

A. 划转无法支付的应付账款　　B. 接受捐赠的固定资产

C. 股本溢价　　D. 盘盈的固定资产

3. 股份有限公司委托其他单位发行股票支付的手续费或佣金等相关费用的金额，如果发行股票的溢价中不够冲减的，或者无溢价的，其差额不应记入的科目有(　　)。

A. “长期待摊费用”　　B. “资本公积”

C. “管理费用”　　D. “财务费用”

4. 企业吸收投资者出资时，下列会计科目的余额不会发生变化的有(　　)。

A. “营业外收入”　　B. “实收资本”

C. “递延收益”　　D. “资本公积”

5. 下列各项中，能够引起企业留存收益总额发生变动的有(　　)。

A. 本年度实现的净利润　　B. 提取法定盈余公积

C. 向投资者宣告分配现金股利　　D. 用盈余公积转增资本

6. 下列各项中，不会引起留存收益变动的有(　　)。

A. 盈余公积补亏　　B. 计提法定盈余公积

C. 盈余公积转增资本　　D. 计提任意盈余公积

7. 企业发生亏损时，下列各项中，(　　)是弥补亏损的渠道。

A. 以盈余公积弥补亏损　　B. 以资本公积弥补亏损

C. 用以后 5 年税前利润弥补　　D. 用 5 年后的税后利润弥补

8. 下列各项中，不会引起所有者权益总额发生增减变动的有(　　)。

A. 宣告发放股票股利　　B. 资本公积转增资本

C. 盈余公积转增资本　　D. 接受投资者追加投资

9. 关于企业所有者权益，下列说法中正确的有(　　)。

A. 资本公积可以弥补企业亏损　　B. 盈余公积可以按照规定转增资本

C. 未分配利润可以弥补亏损　　D. 资本公积可以按照规定转增资本

(三) 判断题

1. 企业不能用盈余公积分配现金股利。(　　)

2. 年度终了，除“未分配利润”明细科目外，“利润分配”科目下的其他明细科目应当无余额。(　　)

3. 支付已宣告的现金股利时所有者权益减少。(　　)

4. 企业计提法定盈余公积的基数是当年实现的净利润和企业年初未分配利润之和。(　　)

5. 企业增资扩股时，投资者实际缴纳的出资额大于其按约定比例计算的其在注册资本中所占的份额部分，也应该记入“实收资本”科目。(　　)

6. 企业接受投资者以非现金资产投资时，应按该资产的账面价值入账。(　　)

7. 平时资产负债表中的未分配利润的金额是由“本年利润”及“利润分配”科目的余额合计填入；年末，由于“本年利润”已转入“利润分配”，所以年末资产负债表的未分配利润的金额等于“利润分配”科目的余额。(　　)

8. 企业用当年实现的利润弥补亏损时，应单独做出相应的账务处理。(　　)

9. 企业以盈余公积向投资者分配现金股利，不会引起留存收益总额的变动。（ ）

10. 所有者权益和负债反映的都是企业全部资产的索取权。（ ）

（四）计算与会计处理题

1. 甲、乙两个投资者向某有限责任公司投资，甲投资者投入自产产品一批，双方确认的价值为180万元（假设是公允的），税务部门认定的增值税为30.6万元，并开具了增值税专用发票。乙投资者投入货币资金9万元和一项专利技术，货币资金已经存入开户银行，该专利技术原账面价值为128万元，预计使用寿命为16年，已摊销40万元，计提减值准备10万元，双方确认的价值为80万元（假设是公允的）。假定甲、乙两位投资者投资时均不产生资本公积。两年后，丙投资者向该公司追加投资，其缴付该公司的出资额为人民币176万元，协议约定丙投资者享有的注册资本金额为130万元。假设甲、乙两个投资者出资额与其在注册资本中所享有的份额相等，不产生资本公积。

要求：根据上述资料，分别编制被投资公司接受甲、乙、丙投资者投资的有关会计分录（单位：万元）。

2. 大兴公司2013年发生的有关经济业务如下：

（1）按照规定办理增资手续后，将资本公积45万元转增注册资本，其中A、B、C三家公司各占1/3。

（2）用盈余公积37.5万元弥补以前年度亏损。

（3）从税后利润中提取法定盈余公积19万元。

（4）接受D公司加入联营。经投资各方协议，D公司实际出资额中500万元作为新增注册资本，使投资各方在注册资本总额中均占1/4。D公司以银行存款550万元缴付出资额。

要求：根据上述经济业务，编制大兴公司的相关会计分录。（不要求编制将利润分配各明细科目余额结转到“利润分配——未分配利润”科目中的分录，单位：万元）

3. 甲股份有限公司2012—2013年发生的与其股票有关的业务如下：

（1）2012年1月4日，经股东大会决议，并报有关部门核准，增发普通股20 000万股，每股面值1元，每股发行价格5元，股款已全部收到并存入银行。假定不考虑相关税费。

（2）2012年6月20日，经股东大会决议，并报有关部门核准，以资本公积2 000万元转增股本。

（3）2013年6月20日，经股东大会决议，并报有关部门核准，以银行存款回购本公司股票50万股，每股回购价格为3元。

（4）2013年6月26日，经股东大会决议，并报有关部门核准，将回购的本公司股票50万股注销。

要求：编制甲股份有限公司上述业务的会计分录（单位：万元）。

四、本章习题答案及解析

（一）单项选择题

1. A

2. A【解析】所有者权益由实收资本（或股本）、资本公积、盈余公积和未分配利润构成。递延收益属于企业的负债，因此该题答案为选项 A。

3. D【解析】企业收到投资者出资额超出其在注册资本或股本中所占份额的部分及直接计入所有者权益的利得和损失属于资本公积核算的内容。企业收到投资者的出资额要按照其在注册资本或股本中所占的份额的部分计入实收资本（或股本）中，差额计入资本公积——资本溢价或股本溢价中，不是全部都计入资本公积中。

4. A【解析】该题中企业的年末未分配利润=（本年实现的净利润-年初未分配利润借方余额）-本年提取的盈余公积=（210 000-12 000）×（1-10%）=178 200（元）。

5. B【解析】公司“盈余公积”科目的年末余额=900+1 112.5-500=1 512.5（万元）。

6. D【解析】企业本年实现的净利润加上年初未分配利润（或减年初未弥补亏损）和其他转入后的余额为可供分配利润。该企业 2013 年度可供分配利润=300+100=400（万元）。

7. D【解析】企业的留存收益包括两个：盈余公积与未分配利润，留存收益=28+59=87（万元）。

8. A【解析】股东大会宣告现金股利使得留存收益减少，负债增加；以资本公积转增资本不涉及留存收益；提取盈余公积和用盈余公积补亏都是在留存收益内部发生变化，不影响留存收益总额的变化。

9. C【解析】用盈余公积弥补亏损，盈余公积减少，未分配利润增加；用盈余公积转增资本，盈余公积减少，实收资本（或股本）增加；实际分配股票股利，未分配利润减少，股本增加。上述三项均不影响所有者权益总额。股东大会宣告分配现金股利时，未分配利润或盈余公积减少，应付股利增加，所有者权益减少。

10. A【解析】所有者权益的增加额=6+9=15（万元）；盈余公积转增资本属于所有者权益内部项目一增一减，总额不变。在这个题目中增加所有者权益的事项只有接受投资业务。

11. B【解析】选项 A，盈余公积减少，未分配利润增加，属于所有者权益项目之间的增减变动，不会使所有者权益总额发生变动；选项 B，未分配利润减少，应付股利增加，会使所有者权益总额减少；选项 C 不涉及所有者权益；选项 D 属于所有者权益项目之间的增减变动，不会影响所有者权益总额。

12. C【解析】160+300-20=440（万元）。

13. D【解析】该企业 2013 年年末未分配利润的贷方余额=400+200×（1-15%）=570（万元）。

（二）多项选择题

1. ABCD

2. ABD【解析】划转无法支付的应付账款贷记营业外收入，接受捐赠的固定资产贷记营业外收入，不会增加企业的资本公积。固定资产盘盈作为前期差错更正，通过“以前年度损益调整”核算。

3. ACD【解析】与发行权益性证券直接相关的手续费、佣金等交易费用，如果是溢价发行股票的，应从溢价中抵扣，冲减资本公积——股本溢价；无溢价发行股票或溢价金额不足以抵扣的，应将不足抵扣的部分冲减盈余公积和未分配利润。

4. AC【解析】吸收投资者出资时可能编制的会计分录是：

借：银行存款等资产类科目

　贷：实收资本（或股本）

　　　资本公积——资本溢价（或股本溢价）（或借记）

5. ACD【解析】企业的留存收益包括盈余公积和未分配利润。选项 A 使得企业的未分配利润增加，因此最终能够引起企业的留存收益增加；选项 B 使得盈余公积增加，未分配利润减少，属于留存收益内部增减变动，总额不变；选项 C 使得应付股利增加，未分配利润减少，会引起企业的留存收益减少；选项 D 使得盈余公积减少，实收资本（或股本）增加，会引起企业的留存收益减少。因此正确答案是 ACD。

6. ABD【解析】选项 C 会使留存收益减少。

7. ACD【解析】资本公积不能用来弥补亏损。

8. ABC【解析】选项 D 会引起企业资产与所有者权益总额同时增加。

9. BCD【解析】资本公积可以按照规定转增资本，但是不可以弥补企业亏损，企业亏损可以用税前利润或留存收益弥补。

（三）判断题

1. ×【解析】经股东大会批准，盈余公积可以分配现金股利。

2. √

3. ×【解析】支付已宣告的现金股利，会计处理为：

借：应付股利

　贷：银行存款

资产减少，负债减少，所有者权益不变。

4. ×【解析】企业计提法定盈余公积是按当年实现的净利润作为基数计提的，该基数不应包括企业年初未分配利润。

5. ×【解析】企业增资扩股时，投资者实际缴纳的出资额大于其按约定比例计算的其在注册资本中所占的份额部分，属于资本（股本）溢价，计入资本公积，不记入“实收资本”科目。

6. ×【解析】企业接受投资者以非现金资产投资时，应按投资合同或协议约定的价值入账，但投资合同或协议约定的价值不公允的除外。

7. √

8. ×【解析】企业用利润弥补亏损，在会计上无需专门作账务处理。

9. ×【解析】留存收益包括未分配利润和盈余公积，以盈余公积向投资者分配现金股利导致盈余公积减少，所以留存收益总额减少。

10. ×【解析】所有者权益和负债在性质上有本质的区别。负债反映的是企业债权人对企业资产的索取权。所有者权益是所有者对企业资产的剩余索取权，反映的是企业资产中扣除债权人权益后应由所有者享有的部分。

（四）计算与会计处理题

1. 编制的会计分录如下：

（1）被投资公司收到甲投资者的投资时：

借：库存商品　180

　　应交税费——应交增值税（进项税额）　30.6

　贷：实收资本——甲　210.6

（2）被投资公司收到投资者乙的投资时：

借：银行存款　9

　　无形资产　80

　贷：实收资本——乙　89

（3）被投资公司收到投资者丙的投资时：

借：银行存款　176

　贷：实收资本——丙　130

　　　资本公积——资本溢价　46

2. 编制的会计分录如下：

（1）借：资本公积　45

　　贷：实收资本——A 公司　15

　　　　　　　　——B 公司　15

　　　　　　　　——C 公司　15

（2）借：盈余公积　37.5

　　贷：利润分配——盈余公积补亏　37.5

（3）借：利润分配——提取法定盈余公积　19

　　贷：盈余公积——法定盈余公积　19

（4）借：银行存款　550

　　贷：实收资本——D 公司　500

　　　　资本公积　50

3. 编制的会计分录如下：

（1）借：银行存款（20 000×5）　100 000

　　贷：股本　20 000

　　　　资本公积　80 000

（2）借：资本公积　2 000

　　贷：股本　2 000

(3) 借：库存股	150	
贷：银行存款		150
(4) 借：股本	50	
资本公积	100	
贷：库存股		150

第十二章　收入、费用、利润

一、学习目的及要求

通过本章的学习，了解收入的定义、特征、分类；熟悉销售商品收入、提供劳务收入及让渡资产使用权收入确认与计量的标准；熟练掌握销售商品收入的会计处理；掌握提供劳务收入、让渡资产使用权收入的会计处理；了解费用的定义、特征；掌握费用的核算；掌握所得税会计相关概念及会计处理；掌握利润形成及利润分配的会计处理。

二、本章主要知识点

◇收入
◇费用
◇利润
◇所得税

三、本章习题

（一）单项选择题

1. 下列项目中，应计入其他业务收入的是(　　)。

A. 转让无形资产所有权收入　　B. 出租固定资产收入
C. 罚款收入　　D. 股票发行收入

2. 某企业销售商品 6 000 件，每件售价 60 元（不含增值税），增值税税率为 17%；企业为购货方提供的商业折扣为 10%，提供的现金折扣条件为：2/10，1/20，n/30，并代垫运杂费 500 元。该企业在这项交易中应确认的收入金额为(　　)元。

A. 320 000　　B. 308 200　　C. 324 000　　D. 320 200

3. 企业 2013 年 1 月售出的产品 2013 年 3 月被退回时，其冲减的销售收入应在退回当期记入(　　)科目的借方。

A. “营业外收入”　　B. “营业外支出”
C. “利润分配 ”　　D. “主营业务收入”

4. 某企业在 2013 年 10 月 8 日销售商品 100 件，增值税专用发票上注明的价款为 10 000元，增值税税额为 1 700 元。企业为了及早收回货款而在合同中规定的现金折扣条件为：2/10，1/20，n/30。假定计算现金折扣时不考虑增值税。如买方在 2013 年 10 月 24

日付清货款，该企业实际收款金额应为(　　)元。

A. 11 466　　B. 11 500　　C. 11 583　　D. 11 600

5. 企业取得与资产相关的政府补助，在收到拨款时，应该贷记(　　)科目。

A. “营业外收入”　　B. “资本公积”　　C. “递延收益”　　D. “实收资本”

6. 企业取得与收益相关的政府补助，用于补偿已发生相关费用的，直接计入补偿当期的(　　)。

A. 资本公积　　B. 营业外收入　　C. 其他业务收入　　D. 主营业务收入

7. 企业让渡资产使用权所计提的摊销额等，一般应该计入(　　)。

A. 营业外支出　　B. 主营业务成本　　C. 其他业务成本　　D. 管理费用

8. 委托方采用支付手续费的方式委托代销商品，委托方在收到代销清单后应按(　　)确认收入。

A. 销售价款和增值税之和　　B. 商品的进价

C. 销售价款和手续费之和　　D. 商品售价

9. 在受托方收取手续费代销方式下，企业委托其他单位销售商品，商品销售收入确认的时间是(　　)。

A. 发出商品日期　　B. 受托方发出商品日期

C. 收到代销单位的代销清单日期　　D. 全部收到款项

10. A 公司 2013 年 8 月 10 日收到 B 公司因质量问题而退回的商品 10 件，每件商品成本为 100 元。该批商品系 A 公司 2013 年 5 月 13 日出售给 B 公司，每件商品售价为 230 元，适用的增值税税率为 17%，货款尚未收到，A 公司尚未确认销售商品收入。因 B 公司提出的退货要求符合销售合同约定，A 公司同意退货。A 公司应在验收退货入库时编制的会计分录为(　　)。

A. 借：库存商品　　1 000
　　贷：主营业务成本　　1 000

B. 借：主营业务收入　　2 691
　　贷：应收账款　　2 691

C. 借：库存商品　　1 000
　　贷：发出商品　　1 000

D. 借：应交税费——应交增值税（销项税额）　　391
　　贷：应收账款　　391

11. 大明公司于 2013 年 8 月接受一项产品安装任务，安装期 5 个月，合同收入 200 000元，当年实际发生成本 120 000 元，预计已完工 80%，则该企业 2013 年度确认的收入为(　　)元。

A. 120 000　　B. 160 000　　C. 200 000　　D. 0

12. 某企业销售商品 5 000 件，每件售价 100 元（不含增值税），增值税税率为 17%；企业为购货方提供的商业折扣为 10%，提供的现金折扣条件为：2/10，1/20，n/30，并代垫运杂费 500 元。该企业在这项交易中应确认的收入金额为(　　)元。

A. 526 500　　B. 450 000　　C. 500 000　　D. 450 500

13. 企业对于已经发出但尚未确认销售收入的商品成本，应借记的会计科目是(　　)。

A.“在途物资”　　B.“库存商品”

C.“主营业务成本”　　D.“发出商品”

14. 下列关于收入的说法中不正确的是(　　)。

A. 收入是企业在日常活动中形成的经济利益的总流入

B. 收入会导致企业所有者权益的增加

C. 收入形成的经济利益总流入的形式多种多样，既可能表现为资产的增加，也可能表现为负债的减少

D. 收入与所有者投入资本有关

15. 下列各项中，不属于费用的是(　　)。

A. 经营性租出固定资产的折旧额

B. 成本模式计量的投资性房地产的摊销额

C. 企业发生的现金折扣

D. 出售固定资产发生的净损失

16. 下列各项税金中，应记入“营业税金及附加”科目的是(　　)。

A. 消费税　　B. 增值税　　C. 房产税　　D. 印花税

17. 随同产品出售且单独计价的包装物，应于包装物发出时结转其成本，记入(　　)科目。

A.“销售费用”　　B.“其他业务成本”

C.“管理费用”　　D.“营业外支出”

18. 甲工业企业产品售价每件460元，若客户购买达到200件及以上的，可得到40元/件的商业折扣。某客户2013年12月10日购买该企业产品200件，规定的现金折扣条件为：2/10，1/20，n/30，适用的增值税税率为17%。该企业于12月26日收到该笔款项时，应确认的财务费用金额为(　　)元。(假定计算现金折扣时考虑增值税)

A. 840　　B. 0　　C. 1 965. 6　　D. 982. 8

19. 某企业某月销售商品发生商业折扣40万元、现金折扣30万元、销售折让50万元。该企业上述业务计入当月财务费用的金额为(　　)万元。

A. 30　　B. 40　　C. 70　　D. 90

20. 企业专设销售机构固定资产的折旧费应记入(　　)科目。

A.“其他业务成本”　　B.“制造费用”

C.“销售费用”　　D.“管理费用”

21. 超支的广告费应计入(　　)。

A. 营业外支出　　B. 销售费用　　C. 财务费用　　D. 管理费用

22. 下列各项业务中，在进行会计处理时应计入管理费用的是(　　)。

A. 支付离退休人员工资　　B. 销售用固定资产计提折旧

C. 生产车间管理人员的工资　　D. 计提坏账准备

23. 下列各项中，不属于企业期间费用的有(　　)。

A. 固定资产维修费　　B. 聘请中介机构费

C. 生产车间管理人员工资　　D. 企业发生的现金折扣

24. 甲企业2013年3月份发生的费用有：计提车间管理人员工资费用50万元，发生管理部门人员工资30万元，支付广告宣传费用40万元，筹集外币资金发生汇兑损失10万元，支付固定资产维修费用15万元。该企业当期的期间费用总额为(　)万元。

A. 95　B. 130　C. 140　D. 145

25. 下列交易或事项，不应确认为营业外收入的是(　)。

A. 接受捐赠利得　B. 罚没利得

C. 出售无形资产净收益　D. 出租固定资产的收益

26. 企业因债权人撤销而转销无法支付的应付账款时，应将所转销的应付账款计入(　)。

A. 资本公积　B. 其他应付款　C. 营业外收入　D. 其他业务收入

27. 甲企业于2012年9月1日以25 000元的价格购入一项摊销期限为5年的专利权。2013年9月1日，甲企业将其转让，取得转让收入30 000元，交纳营业税1 500元。转让该项专利权应记入“营业外收入”科目的金额为(　)元。

A. 20 000　B. 8 500　C. 10 000　D. 6 500

28. 某企业2013年度的利润总额为1 000万元，其中包括本年收到的国库券利息收入20万元；假定税法规定的业务招待费扣除标准为400万元，企业全年实际发生的业务招待费为350万元，企业所得税税率为25%。该企业2013年的所得税费用为(　)万元。

A. 250　B. 232.5　C. 245　D. 262.5

29. 某企业2013年度的利润总额为315万元，其中国债利息收入为15万元。假定该企业无其他纳税调整项目，适用的所得税税率为25%。该企业2013年的所得税费用为(　)万元。

A. 70　B. 75　C. 78.5　D. 80

30. 根据税法规定，下列各项中，应予免征所得税的项目是(　)。

A. 股票转让净收益　B. 国债利息收入

C. 公司债券的利息收入　D. 国债转让净收益

31. 某企业本期营业利润为100万元，资产减值损失为15万元，公允价值变动收益为30万元，营业外收入为20万元，营业外支出为10万元，所得税税率为25%。假定不考虑其他因素，该企业本期净利润为(　)万元。

A. 82.5　B. 75　C. 93.75　D. 110

32. 某工业企业2013年度主营业务收入为3 000万元，主营业务成本为2 500万元，其他业务收入为20万元，其他业务成本为10万元，营业外收入为20万元，营业外支出为10万元，所得税税率为25%。假定不考虑其他因素，该企业2013年度的净利润应为(　)万元。

A. 375　B. 382.5　C. 386.2　D. 390

33. 某工业企业2013年度的营业利润为2 520万元，主营业务收入为4 000万元，财务费用为10万元，营业外收入为60万元，营业外支出为50万元，所得税税率为25%。假定不考虑其他因素，该企业2013年度的净利润应为(　)万元。

A. 1 494　B. 1 897.5　C. 1 505.6　D. 4 132.5

34. 某企业于2013年9月接受一项产品安装任务，安装期5个月，合同总收入30万元，年度预收款项 12 万元，余款在安装完成时收回，当年实际发生成本 15 万元，预计还将发生成本 3 万元。2013 年年末请专业测量师测量，产品安装程度为 60%。该项劳务收入对 2013 年度利润总额的影响是(　　)。

A. 不影响当年利润　　B. 当年利润增加 7.2 万元

C. 当年利润增加 15 万元　　D. 当年利润增加 30 万元

35. 某国有工业企业，2013 年 6 月份发生一场火灾，共计损失 260 万元，其中：流动资产损失 80 万元；固定资产损失 180 万元。经查明事故原因是由于雷击所造成的。企业收到保险公司的赔偿款 100 万元，其中，流动资产保险赔偿款 30 万元，固定资产保险赔偿款 70 万元。假定不考虑相关税费，企业由于这次火灾损失而应计入营业外支出的金额为(　　)万元。

A. 180　　B. 55　　C. 160　　D. 125

36. 甲企业本期主营业务收入为 500 万元，主营业务成本为 300 万元，其他业务收入为 200 万元，其他业务成本为 100 万元，销售费用为 15 万元，资产减值损失为 45 万元，公允价值变动收益为 60 万元，投资收益为 20 万元。假定不考虑其他因素，该企业本期营业利润为(　　)万元。

A. 300　　B. 320　　C. 365　　D. 380

（二）多项选择题

1. 关于政府补助的计量，下列说法中正确的有(　　)。

A. 政府补助为货币性资产的，应当按照收到或应收的金额计算

B. 政府补助为非货币性资产的，公允价值能够可靠计量时，应当按照公允价值计量

C. 政府补助为非货币性资产的，应当按照账面价值计量

D. 政府补助为非货币性资产的，如没有注明价值、且没有活跃交易市场、不能可靠取得公允价值的，应当按照名义金额计量

2. 有关政府补助的表述正确的有(　　)。

A. 与收益相关的政府补助，用于补偿企业以后期间的相关费用或损失的，取得时确认为递延收益，在确认相关费用的期间计入当期损益（营业外收入）

B. 与收益相关的政府补助，用于补偿企业已发生的相关费用或损失的，取得时直接计入当期损益（营业外收入）

C. 政府补助为非货币性资产的，应当按照公允价值计量

D. 公允价值不能可靠取得的，应当按照名义金额计量

3. 让渡资产使用权的收入确认条件不包括(　　)。

A. 与交易相关的经济利益能够流入企业　　B. 收入的金额能够可靠地计量

C. 资产所有权上的风险已经转移　　D. 没有继续保留资产的控制权

4. 企业跨期提供劳务的，期末可以按照完工百分比法确认收入的条件包括(　　)。

A. 劳务总收入能够可靠地计量　　B. 相关的经济利益能够流入企业

C. 劳务的完成程度能够可靠地确定　　D. 劳务总成本能够可靠地计量

5. 根据企业会计准则的规定，下列有关收入确认的表述中，正确的有(　　)。

A. 在提供劳务交易的结果不能可靠估计的情况下，已经发生的劳务成本预计能够得

到补偿时，公司应在资产负债表日按已经发生的劳务成本确认收入

B. 劳务的开始和完成分属不同的会计年度，在劳务的结果能够可靠地计量的情况下，公司应在资产负债表日按完工百分比法确认收入

C. 在资产负债表日，已发生的合同成本预计不能收回时，公司应将已发生的成本计入当期损益，不确认收入

D. 在同一会计年度内开始并完成的劳务，公司应按完工百分比法确认各月收入

6. 下列有关销售商品收入的处理中，不正确的有(　　)。

A. 在采用收取手续费的委托代销方式下销售商品，发出商品时就确认收入

B. 当期售出的商品被退回时，直接冲减退回当期的收入、成本、税金等相关项目

C. 当期已经确认收入的售出商品发生销售折让时，直接将发生的销售折让作为当期的销售费用处理

D. 当期已经确认收入的售出商品发生销售折让时，将发生的销售折让冲减当期的收入和税金

7. 下列各项中，对收入的描述正确的有(　　)。

A. 营业外收入也属于企业的收入

B. 收入可能表现为企业资产的增加或负债的减少

C. 所有使企业利润增加的经济利益的流入均属于企业的收入

D. 收入不包括为第三方或客户代收的款项

8. 收入的特征表现为(　　)。

A. 收入从日常活动中产生，而不是从偶发的交易或事项中产生

B. 收入与所有者投入资本有关

C. 收入可能表现为所有者权益的增加

D. 收入包括代收的增值税

9. 下列应交的各种税费，应在“营业税金及附加”科目核算的有(　　)。

A. 消费税　　B. 增值税　　C. 资源税　　D. 教育费附加

10. 下列各项税金中，通常与企业当期损益有直接关系的有(　　)。

A. 营业税　　B. 个人所得税

C. 车船税　　D. 城市维护建设税

11. 下列各项中，应计入其他业务成本的有(　　)。

A. 出借包装物成本的摊销

B. 出租包装物成本的摊销

C. 随同产品出售单独计价的包装物成本

D. 随同产品出售不单独计价的包装物成本

12. 下列各项中，一定记入“财务费用”科目借方的有(　　)。

A. 公司发行股票支付的手续费、佣金等发行费用

B. 期末计提长期借款的利息

C. 销货企业实际发生的现金折扣

D. 支付银行承兑汇票的手续费

13. 下列项目中，销售企业不应当作为财务费用处理的有(　　)。

A. 购货方获得的商业折扣　B. 购货方获得的销售折让
C. 购货方获得的现金折扣　D. 购货方放弃的现金折扣

14. 下列各项中，应记入“财务费用”科目中的有(　　)。
A. 诉讼费　B. 业务招待费
C. 汇兑损失　D. 费用化的利息支出

15. 下列各项中，不应在发生时确认为销售费用的有(　　)。
A. 车间管理人员的工资　B. 对外出租的投资性房地产的折旧
C. 专设销售机构固定资产的维修费　D. 预计产品质量保证损失

16. 下列各项中，不应计入管理费用的有(　　)。
A. 销售商品发生的现金折扣　B. 管理部门固定资产折旧
C. 出租固定资产折旧额　D. 委托代销手续费

17. 下列各项费用中，应计入管理费用的有(　　)。
A. 劳动保险费　B. 业务宣传费　C. 广告费　D. 业务招待费

18. 下列各项中，属于期间费用的有(　　)。
A. 董事会会费　B. 劳动保险费
C. 销售人员工资　D. 季节性停工损失

19. 以下各项中，属于费用确认条件的有(　　)。
A. 与费用相关的支出已经实际发生
B. 经济利益流出企业的结果会导致资产的减少或负债的增加
C. 经济利益的流出能够可靠计量
D. 与费用相关的经济利益很可能流出企业

(三) 判断题

1. 对需要安装的商品的销售，必须在安装和检验完毕后确认收入。(　　)

2. 企业出售无形资产和出租无形资产取得的收益，均应作为其他业务收入核算。(　　)

3. 销售收入已经确认后发生的现金折扣和销售折让（非资产负债表日后事项），均应在实际发生时计入当期财务费用。(　　)

4. 企业已经确认销售商品收入的售出商品发生销售折让时，应冲减当月的销售商品收入，不应该冲减销售商品的成本和相应的增值税销项税额。(　　)

5. 2013 年 11 月 1 日，A 公司收到政府补助 7 000 元，用于补偿 A 公司已经发生的管理部门相关费用和损失，A 公司应冲减管理费用。(　　)

6. 政府向企业提供补助属于非互惠交易，具有无偿性的特点。(　　)

7. 如果合同或协议规定一次性收取使用费，且提供后续服务的，应在合同或协议规定的有效期内分期确认收入。(　　)

8. 在支付手续费委托代销方式下，委托方应在发出商品时确认销售收入。(　　)

9. 企业对于在同一会计期间内能够一次完成的劳务，应分期采用完工百分比法确认收入和结转成本。(　　)

10. 企业销售商品一批，并已收到款项，即使商品的成本不能够可靠地计量，也要确

认相关的收入。 ( )

11. 企业为客户提供的现金折扣应在实际发生时计入当期财务费用。 ( )

12. 增值税进项税额是销项税额的抵扣项目，是不会影响销售收入的。 ( )

13. A 公司将一批商品销售给 B 公司，按合同规定 A 公司仍保留通常与所有权相联系的继续管理权和对已售出的商品实施控制，因而，A 公司不能确认收入。 ( )

14. 企业的收入包括主营业务收入、其他业务收入和营业外收入。 ( )

15. 企业出售投资性房地产应交的营业税，应列入利润表的“营业税金及附加”项目。 ( )

16. 企业出售原材料取得的款项扣除其成本及相关费用后的净额，应当计入营业外收入或营业外支出。 ( )

17. 企业为客户提供的现金折扣应在实际发生时冲减当期收入。 ( )

18. 工业企业为拓展销售市场所发生的业务招待费，应计入管理费用。 ( )

19. 制造费用与管理费用不同，本期发生的管理费用直接影响本期损益，而本期发生的制造费用不一定影响本期的损益。 ( )

20. 管理费用、制造费用、销售费用都属于企业的期间费用。 ( )

21. 企业出售固定资产发生的处置净损失也属于企业的费用。 ( )

22. 企业向银行或其他金融机构借入的各种款项所发生的利息均应计入财务费用。 ( )

（四）计算与会计处理题

1. 恒通股份有限公司（以下简称恒通公司）为增值税一般纳税企业，适用的增值税税率为 17%。商品销售价格均为不含增值税额，所有劳务均属于工业性劳务。销售实现时结转销售成本。恒通公司销售商品和提供劳务为主营业务。2013 年 12 月，恒通公司销售商品和提供劳务的资料如下：

（1）12 月 1 日，对 A 公司销售商品一批，增值税专用发票上注明的销售价格为 100 万元，增值税税额为 17 万元。提货单和增值税专用发票已交 A 公司，A 公司已承诺付款。为及时收回货款，给予 A 公司的现金折扣条件如下：2/10，1/20，n/30（假设计算现金折扣时不考虑增值税因素）。该批商品的实际成本为 85 万元。12 月 19 日，收到 A 公司支付的扣除所享受现金折扣金额后的款项，并存入银行。

（2）12 月 2 日，收到 B 公司来函，要求对当年 11 月 2 日所购商品在价格上给予 5% 的折让（恒通公司在该批商品售出时，已确认销售收入 200 万元，并收到款项）。经查核，该批商品外观存在质量问题。恒通公司同意了 B 公司提出的折让要求，当日收到 B 公司交来的税务机关开具的索取折让证明单，并出具红字增值税专用发票和支付折让款项。

（3）12 月 14 日，与 D 公司签订合同，以现销方式向 D 公司销售商品一批。该批商品的销售价格为 120 万元，实际成本 75 万元，提货单已交 D 公司。款项已于当日收到，存入银行。

（4）12 月 15 日，与 E 公司签订一项设备维修合同。该合同规定，该设备维修总价款为 60 万元（不含增值税额），于维修完成并验收合格后一次结清。12 月 31 日，该设备维修任务完成并经E公司验收合格。恒通公司实际发生的维修费用为20万元（均为维修人员工资）。12月31日，鉴于E公司发生重大财务困难，恒通公司预计很可能收到的维修款为17.55万元（含增值税额）。

（5）12月25日，与F公司签订协议，委托其代销商品一批。根据代销协议，恒通公司按代销协议价收取所代销商品的货款，商品实际售价由受托方自定。该批商品的协议价为200万元（不含增值税额），实际成本为180万元。商品已运往F公司。12月31日，恒通公司收到F公司开来的代销清单，列明已售出该批商品的20%，款项尚未收到。

（6）12月31日，与G公司签订一份特制商品的合同。该合同规定，商品总价款为80万元（不含增值税额），自合同签订日起2个月内交货。合同签订日，收到C公司预付的款项40万元，并存入银行。商品制造工作尚未开始。

（7）12月31日，收到A公司退回的当月1日所购全部商品。经查核，该批商品存在质量问题，恒通公司同意了A公司的退货要求。当日，收到A公司交来的税务机关开具的进货退出证明单，并开具红字增值税专用发票和支付退货款项。

要求：

（1）编制恒通公司12月份发生的上述经济业务的会计分录。

（2）计算恒通公司12月份主营业务收入和主营业务成本。

（“应交税费”科目要求写出明细科目，单位：万元）

2. 同顺股份有限公司（以下简称同顺公司）系工业企业，为增值税一般纳税人，适用的增值税税率为17%，适用的所得税税率为25%。销售单价除标明为含税价格外，均为不含增值税价格，产品销售为其主营业务。同顺公司2013年12月发生如下业务：

（1）12月5日，向甲企业销售材料一批，价款为350 000元，该材料发出成本为250 000元。当日收取面值为409 500元的票据一张。

（2）12月10日，收到外单位租用本公司办公用房下一年度租金300 000元，款项已收存银行。

（3）12月13日，向乙企业赊销A产品50件，单价为10 000元，单位销售成本为5 000元。

（4）12月18日，丙企业要求退回本年11月25日购买的20件A产品。该产品销售单价为10 000元，单位销售成本为5 000元，其销售收入200 000元已确认入账，价款尚未收取。经查明退货原因系发货错误，同意丙企业退货，并办理退货手续和开具红字增值税专用发票。

（5）12月21日，乙企业来函提出12月13日购买的A产品质量不完全合格。经协商同意按销售价款的10%给予折让，并办理退款手续和开具红字增值税专用发票。

（6）12月31日，计算本月应缴纳的城市维护建设税4 188.8元，其中，销售产品应缴纳3 722.3元，销售材料应缴纳466.5元；教育费附加1 795.2元，其中，销售产品应缴纳1 616.7元，销售材料应缴纳178.5元。

要求：根据上述业务编制相关的会计分录（“应交税费”科目须写出二级和三级明细科目，其他科目可不写出明细科目）。

3. 甲公司为增值税一般纳税企业，适用的增值税税率为17%。2013年3月1日，甲公司向乙公司销售某商品1 000件，每件标价2 000元，实际每件售价1 800元（售价中不含增值税额)，已开出增值税专用发票，商品已交付给乙公司。为了及早收回货款，甲公司在合同中规定的现金折扣条件为：2/10，1/20，n/30。假定计算现金折扣不考虑增值税。

要求：根据以下假定，分别编制以下条件下甲公司收到款项时的会计分录（不考虑成本的结转)：

(1) 乙公司在3月8日按合同规定付款，甲公司收到款项并存入银行。

(2) 乙公司在3月19日按合同规定付款，甲公司收到款项并存入银行。

(3) 乙公司在3月29日按合同规定付款，甲公司收到款项并存入银行。

4. 甲、乙两企业均为增值税一般纳税人，增值税税率均为17%。2013年3月6日，甲企业与乙企业签订代销协议，甲企业委托乙企业销售A商品500件，A商品的单位成本为每件350元。代销协议规定，乙企业应按每件A商品585元（含增值税）的价格售给顾客，甲企业按不含增值税售价的10%向乙企业支付手续费。4月1日，甲企业收到乙企业交来的代销清单，代销清单中注明：实际销售A商品400件，商品售价为200 000元，增值税税额为34 000元。当日甲企业向乙企业开具金额相等的增值税专用发票。4月6日，甲企业收到乙企业支付的已扣除手续费的商品代销款。

要求：根据上述资料，编制甲企业如下会计分录：

(1) 发出商品。

(2) 收到代销清单时确认销售收入、增值税、手续费支出，以及结转销售成本。

(3) 收到商品代销款。

(“应交税费”科目要求写出明细科目及专栏名称)

5. 清河股份有限公司2010年年末“利润分配——未分配利润”科目年初贷方余额100万元，每年按10%提取法定盈余公积，所得税税率为25%，2010—2012年的有关资料如下：

(1) 2010年实现净利润200万元；提取法定盈余公积后，宣告派发现金股利150万元。

(2) 2011年发生亏损500万元（假设无以前年度未弥补亏损)。

(3) 2012年实现利润总额600万元（假设2012年盈余公积在2013年年初计提，2012年年末未计提，也未发放现金股利。)

要求：

(1) 编制2010年有关利润分配的会计分录（盈余公积及利润分配的核算写出明细科目，需要做出利润分配明细科目转入“利润分配——未分配利润”的处理，单位：万元，下同)；

(2) 编制2011年结转亏损的会计分录；

(3) 计算2012年应交的所得税；

(4) 计算2012年“利润分配——未分配利润”科目的余额。

6. 甲公司2013年适用的所得税税率为25%，假定税法规定，保修费在实际发生时可以在应纳税所得额中扣除。“递延所得税资产”2013年年初余额为11.25万元（45×25%，均为产品质量保证形成的)。2013年发生下列有关经济业务：

(1) 2013年税前会计利润为1 000万元。

（2）2013 年年末甲公司对售出的 A 产品可能发生的三包费用，按照当期该产品销售收入的 2% 预计产品修理费用。甲公司从 2012 年 1 月起为售出产品提供“三包”服务，规定产品出售后一定期限内出现质量问题，负责退换或免费提供修理。假定甲公司只生产和销售 A 种产品。在 2013 年年初“预计负债——产品质量保证”账面余额为 45 万元，A 产品的“三包”期限为 2 年。2013 年年末实际销售收入为 2 000 万元，实际发生修理费用 30 万元，均为人工费用。

要求：根据上述业务，做出实际发生修理费的账务处理；编制 2013 年年末确认预计负债的相关会计分录，并计算期末“预计负债”的余额；计算甲公司 2013 年度的所得税费用，并做出相关的账务处理（单位：万元）。

7. 甲公司 2012 年 3 月 2 日，以银行存款 2 000 万元从证券市场购入 A 公司 5% 的普通股股票，划分为可供出售金融资产。2012 年年末，甲公司持有的 A 公司股票的公允价值变为 2 400 万元；2013 年年末，甲公司持有的 A 公司股票的公允价值变为 2 100 万元。甲公司适用的所得税税率为 25%。

要求：计算甲公司 2012 年和 2013 年对该项可供出售金融资产应确认的递延所得税负债的金额；编制甲公司 2012 年和 2013 年有关可供出售金融资产和所得税的相关会计分录（单位：万元）。

8. A 公司 2012 年度、2013 年度实现的利润总额均为 8 000 万元，所得税采用资产负债表债务法核算，适用的所得税税率为 25%。A 公司 2012 年度、2013 年度与所得税有关的经济业务如下：

（1）A 公司 2012 年发生广告费支出 1 000 万元，发生时已作为销售费用计入当期损益。A 公司 2012 年实现销售收入 5 000 万元。2013 年发生广告费支出 400 万元，发生时已作为销售费用计入当期损益。A 公司 2013 年实现销售收入 5 000 万元。税法规定，该类支出不超过当年销售收入 15% 的部分，准予扣除；超过部分，准予在以后纳税年度结转扣除。

（2）A 公司对其所销售产品均承诺提供 3 年的保修服务。A 公司因产品保修承诺在 2012 年度利润表中确认了 200 万元的销售费用，同时确认为预计负债。2012 年没有实际发生产品保修费用支出。2013 年，A 公司实际发生产品保修费用支出 100 万元，因产品保修承诺在 2013 年度利润表中确认了 250 万元的销售费用，同时确认为预计负债。税法规定，产品保修费用在实际发生时才允许税前扣除。

（3）A 公司 2011 年 12 月 12 日购入一项管理用设备，取得成本为 400 万元，会计上采用年限平均法计提折旧，使用年限为 10 年，预计净残值为 0，企业在计税时按 5 年计提折旧，折旧方法及预计净残值与会计相同。2013 年年末，因该项设备出现减值迹象，对该项设备进行减值测试，发现该项设备的可收回金额为 300 万元，使用年限与预计净残值没有改变。

（4）2012 年购入一项交易性金融资产，取得成本为 500 万元，2012 年年末该项交易性金融资产的公允价值为 650 万元，2013 年年末该项交易性金融资产的公允价值为 570 万元。

要求：计算 2012 年应交所得税、递延所得税以及利润表中确认的所得税费用，并编制与所得税相关的会计分录；计算 2013 年应交所得税、递延所得税以及利润表中确认的所得税费用，并编制与所得税相关的会计分录（单位：万元）。

四、本章习题答案及解析

（一）单项选择题

1. B【解析】罚款收入、转让无形资产所有权收入均属于营业外收入核算的内容。固定资产的出租收入属于其他业务收入核算的内容，股票发行收入不属于企业的收入。

2. C【解析】企业应该按照扣除商业折扣的金额确认收入，并且收入中应该包括现金折扣，因此，该企业在这项交易中应确认的收入=6 000×60×（1-10%）=324 000（元）。

3. D【解析】发生销售退回时，应该冲减退回当月的销售收入。因此本题应冲减2013年3月的主营业务收入。

4. D【解析】10月8日至10月24日在10天和20天之间，应该给予1%的折扣，实际上少收到10 000×1%=100（元），实际收到款项=11 700-100=11 600（元）。

5. C【解析】企业取得与资产相关的政府补助，在收到拨款时，应该贷记“递延收益”科目。

6. B【解析】企业取得与收益相关的政府补助，用于补偿已发生相关费用的，应该直接计入补偿当期的营业外收入。

7. C【解析】企业让渡资产使用权所计提的摊销额等，一般作为其他业务成本处理。

8. D

9. C【解析】在收取手续费代销方式下，委托方应该在收到代销单位的代销清单时确认销售收入。

10. C【解析】尚未确认商品收入的售出商品发生销售退回的，应将已记入“发出商品”科目的商品成本全额转入“库存商品”科目，借记“库存商品”科目，贷记“发出商品”科目，因此该题答案为选项C。

11. B【解析】该企业2013年度确认的收入=200 000×80%=160 000（元）。

12. B【解析】企业应该按照扣除商业折扣的金额确认收入，并且收入中应该包括现金折扣，因此，该企业在这项交易中应确认的收入=5 000×100×（1-10%）=450 000（元）。

13. D

14. D【解析】收入是指企业在日常活动中形成的、会导致所有者权益增加的、与所有者投入资本无关的经济利益的总流入。

15. D【解析】出售固定资产发生的净损失计入营业外支出，营业外支出不是日常活动中发生的，所以不属于费用。选项A，经营性租出固定资产的折旧额计入其他业务成本中；选项B，成本模式计量的投资性房地产的摊销额计入其他业务成本中；选项C，企业发生的现金折扣计入财务费用。

16. A【解析】房产税和印花税应该计入管理费用，增值税可以抵扣，不计入相关费用。

17. B【解析】随同产品出售且单独计价的包装物，应于包装物发出时结转其成本，记入“其他业务成本”科目；随同产品出售不单独计价的包装物，应于包装物发出时结转其成本，并记入“销售费用”科目。

18. D【解析】应给予客户的现金折扣=（460-40）×200×（1+17%）×1%=982.8（元），所以应该计入财务费用的金额是982.8元，答案为选项D。

19. A【解析】商业折扣、现金折扣、销售折让三者的处理中，只有现金折扣在“财务费用”科目中体现，因此答案应该为选项A。

20. C【解析】企业专设销售机构发生的费用应记入“销售费用”科目。

21. B【解析】企业发生的广告费一律计入销售费用，超支的部分也应该通过销售费用核算，本题答案应该为选项B。

22. A【解析】销售用固定资产计提折旧应记入“销售费用”科目，生产车间管理人员的工资应记入“制造费用”科目，计提坏账准备应记入“资产减值损失”科目，而支付离退休人员工资直接记入“管理费用”科目。

23. C【解析】选项A，固定资产维修费计入管理费用；选项B，聘请中介机构费计入管理费用；选项C，生产车间管理人员工资计入制造费用；选项D，企业发生的现金折扣计入财务费用。制造费用属于成本类账户，构成企业产品成本，不属于企业的期间费用，而不直接影响本期损益。

24. A【解析】计提车间管理人员工资费用记入“制造费用”科目；管理部门人员工资记入“管理费用”科目；广告宣传费记入“销售费用”科目；筹集外币资金发生的汇兑损失记入“财务费用”科目；支付固定资产维修费用记入“管理费用”科目。销售费用、管理费用与财务费用属于期间费用，所以答案=30+40+10+15=95（万元）。

25. D【解析】出租固定资产的收益计入其他业务收入，不计入营业外收入。

26. C

27. B【解析】转让该项专利权所实现的净收益=30 000-（25 000-25 000÷5×1）-1 500=8 500（元）。

28. C【解析】（1 000-20）×25%=245（万元）。

29. B【解析】根据税法的规定，国债利息收入免交所得税，所以，企业的应纳税所得额=315-15=300（万元）。当年的所得税费用=300×25%=75（万元）。

30. B【解析】按照税法规定，国债利息收入不计入应纳税所得额。但国债利息收入已计入税前会计利润，因此，在计算应纳税所得额时应予以调整。

31. A【解析】企业本期净利润=（100+20-10）×（1-25%）=82.5（万元），资产减值损失、公允价值变动收益已经计算在营业利润中了，不需要单独考虑。

32. D【解析】该企业2013年净利润=（3 000-2 500+20-10+20-10）×(1-25%)=390（万元）。

33. B【解析】企业2013年度的净利润=（营业利润+营业外收入-营业外支出）×（1-所得税税率）=（2 520+60-50）×（1-25%）=1 897.5（万元）。

34. B【解析】当年应确认的收入=30×60%=18（万元），当年应确认的费用=（15+3）×60%=10.8（万元），当年利润增加18-10.8=7.2（万元）。

（该题针对“利润的计算”知识点进行考核）

35. C【解析】应计入营业外支出的金额=260-100=160（万元）。

36. B【解析】营业利润=营业收入−营业成本−营业税金及附加−销售费用−管理费用−财务费用−资产减值损失+公允价值变动收益（−公允价值变动损失）+投资收益（−投资损失）。

其中：营业收入=主营业务收入+其他业务收入

营业成本=主营业务成本+其他业务成本

因此，本期营业利润=500+200−300−100−15−45+60+20=320（万元）。

（二）多项选择题

1. ABD【解析】政府补助为非货币性资产的，应当按照公允价值计量；公允价值不能可靠取得的，按照名义金额计量，不能按账面价值计量。

2. BCD

3. CD【解析】让渡资产使用权的收入确认条件有两个：与交易相关的经济利益能够流入企业；收入的金额能够可靠地计量。

4. ABCD【解析】企业跨期提供劳务的，期末可以按照完工百分比法确认收入的条件包括：第一，劳务总收入和总成本能够可靠地计量；第二，与交易相关的经济利益能够流入企业；第三，劳务的完成程度能够可靠地确定。

5. ABC【解析】在同一会计年度内开始并完成的劳务，应在劳务完成时确认收入，确认的金额为合同或协议总金额，确认方法可参照商品销售收入的确认原则。因此，选项D不正确。

6. AC【解析】在采用收取手续费方式下，委托方在收到代销清单时才能确认收入。当期已经确认收入的售出商品发生销售折让时，将发生的销售折让冲减当期的收入和税金。

7. BD【解析】营业外收入不属于企业收入的范畴，使企业利润增加的经济利益的流入，不一定属于企业的收入，如营业外收入就属于利得。

8. AC【解析】收入与所有者投入资本无关；收入也不包括代收的增值税。

9. ACD

10. ACD【解析】企业交纳的营业税、车船税和城市维护建设税，应计入当期损益。企业代扣代缴的职工个人所得税，应冲减“应付职工薪酬”科目，因此不影响企业的当期损益，与企业当期损益无直接关系。

11. BC【解析】出租包装物和随同产品出售单独计价的包装物产生的收入记入“其他业务收入”账户，其成本摊销应记入“其他业务成本”账户。

12. CD【解析】公司发行股票支付的手续费、佣金等发行费用不是计入财务费用，而是应从溢价发行收入中扣除；无溢价或溢价不足以抵扣的部分，冲减盈余公积和未分配利润。期末计提长期借款利息也不是一定计入财务费用，对于满足资本化条件的，应该计入相关资产成本；对于不满足资本化条件的，如果是在筹建期间，应该计入管理费用，如果是在生产经营期间，应该计入财务费用。销货企业实际发生的现金折扣应视为理财费用计入财务费用。支付银行承兑汇票的手续费计入财务费用。

13. ABD【解析】对销售企业来说，购货方获得的现金折扣应作为财务费用处理；购货方获得的商业折扣不需进行账务处理；购货方获得的销售折让，如销售企业已经作确认收入的账务处理且不属于资产负债表日后事项的，应冲减主营业务收入和有关税金等；如销售企业未作确认收入的账务处理，应直接按照扣除折让后的金额确认收入；购货方放弃的现金折扣不需进行账务处理。

14. CD【解析】诉讼费和业务招待费应在“管理费用”科目中核算。

15. AB【解析】车间管理人员的工资计入制造费用；对外出租投资性房地产的折旧计入其他业务成本。

16. ACD【解析】选项A应该记入“财务费用”科目；选项C应该记入“其他业务成本”科目；选项D应该记入“销售费用”科目。

17. AD【解析】劳动保险费和业务招待费属于管理费用的核算范围；业务宣传费和广告费属于销售费用的核算范围。

18. ABC【解析】董事会会费、劳动保险费应计入管理费用，销售人员工资应计入销售费用，季节性停工损失应计入制造费用，因此本题中属于期间费用的有A、B、C三项。

19. BCD

（三）判断题

1. ×【解析】如果安装程序比较简单，则可以在商品发出时确认收入。

2. ×【解析】企业出售无形资产取得的收益，应计入营业外收入。

3. ×【解析】销售收入已经确认后，现金折扣在发生时计入财务费用，而发生的销售折让应该冲减主营业务收入以及增值税等。

4. √

5. ×【解析】对于与收益相关的政府补助，用于补偿企业已经发生的费用或损失的，取得时直接计入当期营业外收入。

甲公司处理应为：

借：银行存款　　7 000

　贷：营业外收入　　7 000

6. √

7. √

8. ×【解析】在支付手续费委托代销方式下，委托方应在收到代销清单时确认销售收入。

9. ×【解析】能在同一会计期间完成的劳务，应在劳务完成时确认收入并结转成本。

10. ×【解析】商品的成本能够可靠地计量是确认收入的五个条件之一，不满足则不应该确认收入。

11. √【解析】企业为客户提供的现金折扣应在实际发生时计入当期财务费用。

12. √

13. √【解析】企业既没有保留通常与所有权相联系的继续管理权，也没有对已售出的商品实施控制时，才可以确认收入。

14. ×【解析】收入是从企业的日常经营活动中产生的，而不是从偶发的交易或事项中发生的。企业的收入包括主营业务收入和其他业务收入。营业外收入是非日常经营活动中产生的，不属于收入，属于利得。

15. √

16. ×【解析】企业出售原材料应该确认其他业务收入，成本结转至其他业务成本。

17. ×【解析】企业为客户提供的现金折扣应在实际发生时计入当期财务费用。

18. √

19. √【解析】本期发生的制造费用可能包含在期末存货项目中，此时对本期的损益是不产生影响的。

20. ×【解析】企业的期间费用包括管理费用、销售费用和财务费用。制造费用是成本类科目，不属于期间费用。

21. ×【解析】企业出售固定资产发生的处置净损失应该计入营业外支出中，不属于日常经营活动发生的，所以不属于企业的费用。

22. ×【解析】对于用于固定资产等建造的专门借款，符合资本化条件的应计入在建工程，对于筹建期间发生的不符合资本化条件的借款利息应该计入管理费用。

（四）计算与会计处理题

1.（1）编制的会计分录如下：

①12 月 1 日赊销时：

借：应收账款 117

　贷：主营业务收入 100

　　应交税费——应交增值税（销项税额） 17

借：主营业务成本 85

　贷：库存商品 85

12 月 19 日收到货款时：

借：银行存款 116

　　财务费用 1

　贷：应收账款 117

②借：主营业务收入 10

　　应交税费——应交增值税（销项税额） 1.7

　贷：银行存款 11.7

③借：银行存款 140.4

　贷：主营业务收入 120

　　应交税费——应交增值税（销项税额） 20.4

借：主营业务成本 75

　贷：库存商品 75

④借：应收账款 17.55

　贷：主营业务收入（17.55÷（1+17%）） 15

　　应交税费——应交增值税（销项税额）（15×17%） 2.55

借：劳务成本 20

　贷：应付职工薪酬 20

借：主营业务成本 20

贷：劳务成本 20

⑤借：委托代销商品 180

贷：库存商品 180

借：应收账款 46.8

贷：主营业务收入 40

应交税费——应交增值税（销项税额） 6.8

借：主营业务成本 36

贷：委托代销商品 36

⑥借：银行存款 40

贷：预收账款 40

⑦借：主营业务收入 100

应交税费——应交增值税（销项税额） 17

贷：银行存款 116

财务费用 1

借：库存商品 85

贷：主营业务成本 85

（2）主营业务收入=100-10+120+15+40-100=165（万元）

主营业务成本=85+75+20+36-85=131（万元）

2. 编制的会计分录如下：

（1）借：应收票据 409 500

贷：其他业务收入 350 000

应交税费——应交增值税（销项税额） 59 500

借：其他业务成本 250 000

贷：原材料 250 000

（2）借：银行存款 300 000

贷：预收账款 300 000

（3）借：应收账款 585 000

贷：主营业务收入 500 000

应交税费——应交增值税（销项税额） 85 000

借：主营业务成本 250 000

贷：库存商品 250 000

（4）借：主营业务收入 200 000

应交税费——应交增值税（销项税额） 34 000

贷：应收账款 234 000

借：库存商品 100 000

贷：主营业务成本 100 000

（5）借：主营业务收入 50 000

应交税费——应交增值税（销项税额） 8 500

贷：应收账款 58 500

（6）借：营业税金及附加 5 984

贷：应交税费——应交城市维护建设税 4 188.8

——应交教育费附加 1 795.2

3. 编制的会计分录如下：

（1）甲公司销售商品时：

借：应收账款 2 106 000

贷：主营业务收入 1 800 000

应交税费——应交增值税（销项税额） 306 000

（2）甲公司收到款项时：

①乙公司在3月8日付款，享受36 000元（1 800 000×2%）的现金折扣：

借：银行存款 2 070 000

财务费用 36 000

贷：应收账款 2 106 000

②乙公司在3月19日付款，享受18 000元（1 800 000×1%）的现金折扣：

借：银行存款 2 088 000

财务费用 18 000

贷：应收账款 2 106 000

③乙公司在3月29日付款，不能享受现金折扣，应全额付款：

借：银行存款 2 106 000

贷：应收账款 2 106 000

4. 编制的会计分录如下：

（1）借：委托代销商品 175 000

贷：库存商品 175 000

（2）借：应收账款 234 000

贷：主营业务收入 200 000

应交税费——应交增值税（销项税额） 34 000

借：销售费用 20 000

贷：应收账款 20 000

借：主营业务成本 140 000

贷：委托代销商品 140 000

或：

借：应收账款 214 000

销售费用 20 000

贷：主营业务收入 200 000

应交税费——应交增值税（销项税额） 34 000

借：主营业务成本 140 000

贷：委托代销商品 140 000

（3）借：银行存款 214 000

贷：应收账款 214 000

5. 编制的会计分录如下：

（1）借：本年利润　200

　　贷：利润分配——未分配利润　200

借：利润分配——提取法定盈余公积　20

　贷：盈余公积——法定盈余公积　20

借：利润分配——应付现金股利　150

　贷：应付股利　150

借：利润分配——未分配利润　170

　贷：利润分配——提取法定盈余公积　20

　　　　　　——应付现金股利　150

（2）借：利润分配——未分配利润　500

　　贷：本年利润　500

（3）2012 年应交所得税 =（600−500）×25% = 25（万元）

（4）利润分配——未分配利润 = 100+30−500+600−25 = 205（万元）

6. 编制的会计分录如下：

（1）2013 年实际发生修理费用 30 万元：

借：预计负债——产品质量保证　30

　贷：应付职工薪酬　30

（2）2013 年年末确认预计负债的相关会计分录：

借：销售费用（2 000×2%）　40

　贷：预计负债——产品质量保证　40

2013 年年末预计负债余额 = 45−30+40 = 55（万元）

（3）2013 年年末确认所得税费用：

应交所得税 =（1 000−30+40）×25% = 252. 5（万元）

递延所得税资产余额 = 55×25% = 13. 75（万元）

递延所得税资产发生额 = 13. 75−11. 25 = 2. 5（万元）

所得税费用 = 252. 5−2. 5 = 250（万元）

借：所得税费用　250

　　递延所得税资产　2. 5

　贷：应交税费——应交所得税　252. 5

7. 相关业务处理过程如下：

（1）2012 年年末应纳税暂时性差异 = 2 400−2 000 = 400（万元）

2012 年应确认的递延所得税负债的金额 = 400×25% −0 = 100（万元）

2013 年年末应纳税暂时性差异 = 2 100−2 000 = 100（万元）

2013 年应确认的递延所得税负债的金额 = 100×25% −100 = −75（万元）

（2）甲公司 2012 年和 2013 年有关可供出售金融资产和所得税的相关会计分录：

2012 年度：

确认 400 万元的公允价值变动时：

借：可供出售金融资产——公允价值变动　400

　贷：资本公积——其他资本公积　400

确认应纳税暂时性差异的所得税影响时：

借：资本公积——其他资本公积 100

贷：递延所得税负债 100

2013 年公允价值变动：

借：资本公积——其他资本公积 300

贷：可供出售金融资产——公允价值变动 300

借：递延所得税负债 75

贷：资本公积——其他资本公积 75

8. 编制的会计分录如下：

（1）2012 年年末计算 2012 年的应交所得税：

应纳税所得额=8 000+（1 000-5 000×15%）+200-（400÷5-400÷10）-150=8 260（万元）

应交所得税=8 260×25%=2 065（万元）

计算 2012 年递延所得税：

事项一：

产生的可抵扣暂时性差异=1 000-5 000×15%=250（万元）

应确认的递延所得税资产=250×25%=62.5（万元）

事项二：

预计负债的账面价值=200 万元

预计负债的计税基础=0

产生的可抵扣暂时性差异=200 万元

应确认的递延所得税资产=200×25%=50（万元）

事项三：

固定资产的账面价值=400-400÷10=360（万元）

固定资产的计税基础=400-400÷5=320（万元）

产生的应纳税暂时性差异=360-320=40（万元）

应确认的递延所得税负债=40×25%=10（万元）

事项四：

交易性金融资产的账面价值=650 万元

交易性金融资产的计税基础=500 万元

产生的应纳税暂时性差异=650-500=150（万元）

应确认的递延所得税负债=150×25%=37.5（万元）

计算 2012 年度的所得税费用：

所得税费用=应交所得税+递延所得税=2 065+（-62.5-50+10+37.5）=2 000（万元）

相关的会计分录：

借：所得税费用 2 000

递延所得税资产 112.5

贷：应交税费——应交所得税 2 065

递延所得税负债 47.5

（2）2013 年年末计算 2013 年的应交所得税：

应纳税所得额=8 000-（1 000-5 000×15%）+（250-100）+［20-（400÷5-400÷10）］+80

=7 960（万元）

应交所得税=7 960×25%=1 990（万元）

计算2013年递延所得税：

事项（1）：

因2013年实际发生的广告费支出为400万元，而税前允许扣除限额为750万元（5 000×15%），差额为350万元，所以2012年发生的但当年尚未税前扣除的广告费支出250万元（1 000-5 000×15%）可以在2013年全部税前扣除。

可抵扣暂时性差异余额=250-250=0

应转回的递延所得税资产=62.5-0=62.5（万元）

事项（2）：

预计负债的账面价值=200-100+250=350（万元）

预计负债的计税基础=0

可抵扣暂时性差异余额=350万元

应确认的递延所得税资产=（350-200）×25%=37.5（万元）

事项（3）：

计提减值准备前固定资产的账面价值=400-400÷10×2=320（万元）

所以，应计提减值准备20万元。

计提减值准备后固定资产的账面价值=300万元

固定资产的计税基础=400-400÷5×2=240（万元）

应纳税暂时性差异余额=300-240=60（万元）

应确认的递延所得税负债=（60-40）×25%=5（万元）

事项（4）：

交易性金融资产的账面价值=570万元

交易性金融资产的计税基础=500万元

应纳税暂时性差异余额=570-500=70（万元）

应转回的递延所得税负债=（150-70）×25%=20（万元）

计算2012年所得税费用：

所得税费用=应交所得税+递延所得税=1 990+（62.5-37.5+5-20）=2 000（万元）

相关的会计分录：

借：所得税费用	2 000	
递延所得税负债	15	
贷：应交税费——应交所得税		1 990
递延所得税资产		25

第十三章　财务报告

一、学习目的及要求

通过本章学习，在了解财务报告内容、作用、披露方式、分类、编制原则和基本要求的基础上，重点掌握四张主表的结构原理（包括性质、内容、基本结构及作用）和编制方法；对报表附注、中期财务报告和分部报告有初步的认识。

二、本章主要知识点

◇财务报告的内容、作用、披露方式、分类、编制原则和基本要求
◇资产负债表
◇利润表
◇现金流量表
◇所有者权益变动表
◇附注
◇中期财务报告
◇分部报告

三、本章习题

（一）单项选择题

1. 下列关于财务报表的说法，错误的是(　　)。
A. 财务报表的目标是旨在提供有助于使用者决策的信息
B. 企业应当根据其经营活动的性质，确定本企业适用的财务报表格式和附注
C. 财务报表的列报基础是会计期间
D. 企业至少应当编制年度财务报表

2. 反映企业一定时点财务状况的报表是(　　)。
A. 利润表　　B. 资产负债表
C. 主要产品单位成本表　　D. 现金流量表

3. 资产负债表中的资产、负债项目按(　　)排列。
A. 变现性　　B. 流动性　　C. 时间性　　D. 波动性

4. 某企业期末“工程物资”科目的余额为100万元，“发出商品”科目的余额为50

万元，“原材料”科目的余额为60万元，“材料成本差异”科目的贷方余额为5万元。“存货跌价准备”科目的余额为20万元，“生产成本”科目的余额为67万元，“委托代销商品”科目的余额为240万元，“受托代销商品”科目的余额为120万元，“受托代销商品款”科目的余额为120万元，假定不考虑其他因素，该企业资产负债表中“存货”项目的金额为(　　)万元。

A. 397　　B. 392　　C. 492　　D. 497

5. “预收账款”科目明细账中若有借方余额，应将其记入资产负债表中的(　　)项目。

A. “其他应收款”　　B. “其他应付款”　　C. “应收账款”　　D. “预收款项”

6. 资产负债表中的“未分配利润”项目，应根据(　　)填列。

A. “利润分配”科目余额

B. “本年利润”科目余额

C. “本年利润”和“利润分配”科目的余额计算后

D. “盈余公积”科目余额

7. 甲企业于2012年12月31日分别借入2年期100万元借款、5年期500万元借款。两项借款均为单利计算利息，到期一次还本付息，年利率为3%。甲企业在2013年度资产负债表中“长期借款”项目应为(　　)万元。

A. 500　　B. 515　　C. 600　　D. 618

8. 下列影响营业利润的项目是(　　)。

A. “公允价值变动损益”　　B. “营业外支出”

C. “所得税费用”　　D. “营业外收入”

9. 甲股份有限公司在2013年度正常生产经营过程中发生的下列事项中，不影响其2013年度利润表中营业利润的是(　　)。

A. 有确凿证据表明存在某金融机构的款项无法收回

B. 交易性金融资产的公允价值高于其账面余额产生的公允价值变动损益

C. 出售交易性金融资产时产生的投资收益

D. 无法查明原因的现金短缺

10. 某企业2013年发生的营业收入为1 000万元，营业成本为600万元，销售费用为20万元，管理费用为50万元，财务费用为10万元，投资收益为40万元，资产减值损失为70万元（损失），公允价值变动损益为80万元（收益），营业外收入为25万元，营业外支出为15万元。该企业2013年度的营业利润为(　　)万元。

A. 370　　B. 330　　C. 320　　D. 390

11. 在下列事项中，影响企业现金流量的是(　　)。

A. 取得短期借款　　B. 分配股票股利

C. 无形资产摊销　　D. 购买3个月内到期的国债

12. 甲公司为增值税一般纳税人。2013年度，甲公司主营业务收入为1 000万元，增值税销项税额为170万元；应收账款期初余额为100万元，期末余额为150万元；预收账款期初余额为50万元，期末余额为10万元。假定不考虑其他因素，甲公司2013年度现金流量表中“销售商品、提供劳务收到的现金”项目的金额为(　　)万元。

A. 1 080　　B. 1 160　　C. 1 180　　D. 1 260

13. A 公司应付职工薪酬年初余额 100 万元，本年计入生产成本、制造费用、管理费用中的职工薪酬为 160 万元，应付职工薪酬期末余额 150 万元，则“支付给职工以及为职工支付的现金”项目的金额为(　　)万元。

A. 100　　B. 0　　C. 160　　D. 110

14. 企业偿还的长期借款利息，在编制现金流量表时，应作为(　　)项目填列。

A. “偿还债务支付的现金”

B. “分配股利、利润和偿付利息支付的现金”

C. “支付其他与筹资活动有关的现金”

D. “支付利息费用”

15. 下列各项中，属于筹资活动所产生的现金流量的是(　　)

A. 企业购买债券所支付的现金

B. 企业发行股票所产生的现金流量

C. 企业因股票投资所收到的现金股利

D. 出售长期股权资产所取得的现金

16. 某企业出售一台不需用设备，收到价款 35 万元已存入银行，该设备原价 50 万元，已提折旧 25 万元，计提减值准备 5 万元。以现金支付该项设备的清理费用 1 万元。该项业务使企业投资活动产生的现金流量净额增加(　　)万元。

A. 35　　B. 34　　C. 14　　D. 16

17. 关于所有者权益变动表的编制，下列说法不正确的是(　　)。

A. “净利润”项目，反映企业当年实现的净利润（或净亏损）金额

B. “所有者投入资本”项目，反映企业所有者投入的资本，包括实收资本和资本溢价

C. “所有者权益内部结转”项目，反映不影响当年所有者权益总额的所有者权益各组成部分之间当年的增减变动

D. “本年年末余额”项目，是在未分配利润本年年初余额的基础上，加上（或减去）本年度增减变动金额计算得出的

18. 按照我国企业会计准则的规定，中期财务报表的编制原则不包括(　　)。

A. 中期财务报告中各会计要素的确认与计量标准应当与年度财务报告所采用的原则相一致

B. 企业财务报告的频率不应当影响其年度结果的计量

C. 对于周期性取得的收入，企业应当在发生时予以确认和计量，不应当在中期财务报表中预计或递延

D. 对于会计年度中不均匀发生的费用，应当在中期财务报表中预提或待摊

19. A 出版发行公司对外征订图书，收到订单和购书款与发送图书分属于不同的中期。假定第一季度收到图书订单，第二季度收到购书款，第三季度印刷并发送图书。则 A 出版发行公司确认收入的中期为(　　)。

A. 第一季度　　B. 第二季度　　C. 第三季度　　D. 第四季度

20. 下列关于确定业务分部和地区分部的说法，不正确的是(　　)。

A. 甲公司的生产经营范围包括工程塑料的制造、旅游及餐饮业、工程机械制造、合成纤维生产等。在确定业务分部时，甲公司应分别将其作为不同的业务分部，而不能将工程机械制造与旅游业作为一个业务分部

B. 乙公司主要从事食品的生产和销售，业务范围包括饮料、奶制品及冰淇淋；炊具用品；巧克力、糖果及饼干；制药产品等。在确定业务分部时，乙公司应当分别将其作为不同的业务分部处理，而不能将炊具用品与巧克力、糖果及饼干食品作为一个业务分部处理

C. 甲公司分别在华北地区和华东地区设立两个子公司，华北地区的子公司主要经营业务是生产汽车轮胎，并主要向华东地区的子公司销售。华东地区的子公司主要经营业务为组装小汽车。因此，甲公司应当将华北地区的子公司和华东地区的子公司合并作为一个地区分部

D. 丙公司主要生产机床，其总公司设在辽宁省，在上海、杭州、新疆、内蒙古等地均设有制造厂，其生产的产品主要销售到国内各省（市）以及韩国、瑞典、南非等国家。丙公司在确定地区分部时，风险和报酬主要来自于资产所在地，从而选择确定中国、韩国、瑞典、南非等作为地区分部

（二）多项选择题

1. 财务报表包括(　　)。

A. 资产负债表　　B. 利润表

C. 现金流量表　　D. 所有者权益变动表

2. 下列关于财务报表列报的要求的表述，正确的有(　　)。

A. 在编制财务报表的过程中，企业应当考虑报表项目的重要性

B. 性质或功能不同的项目，应当在财务报表中单独列报，但不具有重要性的项目除外

C. 性质或功能类似的项目，一般可以合并列报

D. 性质或功能类似的项目，其所属类别具有重要性的，应当按其类别在财务报表中单独列报

3. 财务报表按照反映的内容不同，可以分为(　　)。

A. 中期报告　　B. 年报　　C. 静态报表　　D. 动态报表

4. 依据企业会计准则的规定，下列关于企业对外提供的财务报表的表述中，正确的有(　　)。

A. 年末应当提供资产负债表、利润及利润分配表、现金流量表、所有者权益变动表和附注

B. 年末应当提供资产负债表、利润表、现金流量表、所有者权益变动表和附注

C. 中期末至少应当提供资产负债表、利润表、现金流量表、所有者权益变动表和附注，但报表格式和内容比年报简化

D. 中期末至少应当提供资产负债表、利润表、现金流量表和附注，报表格式和内容与年报一致

5. 资产负债表的格式分为(　　)。

A. 账户式　　B. 报告式　　C. 单步式　　D. 多步式

6. 下列资产中，属于非流动资产的有(　　)。

A. 长期股权投资　　B. 其他应收款

C. 一年内到期的非流动资产　　D. 投资性房地产

7. 下列资产减值准备科目余额，不在资产负债表上单独列示的有(　　)。

A. 可供出售金融资产减值准备　　B. 无形资产减值准备

C. 存货跌价准备　　D. 固定资产减值准备

8. 依据企业会计准则的规定，在编制年末资产负债表时，下列关于流动资产和流动负债划分的做法中，正确的有(　　)。

A. 将一年内到期的持有至到期投资和长期应收款列示为流动资产

B. 将一年内到期的长期应付债券列示为流动负债

C. 将应于下一个年度内清偿、企业能够自主地将清偿期推迟至资产负债表日后一年以上、但不打算推迟清偿的长期负债，列示为流动负债

D. 在资产负债表日或之前违反了长期借款协议，导致贷款人可随时要求清偿的债务，企业在财务报表中仍将其列示为非流动负债

9. 利润表“营业税金及附加”项目反映企业应交纳的税金，主要包括(　　)。

A. 营业税、城市维护建设税　　B. 增值税

C. 消费税　　D. 印花税

10. 下列交易或事项产生的现金流量中，属于投资活动产生的现金流量的有(　　)。

A. 为购建固定资产支付的耕地占用税

B. 为购建固定资产支付的已资本化的利息费用

C. 因火灾造成固定资产损失而收到的保险赔款

D. 融资租赁方式租入固定资产所支付的租金

11. A公司2013年发生下列经济业务：

（1）以银行存款500万元作为合并对价支付给甲公司的原股东，持股比例为80%；

（2）以银行存款660万元（含应收利息5万元）购入公司债券，面值为650万元，另支付交易费用4万元，划分为交易性金融资产；

（3）以银行存款700万元购入公司债券，面值为710万元，另支付交易费用5万元，划分为持有至到期投资；

（4）以银行存款800万元购入公司股票，另支付交易费用6万元，划分为可供出售金融资产。

上述业务所涉及的现金流量应填列在现金流量表中“投资支付的现金”项目的有(　　)。

A. 业务（1）　　B. 业务（2）　　C. 业务（3）　　D. 业务（4）

12. 下列项目中，上市公司应在其财务报表附注中披露的有(　　)。

A. 会计政策变更当期和各个列报前期财务报表中受影响的项目名称和调整金额

B. 会计估计变更的原因

C. 未决诉讼

D. 与关联方交易的定价政策规定

13. 依据企业会计准则的规定，下列有关中期财务报告的表述中，正确的有(　　)。

A. 中期财务报告应当采用与年度财务报告相一致的会计政策

B. 中期财务报告编制应以预计的年度财务数据为基础判断重要性程度

C. 中期会计计量应当以年初至本中期末为基础

D. 中期财务报告中的附注应当以年初至本中期末为基础编制

14. 业务分部确定时应考虑的主要因素有(　　)。

A. 产品或劳务的性质　　B. 生产过程的性质

C. 产品或劳务的客户类型　　D. 销售产品或提供劳务的方式

15. 下列各项，表明相关分部应纳入分部报表编制范围的有(　　)。

A. 分部营业收入占所有分部营业收入合计的10%或者以上

B. 分部资产额占所有分部资产总额合计的10%或者以上

C. 分部营业亏损占所有亏损分部营业亏损合计的10%或者以上

D. 分部营业利润占所有盈利分部营业利润合计的10%或者以上

(三) 判断题

1. 在编制财务报表的过程中，对于性质或功能不同的项目，无论其是否具有重要性，均应当在财务报表中单独列报。(　　)

2. 财务报表中的资产项目和负债项目的金额、收入项目和费用项目的金额均不得以净额列示。(　　)

3. 对于在资产负债表日起一年内到期的负债，如果在资产负债表日后、财务报告批准报出日前签订了重新安排清偿计划协议，则该项负债应归类为非流动负债。(　　)

4. 现金流量表中的经营活动，是指企业投资活动和筹资活动以外的交易和事项。销售商品或提供劳务、购买固定资产、支付短期借款利息等产生的现金流量均包括在经营活动产生的现金流量之中。(　　)

5. 现金流量表中的投资活动，指的是企业长期资产的购建和所有投资活动及其处置活动。(　　)

6. 现金流量表中的经营活动，是指企业投资活动和筹资活动以外的交易和事项。销售商品或提供劳务、购买固定资产、支付短期借款利息等产生的现金流量均包括在经营活动产生的现金流量之中。(　　)

7. 企业发行债券直接支付的印刷费，应在“吸收投资收到的现金”中扣除。(　　)

8. 企业派发股票股利、公积金转增资本，会增加（或减少）其发行在外的普通股或潜在普通股的数量，但并不影响所有者权益金额。(　　)

9. 对于上期确定为报告分部，本期未满足规定条件的，即使企业本期认为其依然重要也不应将其确定为本期的报告分部。(　　)

10. 报告分部的对外交易收入合计额占合并总收入或企业总收入的比重未达75%的，应当将其他的分部确定为报告分部（即使他们未满足上述规定的条件），直到该比重达到75%。(　　)

（四）计算与会计处理题

1. A 公司为增值税一般纳税人，适用 17% 的增值税税率。公司在商品销售的同时结转销售成本。2013 年 11 月 30 日，损益类相关科目的余额见表 13-1。

表 13-1 损益类科目余额 单位：万元

科目名称	借方余额	贷方余额
主营业务成本	1 085	
营业税金及附加	15	
其他业务成本	10	
销售费用	34	
管理费用	21	
财务费用	52	
营业外支出	20	
主营业务收入		1 550
其他业务收入		16
投资收益		22
营业外收入		50

2013 年 12 月份 A 公司发生如下经济业务：

（1）销售商品一批，增值税专用发票上注明的售价 50 万元，增值税 8.5 万元。款项已收到并存入银行，该批商品的实际成本为 37.5 万元。

（2）本月发生应付职工薪酬 174 万元，其中，生产工人工资 120 万元，车间管理人员工资 10 万元，厂部管理人员工资 14 万元，销售人员工资 30 万元。假定不考虑当月计提应付福利费。

（3）本月摊销管理部门自用无形资产成本 64 万元。

（4）本月主营业务应交城市维护建设税 5 万元、教育费附加 0.5 万元。

（5）该公司适用的所得税税率为 25%，假定该公司本年无纳税调整事项。

要求：

（1）编制 A 公司 2013 年 12 月份业务（1）~（4）的相关会计分录（单位：万元）。

（2）编制 A 公司 2013 年度利润表。

2. 嘉园公司相关资料如下：

（1）嘉园公司 2013 年度的资产负债表及其他有关资料见表 13-2。

（2）嘉园公司其他有关资料如下：

①公司 2013 年度未发生其他投资业务。年初的长期股权投资均为对兰普公司的投资，该投资占兰普公司股东权益总额为 40%，按权益法进行会计处理。兰普公司 2013 年度实现净利润 500 万元，实际发放现金股利 300 万元。

表 13-2　　资产负债表（简表）

编制单位：嘉园公司　　2013 年 12 月 31 日　　单位：万元

资产	期末余额	年初余额	负债及股东权益	期末余额	年初余额
货币资金	7 760	5 000	短期借款	2 350	280
应收票据	?	120	应付票据	?	170
应收账款	?	600	应付账款	?	260
预付款项	?	50	预收款项	?	0
存货	?	2 200	长期借款	1 700	1 600
长期股权投资	?	1 000	股本（普通股）	6 000	6 000
固定资产	7 550	3 200	盈余公积	4 010	2 000
			未分配利润	4 250	1 860
资产总计	?	12 170	负债及股东权益总计	?	12 170

②公司 2013 年年末部分往来账户的余额见表 13-3。

表 13-3　　部分往来账户余额　　单位：万元

科目	借方余额	贷方余额	科目	借方余额	贷方余额
应收账款——A 企业	800		应付账款——甲企业		420
应收账款——B 企业		150	应付账款——乙企业	140	
预付账款——C 企业	176		预收账款——丙企业		210
预付账款——D 企业		26	预收账款——丁企业	52	
应收票据——E 企业	350		应付票据——戊企业		166

要求：根据上述资料计算资产负债表中未知项目的金额。

3. A 公司 2013 年有关财务报表和补充资料见表 13-4 和表 13-5。

表 13-4　　资产负债表部分资料　　单位：万元

项目	期末余额	年初余额
应收票据	480	450
应收账款	320	360
预收款项	200	100
存货	7 840	9 760
应付票据	890	750
应付账款	540	670

表 13-5　　利润表部分资料　　单位：万元

项目	本期金额
营业收入	50 000
营业成本	26 500

补充资料：

①本期计提坏账准备 10 万元。

②本期增值税的销项税额为 8 500 万元；本期增值税的进项税额 465 万元。

③“营业成本”项目中包括计提车间折旧费 50 万元，分配生产车间工人薪酬 130 万元。

④“存货”项目中包括计提车间折旧费 20 万元，分配生产车间工人薪酬 80 万元。

要求：根据上述资料，不考虑其他因素，计算：

（1）现金流量表的“销售商品、提供劳务收到的现金”金额。

（2）现金流量表的“购买商品、接受劳务支付的现金”金额。

四、本章习题答案及解析

（一）单项选择题

1. C【解析】一般情况下，财务报表以持续经营为基础列报。但在非持续经营的情况下，企业应当在附注中声明财务报表未以持续经营为基础列报，披露未以持续经营为基础的原因以及财务报表的编制基础。

2. B【解析】资产负债表是反映企业在某一特定日期财务状况的报表。

3. B【解析】资产负债表是以流动性为分类标准，将资产分为流动资产与非流动资产，负债分为流动与非流动负债。资产负债表中资产、负债项目中流动性较强的排在前面，流动性较差的排在后面。

4. B【解析】该企业资产负债表中“存货”项目的金额=“发出商品”科目余额 50+“原材料”科目余额 60+“生产成本”科目余额 67 +“委托代销商品”科目余额 240 +“受托代销商品”科目余额 120 -“受托代销商品款”科目余额 120 -“材料成本差异”科目贷方余额 5-“存货跌价准备”科目余额 20 =392（万元）。

5. C【解析】“预收账款”明细账借方余额具有应收性质，应在资产负债表的“应收账款”项目中反映。

6. C【解析】“本年利润”账户的金额只有在年度终了时才能结转到“利润分配——未分配利润”账户。在未结转前编制资产负债表时，“本年利润”账户的余额也应反映在资产负债表的“未分配利润”项目中。

7. B【解析】一年内到期负债应列入“一年内到期的非流动负债”项目中，长期借款计提利息时，一方面增加“财务费用”或“在建工程”，一方面增加“长期借款”，所以在 2013 年资产负债表中“长期借款”项目=500×（1+3%）= 515（万元）。

8. A【解析】营业利润=营业收入-营业成本-营业税金及附加-销售费用-管理费用-财务费用-资产减值损失+公允价值变动收益（-公允价值变动损失）+投资收益（-投资损失），可见，营业外支出、营业外收入和所得税费用都不影响营业利润。

9. A【解析】对于存在银行或其他金融机构的款项已经部分不能收回或者全部不能收回的，应当查明原因进行处理，有确凿证据表明无法收回的，应当根据企业管理权限报经批准后，借记“营业外支出”科目，贷记“银行存款”科目，不影响营业利润。

10. A【解析】营业利润=营业收入-营业成本-营业税金及附加-销售费用-管理费用-财务费用-资产减值损失+公允价值变动收益（-公允价值变动损失）+投资收益（-投资损失）= 1 000-600-20-50-10+40-70+80=370（万元）。

11. A【解析】选项 A，取得短期借款会产生现金流入；选项 B，分配股票股利是所有者权益内部的增减变动，不产生现金流出；选项 C，无形资产摊销成本费用增加了，但是没有现金流出企业；选项 D 属于现金等价物，它是现金流量表中“现金”概念的构成内容，它增加同时会引起银行存款的减少，因此，此选项引起现金内部一增一减的变化，不会引起现金流量总额的变化。

12. A【解析】销售商品、提供劳务收到的现金 = 1 000+170 -（150-100）-（50-10）= 1 080（万元）。

13. D【解析】支付给职工以及为职工支付的现金 = 100+160-150 = 110（万元）。

14. B【解析】选项 A 填列的是企业偿还债务的本金；选项 C 支付的是除债券本金、利息等之外的现金；选项 D 不属于现金流量表的项目。只有选项 B 符合题意。

15. B

16. B【解析】现金流量净额增加 = 35-1 = 34（元）。

17. D【解析】“本年年末余额”项目，是在所有者权益本年年初余额的基础上，加上（或减去）本年度增减变动金额计算得出的。

18. D【解析】选项 D 不符合原则“对于会计年度中不均匀发生的费用，除了在会计年度末允许预提或者待摊的之外，企业都应当在发生时予以确认和计量，不应当在中期财务报表中预提或者待摊”。

19. C【解析】A 出版发行公司在收到订单和购书款的中期不能确认图书的销售收入，因为此时与图书所有权有关的风险和报酬尚未转移，不符合收入确认的条件，企业只能在发送图书，并且与图书所有权有关的风险和报酬已经转移的中期才能确认收入。

20. D【解析】丙公司在确定地区分部时，就应当根据风险和报酬主要来自于资产所在地还是客户所在地，从而选择确定以资产所在地（如辽宁、上海、杭州、新疆、内蒙古等地）或客户所在地（如中国、韩国、瑞典、南非等）作为地区分部。由于丙公司在确定地区分部时，风险和报酬主要来自于资产所在地，从而选择应确定辽宁、上海、杭州、新疆、内蒙古等确定地区分部。

（二）多项选择题

1. ABCD

2. ABCD

3. CD【解析】财务报表按照反映的内容不同，可以分为静态财务报表和动态财务报表。

4. BD

5. AB【解析】资产负债表的格式包括账户式和报告式两种。

6. AD【解析】一年内到期的非流动资产和其他应收款均属于流动资产，其他两项属于非流动资产。

7. ABCD【解析】选项 A、B、C、D 均应作为相关资产的抵减项合并填列，不能单独填列。

8. AB【解析】选项 C 为非流动负债，选项 D 为流动负债。

9. AC【解析】“营业税及附加”项目不反映企业应交纳的增值税，因为增值税属于价外税；印花税通过“管理费用”科目核算。

10. AC【解析】选项 B、D 均属于筹资活动产生的现金流量。

11. CD【解析】选项 A，应填列在“取得子公司及其他营业单位支付的现金净额”项目；选项 B，除应收利息 5 万元填列在“支付其他与投资有关的现金”外，其他业务仍填列在“投资支付的现金”项目，虽然交易费用在账务处理上计入投资收益，但也要填列在“投资支付的现金”项目。

12. ABCD【解析】选项 A、B、C、D 均应在上市公司的财务报表附注中披露。

13. ACD【解析】中期财务报告编制应以中期财务数据为基础判断重要性程度，不得以预计的年度财务数据为基础判断重要性程度。

14. ABCD

15. AB【解析】选项 C、D 不应该选，该分部的分部利润（或亏损）的绝对额，占所有盈利分部利润合计额或者所有亏损分部亏损合计额的绝对额两者中较大者的 10% 或者以上。

（三）判断题

1. ×【解析】在编制财务报表的过程中，性质或功能不同的项目，应当在财务报表中单独列报，但不具有重要性的项目除外。

2. ×【解析】财务报表中的资产项目和负债项目的金额、收入项目和费用项目的金额不得相互抵抵销，但满足条件的除外：①资产项目按扣除减值准备后的净额列示；②非日常活动产生的损益，以收入扣减费用后的净额列示。

3. ×【解析】对于在资产负债表日起一年内到期的负债，如果企业不能自主地将清偿义务展期的，则即使在资产负债表日后、财务报告批准报出日前签订了重新安排清偿计划协议，该项负债仍应归类为流动负债。

4. ×【解析】购买固定资产产生的现金流量属于投资活动产生的现金流量，支付短期借款利息产生的现金流量属于筹资活动产生的现金流量。

5. ×【解析】现金流量表中的投资活动，指的是企业长期资产的购建和不包括在现金等价物范围内的投资活动及其处置活动，现金与现金等价物的转换不属于现金流量。

6. ×【解析】购买固定资产产生的现金流量属于投资活动产生的现金流量，支付短期借款利息产生的现金流量属于筹资活动产生的现金流量。

7. √【解析】“吸收投资收到的现金”反映企业以发行股票、债券方式筹集资金实际收到的款项，减去直接支付的佣金、手续费、宣传费、咨询费、印刷费等发行费用后的净额。

8. √

9. ×【解析】对于上期确定为报告分部，企业本期认为其依然重要，即使本期未满足规定条件的，仍应将其确定为本期的报告分部。

10. √

（四）计算与会计处理题

1. 相关业务处理过程如下：

（1）编制的会计分录如下：

①借：银行存款 58.5

　　贷：主营业务收入 50

　　　　应交税费——应交增值税（销项税额） 8.5

借：主营业务成本 37.5

　　贷：库存商品 37.5

②借：生产成本 120

　　　制造费用 10

　　　管理费用 14

　　　销售费用 30

　　贷：应付职工薪酬 174

③借：管理费用 64

　　贷：累计摊销 64

④借：营业税金及附加 5.5

　　贷：应交税费——应交城市维护建设税 5

　　　　　　　　——应交教育费附加 0.5

（2）编制的2013年度的利润表见表13-6。

表13-6　　利润表（简表）

编制单位：A公司　　2013年度　　单位：万元

项目	本期金额
一、营业收入	1 616
减：营业成本	1 132.5
营业税金及附加	20.5
销售费用	64
管理费用	99
财务费用	52
资产减值损失	0
加：公允价值变动收益（损失以“-”号填列）	0
投资收益（损失以“-”号填列）	22
其中：对联营企业和合营企业的投资收益	0
二、营业利润（亏损以“-”号填列）	270
加：营业外收入	50
减：营业外支出	20
其中：非流动资产处置损失	0
三、利润总额（亏损总额以“-”号填列）	300
减：所得税费用	75
四、净利润（净亏损以“-”号填列）	225

2. 计算的资产负债表中的相关项目金额见表 13-7。

表 13-7 **资产负债表（简表）**

编制单位：嘉园公司 2013 年 12 月 31 日 单位：万元

资产	期末余额	年初余额	负债及股东权益	期末余额	年初余额
货币资金	7 760	5 000	短期借款	2 350	280
应收票据	350	120	应付票据	166	170
应收账款	852	600	应付账款	446	260
预付款项	316	50	预收款项	360	0
存货	1 374	2 200	长期借款	1 700	1 600
长期股权投资	1 080	1 000	股本（普通股）	6 000	6 000
固定资产	7 550	3 200	盈余公积	4 010	2 000
			未分配利润	4 250	1 860
资产总计	19 282	12 170	负债及股东权益总计	19 282	12 170

3. 相关计算过程如下：

（1）销售商品、提供劳务收到的现金 =50 000+8 500+（450-480）+（360-320）+（200-100）-10

=58 600（万元）

（2）购买商品、接受劳务支付的现金 =26 500+465+（7 840-9 760）+（750-890）+（670-540）-70-210

=24 755（万元）

第十四章　会计调整

一、学习目的及要求

通过本章学习，了解会计政策、会计估计的概念，能区分会计政策变更和会计估计变更，在此基础上，掌握两者的会计处理；了解会计差错的种类，并掌握会计差错更正的会计处理；了解资产负债表日后事项的含义和内容，基本掌握资产负债表日后调整事项的会计处理。

二、本章主要知识点

◇会计政策及其变更
◇会计估计变更
◇会计差错及其更正
◇资产负债表日后事项

三、本章习题

（一）单项选择题

1. 会计政策是指(　　)。
A. 企业在会计确认、计量和报告中所采用的原则、基础和会计处理方法
B. 企业在会计确认中所采用的原则、基础和会计处理方法
C. 企业在会计计量中所采用的原则、基础和会计处理方法
D. 企业在会计报告中所采用的原则、基础和会计处理方法
2. 会计政策变更时，会计处理方法的选择应遵循的原则是(　　)。
A. 必须采用未来适用法
B. 在追溯调整法和未来适用法中任选其一
C. 必须采用追溯调整法
D. 会计政策变更累积影响数可以合理确定时采用追溯调整法，不能合理确定时采用未来适用法
3. 某上市公司发生的下列交易或事项中，属于会计政策变更的是(　　)。
A. 固定资产预计净残值由 1 000 元改为 2 000 元
B. 期末对原按业务发生时的汇率折算的外币长期借款余额按期末市场汇率进行调整

C. 发出存货的计价方法由先进先出法改为加权平均法

D. 年末根据当期发生的暂时性差异所产生的递延所得税负债调整本期所得税费用

4. 下列交易或事项中，属于会计政策变更的是(　　)。

A. 固定资产预计使用年限由 8 年改为 5 年

B. 无形资产费用化的开发支出在研发结束时转为资本化

C. 坏账准备计提方法由应收账款余额百分比法改为账龄分析法

D. 对投资性房地产由成本计量模式改为公允价值计量模式

5. 某企业对下列各项业务进行的会计处理中，一般需要进行追溯调整的是(　　)。

A. 有证据表明原使用寿命不确定的无形资产的使用寿命已能够合理估计

B. 企业将投资性房地产的后续计量方法由成本模式变更为公允价值模式

C. 原暂估入账的固定资产已办理完竣工决算手续

D. 提前报废固定资产

6. 采用追溯调整法计算出会计政策变更的累积影响数后，应当(　　)。

A. 重新编制以前年度财务报表

B. 调整列报前期最早期初留存收益，以及财务报表其他相关项目的期初数和上年数

C. 调整列报前期最早期末及未来各期财务报表相关项目的数字

D. 只需在报表附注中说明其累积影响金额

7. 某股份公司在会计核算中采用了以下会计政策，其中属于会计准则不允许的政策是(　　)。

A. 固定资产交付使用后的借款费用计入当期损益

B. 固定资产交付使用后的借款费用计入固定资产价值

C. 开始和完成分属不同年度的劳务按照完工百分比法确认收入

D. 在同一年度开始和完成的劳务在劳务完成时确认收入

8. 当难以区分某种会计变更属于会计政策变更还是会计估计变更时，通常将这种会计变更(　　)。

A. 视为前期差错处理

B. 视为会计政策变更处理

C. 视为会计估计变更处理

D. 视为资产负债表日后调整事项处理

9. 下列项目中，属于会计估计项目的是(　　)。

A. 固定资产的耐用年限和净残值

B. 借款费用是资本化还是费用化

C. 非货币性资产交换的计量

D. 长期股权投资的会计处理方法

10. 下列各项中，属于会计估计变更的是(　　)。

A. 企业根据客户的资信情况的恶化，提高坏账准备的计提比例

B. 企业执行新企业会计准则，将发出存货的计价方法由后进先出法改为先进先出法

C. 收入确认由完成合同法改为完工百分比法

D. 为了提高报表利润，企业将厂房总的折旧年限由 20 年延长至 30 年

11. 甲企业一台从 2011 年 1 月 1 日开始计提折旧的设备，其原值为 15 500 元，预计使用年限为 5 年，预计净残值为 500 元，采用年数总和法计提折旧。从 2013 年起，该企

业将该固定资产的折旧方法改为年限平均法，设备的预计使用年限由 5 年改为 4 年，设备的预计净残值由 500 元改为 300 元。该设备 2013 年的折旧额为(　　)元。

A. 3 100　　B. 3 000　　C. 3 250　　D. 4 000

12. 对下列有关前期差错的说法中，不正确的是(　　)。

A. 前期差错通常包括计算错误、应用会计政策错误、疏忽或曲解事实以及舞弊产生的影响以及固定资产盘盈等

B. 企业应当采用追溯重述法更正重要的前期差错，但确定前期差错累积影响数不切实可行的除外

C. 追溯重述法是指在发现前期差错时，视同该项前期差错从未发生过，从而对财务报表相关项目进行更正的方法

D. 确定前期差错累积影响数不切实可行的，可以从可追溯重述的最早期间开始调整留存收益的期初余额，财务报表其他相关项目的期初余额也应当一并调整，不得采用未来适用法

13. 某上市公司 2012 年度的财务会计报告于 2013 年 4 月 30 日批准报出，2013 年 12 月 31 日，该公司发现了 2011 年度的一项非重大差错。该公司正确的做法是(　　)。

A. 调整 2013 年度财务报表的年初数和上年数

B. 调整 2013 年度财务报表的年末数和本年数

C. 调整 2012 年度财务报表的年末数和本年数

D. 调整 2012 年度财务报表的年初数和上年数

14. 下列表述中不正确的是(　　)。

A. 某企业的一项无形资产摊销年限原定为 10 年，以后发生的情况表明，该资产的受益年限已不足 10 年，相应调减摊销年限

B. 某企业原根据当时能够得到的信息，对应收账款每年按其余额的 5% 计提坏账准备。现在掌握了新的信息，判定不能收回的应收账款比例已达 15%，企业改按 15% 的比例计提坏账准备

C. 某企业的一项可计提折旧的固定资产，其有效使用年限或预计净残值的估计发生变更，影响了变更当期及资产以后使用年限内各个期间的折旧费用，这项会计估计的变更，应于变更当期及以后各期确认

D. 某企业投资性房产采用公允价值模式计量，考虑到由于公允价值计量不计提折旧不进行摊销，影响所得税的扣除，决定将投资性房地产由公允价计量改为按成本模式计量

15. 对下列会计差错，不正确的说法是(　　)。

A. 所有会计差错均应在财务报表附注中披露

B. 重要会计差错的内容应在财务报表附注中披露

C. 本期发现的、属于前期的重要差错，应调整发现当期的期初留存收益和财务报表其他相关项目的期初数

D. 本期发现的、属于以前年度的非重要会计差错，不调整财务报表相关项目的期初数，但应调整发现当期与前期相同的相关项目

16. 某上市公司 2012 年度财务报告于 2013 年 2 月 10 日编制完成，所得税汇算清缴日

是3月20日，注册会计师完成审计及签署审计报告日是2013年4月10日，经董事会批准报表对外公布日为4月20日，财务报告实际对外报出日为4月22日，股东大会召开日期是4月25日，按照企业会计准则的规定，资产负债表日后事项的涵盖期间为(　　)。

A. 2013年1月1日至2013年2月10日

B. 2013年2月10日至2013年4月22日

C. 2013年2月10日至2013年4月25日

D. 2013年1月1日至2013年4月20日

17. 甲公司在年度财务报告批准报出日之前发现了报告年度的重大会计差错，需要做的会计处理是(　　)。

A. 作为发现当期的会计差错更正

B. 在发现当期报表附注做出披露

C. 按照资产负债表日后事项非调整事项的处理原则做出说明

D. 按照资产负债表日后事项调整事项的处理原则做出相应调整

18. 下列有关资产负债表日后事项，表述正确的是(　　)。

A. 资产负债表日至财务会计报告批准报出日之间，由董事会制订的财务会计报告所属期间利润分配方案中的盈余公积的提取，应作为调整事项处理

B. 资产负债表日后发生的调整事项如涉及现金收支项目的，均可以调整报告年度资产负债表的货币资金项目，但不调整报告年度现金流量表各项目数字

C. 资产负债表日后事项，作为调整事项调整财务报表有关项目数字后，还需要在财务报表附注中进行披露

D. 资产负债表日至财务会计报告批准报出日之间，由董事会制订的财务会计报告所属期间利润分配方案中的现金股利，应作为调整事项处理

19. 甲公司2013年1月10日向乙公司销售一批商品并确认收入实现，2013年2月20日，乙公司因产品质量原因将上述商品退货。甲公司2012年财务会计报告批准报出日为2013年4月30日。甲公司对此项退货业务正确的处理方法是(　　)。

A. 作为资产负债表日后事项中的调整事项处理

B. 作为资产负债表日后事项中的非调整事项处理

C. 冲减2013年1月份相关收入、成本和税金等相关项目

D. 冲减2013年2月份相关收入、成本和税金等相关项目

20. 甲公司2012年10月份与乙公司签订一项供销合同，由于甲公司未按合同发货，致使乙公司发生重大经济损失。被乙公司提起诉讼，至2012年12月31日法院尚未判决。甲公司2012年12月31日在资产负债表中的“预计负债”项目反映了100万元的赔偿款。2013年3月5日经法院判决，甲公司需偿付乙公司经济损失120万元。甲公司不再上诉，并假定赔偿款已经支付。甲公司2012年度财务会计报告批准报出日为2013年4月28日，不考虑所得税因素，则报告年度资产负债表中有关项目调整，正确的处理方法是(　　)。

A. “预计负债”项目调增20万元；“其他应付款”项目没有变化

B. “预计负债”项目调减100万元；“其他应付款”项目调增120万元

C. “预计负债”项目调增20万元；“其他应付款”项目调增120万元

D. “预计负债”项目调减120万元；“其他应付款”项目调增20万元

（二）多项选择题

1. 下列各项中，属于会计政策项目的有（　　）。
A. 收入的确认　B. 坏账损失的核算方法
C. 存货的计价方法　D. 长期股权投资的核算方法

2. 企业对于发生的会计政策变更，应披露的内容有（　　）。
A. 会计政策变更的原因、性质、内容
B. 当期和各个列报前期财务报表中受影响的项目名称
C. 当期和各个列报前期财务报表中受影响的项目调整金额
D. 无法进行追溯调整的，说明该事实和原因以及开始应用变更后的会计政策的时点、具体应用情况

3. 下列各项中，符合会计准则规定的会计政策变更的有（　　）。
A. 根据会计准则、规章的要求而变更会计政策
B. 为提供更可靠、更相关的信息采用新的会计政策
C. 对初次发生的事项采用新的会计政策
D. 本期发生的交易或事项与以前相比具有本质差别而采用新的会计政策

4. 应采用未来适用法处理会计政策变更的情况有（　　）。
A. 企业因账簿超过法定保存期限而销毁，引起会计政策变更累积影响数无法确定
B. 企业账簿因不可抗力而毁坏引起累积影响数无法确定
C. 会计政策变更累积影响数能够确定，但法律或行政法规要求对会计政策的变更采用未来适用法
D. 会计政策变更累积影响数能够合理确定，国家相关准则规定应追溯调整

5. 下列关于会计政策变更的说法中，不正确的有（　　）。
A. 会计政策是指企业在会计确认、计量和报告中所采用的原则、基础和会计处理方法
B. 会计政策变更意味着以前期间的会计政策是错误的
C. 会计政策变更一律采用追溯调整法进行处理
D. 会计政策变更只需调整变更当年的资产负债表、利润表

6. 会计估计的特点包括（　　）。
A. 会计估计的存在是由于经济活动中内在的不确定性因素的影响
B. 会计估计应当以最近可利用的信息或资料为基础
C. 会计估计相应会削弱会计核算的可靠性
D. 会计估计具有强制性

7. 下列关于会计估计变更的说法中，正确的有（　　）。
A. 会计估计变更应采用未来适用法进行会计处理
B. 如果会计估计的变更仅影响变更当期，有关估计变更的影响应于当期确认
C. 如果会计估计的变更既影响变更当期又影响未来期间，有关估计变更的影响在当期及以后期间确认
D. 会计估计变更应采用追溯调整法进行会计处理

8. 某股份有限公司对下列各项业务进行的会计处理中，符合会计准则规定的有(　)。

A. 由于物价持续下跌，存货的核算由原来的加权平均法改为先进先出法

B. 由于银行提高了借款利率，当期发生的财务费用过高，故该公司将超出财务计划的利息暂作资本化处理

C. 由于产品销路不畅，产品销售收入减少，固定费用相对过高，该公司将固定资产折旧方法由双倍余额递减法改为平均年限法

D. 由于客户财务状况改善，该公司将坏账准备的计提比例由原来的6%降为3%

9. 企业发生的下列事项中，应作为重要差错更正的有(　　)。

A. 由于地震使厂房使用寿命受到影响，调减了厂房的预计使用年限

B. 根据规定对资产计提减值准备，考虑到利润指标超额完成太多，根据谨慎性原则，多提了存货跌价准备

C. 由于出现新技术，将专利权的摊销年限由8年改为5年

D. 鉴于当期利润完成状况不佳，将固定资产的折旧方法由双倍余额递减法改为直线法

10. 上市公司在其年度资产负债表日后至财务会计报告批准报出日前发生的下列事项中，属于非调整事项的有(　)。

A. 资产负债表日后发现了财务报表舞弊或差错

B. 以前年度售出商品发生退货

C. 董事会提出股票股利分配方案

D. 因发生火灾导致存货严重损失

11. 某公司2012年度财务报告批准报出日为2013年3月30日，该公司2013年1月1日至3月30日之间发生的下列事项，需要对2012年度财务报表进行调整的有(　　)。

A. 2013年2月25日，发生火灾导致存货损失100万元

B. 2013年1月29日得到法院通知，因2010年度银行贷款担保应向银行支付贷款及罚息等计95万元（2012年年末已确认预计负债80万元）

C. 2013年1月25日完成了2012年12月20日销售设备的安装工作，并收到销售款100万元

D. 2013年2月15日由于质量原因收到了被退回的于2012年12月15日销售的设备1台

12. 资产负债表日后发生的调整事项，应当如同资产负债表所属期间发生的事项一样，做出相关账务处理，并对资产负债表日已编制的财务报表作相应的调整。这里的财务报表包括(　)。

A. 资产负债表　　B. 利润表

C. 现金流量表正表　　D. 现金流量表补充资料的内容

13. 资产负债表日后发生的调整事项的处理原则，可能会涉及的处理情况有(　　)。

A. 不涉及损益以及利润分配的事项，直接调整相关科目

B. 涉及损益的事项，通过“以前年度损益调整”科目核算

C. 进行相关账务处理的同时，还应调整财务报表相关项目的数字

D. 涉及利润分配调整的事项，通过“利润分配——未分配利润”科目核算

14. 甲股份有限公司 2013 年实现净利润 8 500 万元。该公司 2013 年发生和发现的下列交易或事项中，不会影响其年初未分配利润的是(　　)。

A. 发现 2010 年少计管理费用 4 500 万元

B. 发现 2011 年少提财务费用 0. 10 万元

C. 为 2012 年售出的设备提供售后服务发生支出 550 万元

D. 因客户资信状况明显改善，将应收账款坏账准备计提比例由 10% 改为 5%

（三）判断题

1. 对于初次发生的事项和交易采用新的会计政策，不属于会计政策变更。（　　）

2. 企业会计政策应当保持前后各期的一致性，会计政策变更意味着以前期间的会计政策是错误的。（　　）

3. 会计政策变更可以采用追溯调整法和未来适用法两种方法进行会计处理，采用哪种会计处理方法，应根据具体情况确定。（　　）

4. 会计估计变更仅影响变更当期的，其影响数应当在变更当期予以确认；既影响变更当期又影响未来期间的，其影响数应当在变更当期和未来期间予以确认。（　　）

5. 将经营性租赁的固定资产通过变更合同转为融资租赁固定资产，在会计上应当作为会计政策变更处理。（　　）

6. 有关在财务报表附注中披露会计估计变更的要求与披露会计政策变更的要求是有差别的。（　　）

7. 如果以前期间的会计估计是错误的，则属于差错，按前期差错更正的规定进行会计处理。（　　）

8. 无充分合理的证据表明会计政策变更的合理性或者未经股东大会等类似权力机构批准擅自变更会计政策的，或者连续、反复地自行变更会计政策的，视为滥用会计政策，按照重要差错来进行会计处理。（　　）

9. 资产负债表日后事项，是指资产负债表日至财务报告批准报出日之间发生的所有有利或不利的事项。（　　）

10. 资产负债表日后事项如涉及现金收支项目，应调整报告年度资产负债表的货币资金项目，但不应调整现金流量表各项目数字。（　　）

（四）计算与会计处理题

1. 甲公司是 2012 年 12 月 25 日改制的股份有限公司，所得税核算采用资产负债表债务法，所得税税率为 25%，每年按净利润的 10% 和 5% 分别计提法定盈余公积和任意盈余公积。为了提供更可靠、更相关的会计信息，经董事会批准，甲公司于 2013 年度对部分会计工作进行调整。有关事项的资料如下：

（1）从 2013 年 1 月 1 日起，将行政管理部门使用的设备的预计使用年限由 12 年改为 8 年；同时，将设备的折旧方法由平均年限法改为年数总和法。根据税法规定，设备采用平均年限法计提折旧，折旧年限为 12 年，预计净残值为 0。

上述设备已使用 3 年，并已计提了 3 年的折旧，尚可使用 5 年，其账面原价为 6 000

万元，累计折旧为1 500万元（未计提减值准备）。

（2）从2013年1月1日起，将无形资产的期末计价由账面摊余价值改为账面摊余价值与可收回金额孰低计价。甲公司2011年1月20日购入某项专利权，实际成本为2 400万元，预计使用年限为16年，按16年平均摊销（与税法一致）。2011年年末、2012年年末和2013年年末预计可收回金额分别为2 100万元、1 800万元和1 600万元（假定预计使用年限不变）。

要求：

（1）判断上述事项各属于何种会计变更。

（2）写出甲公司2013年度对上述事项进行的会计处理（单位：万元）。如果属于会计估计变更，要求计算对本年度的影响数。

2. 甲公司适用的所得税税率为25%，所得税采用资产负债表债务法核算。甲公司2012年度财务会计报告于2013年4月30日对外报出。甲公司2012年的汇算清缴在3月15日完成。甲公司于2012年11月涉及的一项诉讼，在编制2012年度财务报表时，法院尚未判决，甲公司确认预计负债100万元。2013年2月10日，法院一审判决甲公司败诉，判决甲公司支付赔偿款120万元。甲公司不再上诉，并且赔偿款已经支付。假定税法规定实际支付的赔偿款允许在税前扣除。假定除此事项外，不存在其他纳税调整事项。

假定不考虑盈余公积的调整，报告年度的应交所得税、递延所得税资产或递延所得税负债、所得税费用在资产负债表日已经计算。假定不考虑除所得税以外的其他相关税费。

要求：编制有关调整事项的会计分录（单位：万元）。

四、本章习题答案及解析

（一）单项选择题

1. A

2. D

3. C【解析】选项A，固定资产预计净残值的改变属于会计估计变更；选项B，企业发生外币业务时，采用外币业务发生时的市场汇率，在月份（或季度、年度）终了时，对于各外币账户的期末余额，按期末市场汇率将其折算为记账本位币金额，以确认汇兑损益，这不属于会计政策变更。

4. D【解析】选项A、C属于会计估计变更，选项B是会计差错。

5. B【解析】B选项属于会计政策变更，应该进行追溯调整，调整期初留存收益。

6. B【解析】追溯调整法，是指对某项交易或事项变更会计政策，视同该项交易或事项初次发生时即采用变更后的会计政策，并以此对财务报表相关项目进行调整的方法。根据计算得出的会计政策变更的累积影响数调整列报前期最早期初留存收益，以及财务报表其他相关项目的期初数和上年数。

7. B【解析】固定资产交付使用后的借款费用计入当期损益。

8. C【解析】如果企业难以区分某项变更为会计政策变更还是会计估计变更的，应当将其作为会计估计变更处理。

9. A【解析】固定资产的耐用年限和净残值属于会计估计项目，其他三项属于会计政策项目。

10. A【解析】B、C项属于会计政策变更；D项属于滥用会计估计变更，应作为会计差错处理。

11. A【解析】该事项属于会计估计变更；至2012年12月31日该设备的账面价值为6 500元（15 500－（15 500－500）×5÷15－（15 500－500）×4÷15），该设备2013年应计提的折旧额为3 100元（（6 500－300）÷2）。

12. D【解析】确定前期差错影响数不切实可行的，可以从可追溯重述的最早期间开始调整留存收益的期初余额，财务报表其他相关项目的期初余额也应当一并调整，也可以采用未来适用法。

13. B【解析】该事项属于非日后期间发现的以前年度的非重大差错，应调整发现当期财务报表相关项目的本期数和期末数。

14. D【解析】选项D属于人为调节利润，不符合会计规定。

15. A【解析】重要会计差错的内容应在财务报表附注中披露。

16. D【解析】资产负债表日后事项的期间包括：报告年度次年的1月1日或报告期间下一期第一天起至董事会，或经理（厂长）会议或类似机构批准财务报告可以对外公布的日期，即以董事会，或经理（厂长）会议或类似机构批准财务报告对外公布的日期为截止日期。也就是说，资产负债表日后事项涵盖的期间是自资产负债表日次日起至财务报告批准报出日止的一段时间。

17. D【解析】该事项应当作为调整事项，按照资产负债表日后调整事项的处理原则进行相应调整。

18. A【解析】B选项，资产负债表日后发生的调整事项如涉及现金收支项目的，均不调整报告年度资产负债表的货币资金项目和现金流量表各项目数字。C选项，资产负债表日后事项，已经作为调整事项调整财务报表有关项目数字的，除去法律、法规以及其他会计准则另有规定外，不需要在财务报表附注中进行披露。D选项，资产负债表日至财务会计报告批准报出日之间，由董事会制订的财务会计报告所属期间利润分配方案中的现金股利和股票股利，均应作为非调整事项处理。

19. D【解析】此项退货业务不属于资产负债表日后事项中的调整事项，应冲减退货月份的收入、成本和税金等相关项目。

20. B【解析】会计分录为：

借：预计负债	100
以前年度损益调整	20
贷：其他应付款	120

因为诉讼已经判决，甲公司不再上诉，所以甲公司应该将资产负债表日确认的预计负债100万元调整减少的。

借：其他应付款	120
贷：银行存款	120

注意：该笔分录涉及货币资金收支项目，不调整报告年度资产负债表的货币资金项目和现金流量表各项目的数字，应当作为2013年的正常会计事项处理。

（二）多项选择题

1. ABCD【解析】会计政策是指企业在会计确认、计量和报告中所采用的原则、基础和会计处理方法。

2. ABCD【解析】对于会计政策变更，企业除进行相关的会计处理后，还应当在财务报表附注中披露以下事项：（1）会计政策变更的性质、内容和原因。（2）当期和各个列报前期财务报表中受影响的项目名称和调整金额。（3）无法进行追溯调整的，说明该事实和原因以及开始应用变更后的会计政策的时点、具体应用情况。

3. AB【解析】按照企业会计准则的规定，以下两种情况不属于会计政策变更：本期发生的交易或事项与以前相比具有本质差别而采用新的会计政策；对初次发生的或不重要的交易或事项采用新的会计政策。

4. ABC【解析】如果会计政策变更累积影响数不能合理确定，无论是因为法规、规章要求而变更会计政策，还是因为经营环境、客观情况改变而变更会计政策，都可采用未来适用法进行会计处理。

5. BCD【解析】政策变更还可能要调整所有者权益变动表。

6. AB【解析】会计估计并不会削弱会计核算的可靠性，强制性是会计政策的特点。

7. ABC【解析】会计估计变更应采用未来适用法进行会计处理。

8. AD【解析】选项A为变更会计政策后能够提供更可靠、更相关的企业财务信息；选项D变更坏账计提比例后可以提供更可靠、更相关的企业财务信息。选项B、C是出于损益操纵目的而作的会计政策改变，不符合会计准则规定。

9. BD【解析】选项B、D属于企业滥用会计政策、会计估计及其变更，应作为重要差错进行处理。选项A和C属于正确的处理方法。

10. CD【解析】选项A、B属于资产负债表日后调整事项。

11. BD【解析】选项A属于非调整事项；选项C不属于资产负债表日后事项。

12. ABD【解析】不能因日后调整事项而调整报告年度的现金流量表正表，即不能对货币资金的收支作调整，所以选项C不应选。

13. ABCD【解析】资产负债表日后发生的调整事项，应具体分别以下情况进行处理：（1）涉及损益的事项，通过“以前年度损益调整”科目核算。（2）涉及利润分配调整的事项，直接在“利润分配——未分配利润”科目核算。（3）不涉及损益以及利润分配的事项，调整相关科目。（4）进行上述账务处理的同时，还应调整财务报表相关项目的数字，包括资产负债表日编制的财务报表相关项目的期末或本年发生数；当期编制的财务报表相关项目的期初数或上年数；上述调整如果涉及附注内容的，还应当调整附注相关项目的数字。

14. BCD【解析】选项A属于本期发现前期的重要差错，应调整发现当期财务报表的年初数和上年数；选项B属于本期发现前期非重要差错，应直接调整发现当期相关项目；选项C属于2013年发生的业务；选项D属于会计估计变更，应按未来适用法进行会计处理，不需调整财务报表的相关数字。

（三）判断题

1. √【解析】初次发生的事项和交易采用新的会计政策属于选用新政策，不属于政策变更。

2. ×【解析】企业会计政策变更，并不意味着以前期间的会计政策是错误的，只是由于情况发生了变化，或者掌握了新的信息、积累了更多的经验，使得变更会计政策能够更好地反映企业的财务状况、经营成果和现金流量。

3. √【解析】会计政策变更，有两种会计处理方法，即追溯调整法和未来适用法。①法律、法规要求而发生的变更，如果规定了会计处理方法，应按规定的方法处理；如果未规定会计处理方法，应采用追溯调整法进行会计处理。②为使会计信息更相关、更可靠而发生的变更，应采用追溯调整法进行会计处理。③无论何种情形发生会计政策变更，如果累积影响数不能合理确定，则可以采用未来适用法进行会计处理，但应披露无法确定累积影响数的原因。

4. √

5. ×【解析】经营租赁与融资租赁有本质区别，故这种变更不属于会计政策变更。

6. √【解析】两者披露的要求是不同的，比如会计政策变更要求披露变更的累积影响数，而会计估计变更只要求披露变更对当期和未来期间的影响数。

7. √【解析】如果以前期间的会计估计是错误的，则属于差错，应该采用差错更正的原则来进行会计处理，而不适用于会计估计变更的处理。

8. √

9. ×【解析】资产负债表日后事项不是在这个特定期间内发生的全部事项，而是与资产负债表日存在状况有关的事项，或虽然与资产负债表日存在状况无关，但对企业财务状况具有重大影响的事项。

10. ×【解析】资产负债表日后事项如涉及现金收支项目，均不调整报告年度资产负债表的货币资金项目和现金流量表正表各项目数字。

（四）计算与会计处理题

1. （1）事项一属于会计估计变更，事项二属于会计政策变更。

（2）事项一：

不调整以前各期折旧，也不计算累积影响数，只需从 2013 年起按重新预计的使用年限及新的折旧方法计算年折旧费用。

甲公司 2013 年度应计提的设备的折旧额 =（6 000－1 500）×5÷15 = 1 500（万元）

此会计估计变更对本年度净利润的影响金额为减少 750 元（（1 500－500）×（1－25%））。

事项二：

计算 2013 年度该专利权的摊销额：

按照变更后的会计政策：

2011 年专利权摊余价值 = 2 400－2 400÷16 = 2 250（万元）

2011 年应提减值准备 = 2 250－2 100 = 150（万元）

2012 年应摊销专利权价值 = 2 100÷15 = 140（万元）

2012 年应提减值准备 =（2 100-140）-1 800 = 160（万元）

2013 年应摊销专利权价值 = 1 800÷14 = 128.57（万元）

按新的会计政策追溯调整，2013 年 1 月 1 日无形资产的账面价值 = 2 400-150-150-140-160 = 1 800（万元），此时无形资产的计税基础 = 2 400-150×2 = 2 100（万元），累计产生的可抵扣暂时性差异为 300 万元，则递延所得税资产为：300×25% = 75（万元）。

借：利润分配——未分配利润 225
　　递延所得税资产 75
　　累计摊销 10
　贷：无形资产减值准备 310

借：盈余公积——法定盈余公积 22.50
　　　　　　——任意盈余公积 11.25
　贷：利润分配——未分配利润 33.75

2. 编制的会计分录如下：

借：以前年度损益调整——调整营业外支出 20
　　预计负债 100
　贷：其他应付款 120

借：其他应付款 120
　贷：银行存款 120

注：该分录不需要调整报告年度报表项目。

借：应交税费——应交所得税（120×25%） 30
　贷：以前年度损益调整——调整所得税费用 30

借：以前年度损益调整——调整所得税费用（100×25%） 25
　贷：递延所得税资产 25

借：利润分配——未分配利润 15
　贷：以前年度损益调整 15

期末综合模拟试题

一、单项选择题（在每小题的四个备选答案中，选出一个正确答案，并将正确答案的序号答题框内。每小题1分，共15分）

1	2	3	4	5	6	7	8	9	10	11	12	13	14	15

1. 销售收入应计入销售期间的利润表，这体现的会计核算基本前提是(　　)。

A. 会计分期　　B. 会计主体　　C. 货币计量　　D. 持续经营

2. 现金长短款在查明原因后应确认损益，长款和短款经批准后应分别记入的科目是(　　)。

A. “管理费用”、“管理费用”　　B. “营业外收入”、“营业外支出”

C. “营业外收入”、“财务费用”　　D. “营业外收入”、“管理费用”

3. 企业对随同产品出售而单独计价的包装物进行会计处理时，该包装物的实际成本应结转到(　　)科目。

A. “制造费用”　　B. “销售费用”

C. “营业外支出”　　D. “其他业务成本”

4. 某企业为增值税一般纳税企业，适用的增值税税率为17%，适用的消费税税率为10%。该企业委托其他单位（增值税一般纳税企业）加工一批属于应税消费品的原材料（非金银首饰），该批委托加工原材料收回后用于继续生产应税消费品。发出材料的成本为180万元，支付的不含增值税的加工费为90万元，支付的增值税为15.3万元。该批原料已加工完成并验收的成本为(　　)万元。

A. 270　　B. 280　　C. 300　　D. 315.3

5. 与平均年限法相比，采用年数总和法对固定资产计提折旧将使(　　)。

A. 计提折旧的初期，企业利润减少，固定资产账面价值减少

B. 计提折旧的初期，企业利润减少，固定资产原值减少

C. 计提折旧的后期，企业利润减少，固定资产账面价值减少

D. 计提折旧的后期，企业利润减少，固定资产原值减少

6. 企业摊销自用的、使用寿命确定的无形资产时，借记“管理费用”科目，贷记(　　)科目。

A. “无形资产”　　B. “累计摊销”

C. “累计折旧”　　D. “无形资产减值准备”

7. 下列各项中，不需要计提折旧的是(　　)。

A. 经营租赁出租的设备　　B. 不需用的厂房

C. 修理停用的设备　　D. 已提足折旧尚在使用的设备

8. 就发行债券的企业而言，所获债券溢价收入的实质是(　　)。

A. 为以后少付利息而付出的代价　　B. 为以后多付利息而得到的补偿

C. 本期利息收入　　D. 以后期间的利息收入

9. 我国企业会计准则规定，企业的会计核算应当以(　　)为基础。

A. 权责发生制　　B. 实地盘存制　　C. 永续盘存制　　D. 收付实现制

10. 乙企业2013年10月10日售出商品，当日收到面值100 000元、年利率5%、期限为6个月的商业承兑汇票一张。企业取得该票据时应收票据的入账价值为(　　)元。

A. 115 000　　B. 105 000　　C. 100 000　　D. 101 250

11. 甲股份有限公司对期末存货采用成本与可变现净值孰低法计价。2013年12月31日库存用于生产A产品的原材料的实际成本为40万元，预计进一步加工所需费用为16万元。预计销售费用及税金为8万元。该原材料加工完成后的产品预计销售价格为60万元。假定该公司以前年度未计提存货跌价准备。2013年12月31日该项存货应计提的跌价准备为(　　)万元。

A. 0　　B. 4　　C. 16　　D. 20

12. 企业取得持有至到期投资时支付的税金、手续费等相关费用，应(　　)。

A. 直接计入当期投资损益　　B. 一次计入财务费用

C. 分次计入财务费用　　D. 计入初始投资成本

13. 资产负债表中的“未分配利润”项目，应根据(　　)填列。

A. “利润分配”科目余额

B. “本年利润”科目余额

C. “本年利润”和“利润分配”科目的余额计算后

D. “盈余公积”科目余额

14. 下列不影响营业利润的项目是(　　)。

A. 财务费用　　B. 投资收益

C. 资产减值损失　　D. 营业外支出

15. 债务人以一批自产产品偿还到期无法支付的债务时，应按照该产品的(　　)确认主营业务收入的金额。

A. 账面价值　　B. 成本　　C. 公允价值　　D. 账面余额

二、多项选择题（在每小题的备选答案中，选出至少两个正确的答案，并将正确答案的序号答题框内，多选、少选、错选均不得分。每小题2分，共20分）

1	2	3	4	5	6	7	8	9	10

1. 下列交易和事项中，不影响当期经营活动产生的现金流量的有(　　)。

A. 用产成品偿还短期借款　　B. 支付管理人员工资

C. 收到被投资单位利润　　D. 计提管理用固定资产折旧

2. 企业销售商品，发生的应收账款的入账价值应该包括(　　)。

A. 销售商品的价款　　B. 增值税销项税额
C. 代购货方垫付的包装费　　D. 代购货方垫付的运杂费
3. 下列业务中允许使用现金的是(　　)。
A. 职工工资、津贴
B. 根据国家规定颁发给个人的科学技术、文化艺术、体育等各种奖金
C. 出差人员必须随身携带的差旅费
D. 支付大额购货款
E. 向个人收购农副产品和其他物资的价款
4. 在金融资产的初始计量中，关于交易费用处理的叙述正确的有(　　)。
A. 交易性金融资产发生的相关交易费用直接计入当期损益
B. 可供出售金融资产发生的相关交易费用应当计入初始确认金额
C. 持有至到期投资发生的相关交易费用应当计入初始确认金额
D. 交易性金融资产发生的相关交易费用应当计入初始确认金额
5. 下列项目中，属于职工薪酬的是(　　)。
A. 计提工会经费　　B. 职工离职后的非货币性福利
C. 临时工的社会保险费　　D. 辞退福利
6. 企业将固定资产清理后发生的净损益，可能转入(　　)科目。
A. "管理费用"　　B. "资本公积"
C. "营业外收入"　　D. "营业外支出"
E. "长期股权投资"
7. 资产负债表中的"固定资产"项目期末余额数应根据(　　)科目的余额填列。
A. "固定资产"　　B. "累计折旧"
C. "固定资产减值准备"　　D. "累计摊销"
8. 非流动负债主要包括(　　)。
A. 长期借款　　B. 应付债券　　C. 长期应付款　　D. 应付账款
9. 所有者权益包括(　　)。
A. 实收资本　　B. 资本公积　　C. 盈余公积　　D. 未分配利润
10. 下列项目中，应计入营业外支出的有(　　)。
A. 固定资产盘亏损失　　B. 债务重组损失
C. 公益救济性捐赠支出　　D. 固定资产的正常报废损失

三、判断题（正确的在答题框内打"√"，错的在答题框内打"×"。每小题1分，共10分）

1	2	3	4	5	6	7	8	9	10

1. (　　)企业从银行转来的对账单上发现的未入账业务，可以对账单为依据进行记账。

2. (　　)企业在存货清查中发现盘盈，报经批准后，转入营业外收入。

3. (　　)企业取得的交易性金融资产，在持有期间按公允价值计量，且公允价值变动计入当期损益。

4. (　　)用双倍余额递减法计算折旧，开始时并不考虑预计净残值。

5. (　　)企业债券折价发行意味着实际利率低于票面利率。

6. (　　)用盈余公积弥补亏损，会影响所用者权益总额。

7. (　　)投资收益不构成营业利润。

8. (　　)资产负债表是反映企业一定期间财务状况的报表。

9. (　　)通过利润表可以了解企业所掌握的经济资源规模及其构成。

10. (　　)采用溢价方式发行股票筹集资本，其“股本”科目登记的金额为实际收到的款项。

四、计算题（每小题7.5分，共15分）

1. 某月初，嘉华公司结存原材料计划成本50 000元，材料成本差异为贷方余额3 000元，本月购进原材料实际成本247 000元，计划成本230 000元；本月领用原材料计划成本250 000元。

要求：

（1）计算本月材料成本差异率；

（2）计算本月领用原材料应负担的成本差异；

（3）计算本月领用原材料的实际成本；

（4）计算本月结存原材料计划成本；

（5）计算本月结存原材料实际成本。

2. 嘉宏公司的一台生产设备，原始价值125 000元，预计使用5年，预计净残值5 000元，采用年数总和法计提折旧。

要求：计算各年的折旧额。

五、业务题（第1题14分，第2题12分，第3题14分，共40分）

1. 中信企业系上市公司，按年对外提供财务报表。

（1）2011年3月6日，中信企业以赚取差价为目的从二级市场购入X公司发行的股票100万股，作为交易性金融资产，取得时公允价值为每股为5.2元，含已宣告但尚未发放的现金股利为每股0.2元，另支付交易费用5万元，全部价款以银行存款支付。

（2）2011年3月16日，收到最初支付价款中所含的现金股利。

（3）2011年12月31日，该股票公允价值为每股4.5元。

（4）2012年2月21日，X公司宣告发放的现金股利为每股0.3元。

（5）2012年3月21日，收到现金股利。

（6）2012年12月31日，该股票公允价值为每股5.3元。

（7）2013年3月16日，将该股票全部处置，每股5.1元，交易费用为5万元。

要求：编制有关交易性金融资产的会计分录（单位：万元）。

2. 甲、乙公司均为一般纳税人，增值税税率为17%。2013年3月6日，甲公司委托乙公司销售商品，合同规定，如果乙公司没有将商品售出，可将商品退回甲公司，商品成本 800 万元，协议价为不含增值税额 1 000 万元，商品已发出。2013 年 6 月 8 日，乙公司实际销售时开具的增值税发票上注明的售价为 240 万元、增值税税额为 40.80 万元，同日甲公司收到乙公司开来的代销清单，注明已销售代销商品的 20%，甲公司给乙公司开具增值税发票，2013 年 6 月 28 日收到货款。

要求：

（1）编制甲公司委托代销的会计分录（单位：万元）。

（2）编制乙公司受托代销的会计分录（单位：万元）。

3. 嘉伟公司某年度相关损益的科目余额见下表（单位：万元）：

主营业务收入	5 000（贷）	营业外支出	200（借）	公允价值变动损益	100（借）
主营业务成本	3 500（借）	销售费用	380（借）	所得税费用	450（借）
其他业务收入	1 800（贷）	管理费用	340（借）	营业税金及附加	60（借）
其他业务成本	1 400（借）	财务费用	120（借）	投资收益	700（贷）
营业外收入	250（贷）	资产减值损失	150（借）		

要求：

（1）将损益类账户发生额分别转入“本年利润”账户（单位：万元）。

（2）根据上述资料编制利润表。

利润表

编制单位：嘉伟公司　　××年度　　单位：万元

项目	本期金额	上期金额（略）
一、营业收入		
减：营业成本		
营业税金及附加		
销售费用		
管理费用		
财务费用		
资产减值损失		
加：公允价值变动收益（损失以“-”号填列）		
投资收益（损失以“-”号填列）		
其中：对联营企业和合营企业的投资收益		
二、营业利润（亏损以“-”号填列）		
加：营业外收入		
减：营业外支出		
其中：非流动资产处置损失		
三、利润总额（亏损总额以“-”号填列）		

续表

项目	本期金额	上期金额（略）
减：所得税费用		
四、净利润（净亏损以“-”号填列）		
五、每股收益		
（一）基本每股收益		
（二）稀释每股收益		
六、综合收益		
（一）其他综合收益		
（二）综合收益总额		

期末综合模拟试题答案

一、单项选择题（本题15分，每题1分）

1. A　2. D　3. D　4. A　5. A　6. B　7. D　8. B　9. A　10. C　11. B　12. D　13. C　14. D　15. C

二、多项选择题（本题20分，每题2分）

1. ACD　2. ABCD　3. ABCE　4. ABC　5. ABCD　6. CD　7. ABC　8. ABC　9. ABCD　10. ABCD

三、判断题（本题10分，每题1分）

1. ×　2. ×　3. √　4. √　5. ×　6. ×　7. ×　8. ×　9. ×　10. ×

四、计算题（本题15分，每题7.5分）

1. （每小题1.5分）

（1）本月材料成本差异率=（247 000−230 000−3 000）÷（50 000+230 000）×100%=5%

（2）本月领用原材料应负担的成本差异=250 000×5%=12 500（元）

（3）本月领用原材料的实际成本=250 000+12 500=262 500（元）

（4）本月结存原材料的计划成本=50 000+230 000−250 000=30 000（元）

（5）本月结存原材料实际成本=30 000×（1+5%）=31 500（元）

2. （每小题1.5分）

（1）设备第一年折旧额=（125 000−5 000）×5÷15=40 000（元）

（2）设备第二年折旧额=（125 000−5 000）×4÷15=32 000（元）

（3）设备第三年折旧额=（125 000−5 000）×3÷15=24 000（元）

（4）设备第四年折旧额=（125 000−5 000）×2÷15=16 000（元）

（5）设备第五年折旧额=（125 000−5 000）×1÷15=8 000（元）

五、业务题（14分+12分+14分）

1. （每小题2分，共14分）

（1）2011年3月6日取得交易性金融资产：

借：交易性金融资产——成本	500	
应收股利	20	
投资收益	5	
贷：银行存款		525

（2）2011 年 3 月 16 日收到最初支付价款中所含的现金股利：

借：库存现金 20

贷：应收股利 20

（3）2011 年 12 月 31 日，该股票公允价值为每股 4.5 元：

借：公允价值变动损益 50

贷：交易性金融资产——公允价值变动 50

（4）2012 年 2 月 21 日，X 公司宣告但发放的现金股利：

借：应收股利（100×0.3） 30

贷：投资收益 30

（5）2012 年 3 月 21 日，收到现金股利：

借：银行存款 30

贷：应收股利 30

（6）2012 年 12 月 31 日，该股票公允价值为每股 5.3 元：

借：交易性金融资产——公允价值变动 80

贷：公允价值变动损益((5.3-4.5）×100) 80

（7）2013 年 3 月 16 日，将该股票全部处置，每股 5.1 元，交易费用为 5 万元：

借：银行存款（510-5） 505

投资收益 25

贷：交易性金融资产——成本 500

——公允价值变动 30

借：公允价值变动损益 30

贷：投资收益 30

2.（每小题 6 分，共 12 分）

（1）甲公司（委托方）：

①2013 年 3 月 6 日甲公司将商品交给乙公司时：

借：委托代销商品 800

贷：库存商品 800

②2013 年 6 月 8 日甲公司收到乙公司开来的代销清单：

借：应收账款——乙公司 234

贷：主营业务收入（1 000×20%） 200

应交税费——应交增值税（销项税额） 34

借：主营业务成本（800×20%） 160

贷：委托代销商品 160

③2013 年 6 月 28 日收到货款：

借：银行存款 234

贷：应收账款——乙公司 234

（2）乙公司（受托方）：

①2013 年 3 月 6 日乙公司收到商品时：

借：受托代销商品 1 000

贷：受托代销商品款 1 000

②2013 年 6 月 8 日实际销售时：

借：银行存款 280.80

贷：主营业务收入 240

应交税费——应交增值税（销项税额） 40.80

借：主营业务成本 200

贷：受托代销商品 200

借：受托代销商品款 200

应交税费——应交增值税（进项税额） 34

贷：应付账款——甲公司 234

③2013 年 6 月 28 日支付货款时：

借：应付账款 234

贷：银行存款 234

3.（每小题 7 分，共 14 分）

（1）借：主营业务收入 5 000

其他业务收入 1 800

投资收益 700

营业外收入 250

贷：本年利润 7 750

借：本年利润 6 700

贷：主营业务成本 3 500

其他业务成本 1 400

营业税金及附加 60

公允价值变动损益 100

销售费用 380

管理费用 340

财务费用 120

资产减值损失 150

营业外支出 200

所得税费用 450

（2）编制的利润表如下：

利润表

编制单位：嘉伟公司　　××年度　　单位：万元

项目	本期金额	上期金额（略）
一、营业收入	6 800	
减：营业成本	4 900	
营业税金及附加	60	
销售费用	380	

续表

项目	本期金额	上期金额（略）
管理费用	340	
财务费用	120	
资产减值损失	150	
加：公允价值变动收益（损失以“-”号填列）	-100	
投资收益（损失以“-”号填列）	700	
其中：对联营企业和合营企业的投资收益	0	
二、营业利润（亏损以“-”号填列）	1 450	
加：营业外收入	250	
减：营业外支出	200	
其中：非流动资产处置损失	0	
三、利润总额（亏损总额以“-”号填列）	1 500	
减：所得税费用	450	
四、净利润（净亏损以“-”号填列）	1 050	
五、每股收益	（略）	
（一）基本每股收益		
（二）稀释每股收益		
六、综合收益	（略）	
（一）其他综合收益		
（二）综合收益总额		